EDUCATIONAL EVALUATION

교육평가

김이영 · 김미진 · 문은주 공저

양성원

머리말

우리는 태어나면서부터 죽을 때까지 다른 사람들의 지속적인 평가를 받으면서 살아가고 있다. 그럼에도 불구하고 그들의 평가를 항상 받고 있다는 사실조차 인식하지 못하고 있으며, 자신의 행동에 어떤 영향을 받고 있는가에 대하여 더욱더 무관심한 편이다. 심지어 학생들의 행동을 공식적으로나 비공식적으로 평가하고 있는 교육현장에서까지도 그들의 평가결과가 학생들의 행동변화에 어떤 영향을 미치고 있는가에 대한 체계적인 현장연구나 꾸준한 관심이 부족하여 학생평가를 사무적이고 형식적인 일상 업무의 하나로 간주하는 경향이 있다.

따라서 저자들은 교육평가 과목을 선택한 학생들이 교육평가를 친숙하게 느끼고 능동적으로 학습하도록 안내하기 위해서는, 알기 쉬운 교육평가 입문서를 집필하는 작업이 하나의 대안이라는 생각으로 평가의 이론적인 개념을 보다 손쉽게 이해하도록 교육현장의 사례를 많이 제시하려고 하였다. 또한 최근 교육평가 동향을 살펴보면 측정방법 및 도구의 신뢰성과 객관성을 중시하는 평가활동에서 교육과정의 내용 및 방법의 타당성 · 유용성 · 공정성을 중시하는 방향으로 전환되고 있어 이러한 변화를 충분히 반영하고자 하였다.

이를 위해 본 책은 총 13장으로 구성하였다. 구체적으로 1장 교육평가의 개념에서는 교육평가의 정의, 교육평가의 목적, 교육평가의 기능 및 교육평가의 과정에 대해 소개하였고, 2장 교육평가의 역사와 동향에서는 미국의 교육평가 역사, 우리나라 교육평가 역사와 패러다임의 변화 및 교육평가의 법적 근거에 대해 기술하였으며, 3장 교육평가의 모형에서는 목표지향 평가모형, 의사결정 평가모형, 판단중심 평가모형, 논리주도 평가모형 및 결과지향 평가모형에 대해 소개하였고, 4장 교육평가의 유형에서는 평가

대상에 따른 유형, 평가영역에 따른 유형, 평가기능에 따른 유형, 목표수준에 따른 유형, 평가기준의 따른 유형, 평가도구에 따른 유형 및 자료수집에 따른 유형에 대해 기술하였다. 5장 문항제작과 평가문항 및 문항분석에서는 문항제작, 평가문항의 유형 및 문항분석이론에 대해 소개하였고, 6장 과정중심평가와 성취평가제에서는 과정중심평가와 성취평가제에 대해 기술하였으며, 7장 수행평가에서는 수행평가의 성격, 수행평가의 방법, 수행평가 과제의 제작 및 수행평가의 장단점에 대해 소개하였고, 8장 정의적 영역의 평가에서는 정의적 영역의 개념, 정의적 영역과 학습, 정의적 영역 평가의 중요성 및 정의적 영역 평가의 예에 대해 기술하였다. 9장 평가도구의 양호도에서는 타당도, 신뢰도, 객관도 및 실용도에 대해 소개하였고, 10장 교육평가방법 및 생활기록부 작성에서는 교육평가방법과 생활기록부 작성에 대해 기술하였으며, 11장 교육기관의 평가에서는, 유치원 평가와 학교평가에 대해 소개하였고, 12장 평가결과의 처리와 보고 및 활용에서는 평가결과의 처리방법과 평가결과의 보고와 활용에 대해 자세하게 기술하였다.

교육평가를 매우 복잡하고 어려운 것으로 인식하고 있는 이유 중의 하나는 평가의 개념이나 기능을 제대로 이해하고 있지 못하기 때문이다. 따라서 본 책을 통해 예비교사들이 교육평가에 대한 명확한 지식을 바탕으로 교육평가에 대한 자신감을 조금이라도 가졌으면 하는 바람이다.

끝으로 이 책의 출판을 허락해 주시고 좋은 책이 될 수 있도록 편집에 힘을 써 주신 양성원 출판사의 강철원 사장님을 비롯해 임직원 여러분들께도 깊은 감사의 마음을 전한다.

2023년 8월

저자 일동

차례

Chapter

01

교육평가의 개념

배울 내용

1. 교육평가의 정의
2. 교육평가의 목적
3. 교육평가의 기능
4. 교육평가의 과정

학습 목표

1. 교육평가의 정의를 설명할 수 있다.
2. 교육평가의 목적 및 가치를 파악한다.
3. 교육평가의 기능을 설명할 수 있다.
4. 교육평가의 과정을 숙지한다.

Chapter

01

교육평가의 개념

최근 교육에서 평가에 대한 관심이 크게 높아지고 있다. 일반적으로 교사들은 중간고사나 기말고사 문항을 직접 출제 및 채점하고 있다. 또한 학교 자체평가보고서 작성도 대부분 교사들이 하고 있다. 그러므로 교사들은 평가의 개념이나 이론은 물론 타당하고 신뢰도가 높은 문항을 제작하는 능력을 지니고 있어야 하며, 점수를 부여하고 평가결과를 해석하는 전문적인 능력이 요구된다. 이러한 이유에서 교사가 되려는 학생들에게 교육평가를 교직이론 과목으로 가르치고 있다. 따라서 본 장에서는 교육평가의 정의, 교육평가의 목적, 교육평가의 기능 및 교육평가의 과정을 논의함으로써 교육평가의 개념을 살펴보고자 한다.

1. 교육평가의 정의

1) 교육평가의 정의

근대 이후 우리는 평가의 시대, 평가 사회를 살고 있다. 근대 능력주의 사회는 지필시험을 비롯한 다양한 형태의 교육평가 장치에 기초해 시작되었다. 우리는 유사 이래 경험해 보지 못한 평가의 활용 또는 오용과 남용의 시대를 살고 있다. 현대 사회는 한 개인에서 국가에 이르기까지 다양한 평가에 지배되고 있으며, 그 과정은 일종의 정복 과정에 비유할 수 있다(Filer, 2000). 평가는 권력과 지식을 이중으로 겹쳐 놓은 상태를 구현하는 장치로 '권력－지식'에서 '하이픈(－)'이 바로 평가인 것이다(Hoskin, 2009). 원시 시대 인간에게 위험한 것, 먹을 수 있는 것 등을 확인하고 결정하는 활동은 이미 그 자체로 중요한 평가 실천 과정이었다. 니체(Nietzsche, 2015)는 인간 사회 도덕의 기원을 다룬 논문인 「도덕의 계보」에서 인간을 '평가하는 동물' 그 자체라고 예리하게 지적했다. 그가 보기에 인간은 가치를 측정하고 평가하는 존재다. 소크라테스(Socrates)는 2천여 년 전 이미 '평가받지 않은 삶은 가치가 없다(The life that is not examined is not worth living)'라는 유명한 아포리즘을 남길 정도로 평가의 중요성을 강조했다. 중세의 악명 높은 '마녀사냥'도 일종의 진위(authenticity) 평가에 기반하고 있었다(Allen, 2013; Hanson, 1993; Stobart, 2000). 특히 중국에서는 이미 1천 년 전부터 '과거'라는 지필시험을 통해 관리를 선발하였다. 과거 합격자들을 보면서 너무 기쁜 나머지 '천하의 영웅들이 내 올가미에 걸려들었구나'라는 당(唐) 태종의 일갈은 그가 이미 평가의 사회적 의미를 정확히 간파하고 있었다는 점을 알 수 있게 해 준다. 이처럼 평가의 형식과 내용은 사회 · 역사적 성격을 갖는다.

평가(評價, evaluation)는 한자나 영어의 어원으로 볼 때 '가치를 평함', '가치를 매김'으로 풀이되며, 우리말 사전에서는 '어떤 대상(사물)의 가치를 판단하는 것'으로 정의된다. 타일러(Tyler, 1949)에 의하면, '평가는 교육과정이나 프로그램에 의해 의도된 교육목표가 어느 정도 실현되었는지를 밝히는 과정'이라고 표명하였다. 이렇듯이 평가는 미래의 학습지도 자료로 삼기 위한 활동으로써 학생들의 학습성취도를 점검하여 앞으로 더 발전된 프로그램을 선택하기 위해 실시하는 것이다. 평가는 사람이 살아가는 곳이라면 어디서나 수시로 이루어지는 활동이다. 누구나 의식적이든 무의식적이든 늘 자신이 접하는 사람이나 주변의 대상들을 나름대로의 기준에 따라 평가하고 있다. 교육현장에서도 이미 오래 전부터 다양한 방법과 형태의 평가활동이 이루어져 왔다. 그러나 평가행위가 너무도 자연스러운 인간 활동이기 때문에 이에 대한 체계적인 접근 노력의 필요성이 크게 강조되지 않았다. 즉, 평가활동을 하나의 판단 및 사고 활동으로만 간주하고 평가에 대한 특별한 관심을 기울일 필요성을 인식하지 않은 채로 생활해 왔다. 그러나 평가는 인간의 삶의 질을 향상시키기 위한 체계적인 활동으로써 인정받고 여러 분야에서 중요한 기능을 수행하게 됨에 따라 평가에 대한 다양한 활용이 증대되어 왔고, 그와 동시에 평가에 대한 다양한 관점이 생성되었다.

교육평가(教育評價, educational evaluation)란 '교육'과 '평가'가 합쳐진 것으로, 어원적으로 '교육과 관련한 현상이나 활동 등의 제반 사상에 대해 가치를 판단하는 것'이다. 교육평가란, 교육이 행동변화를 가져왔느냐를 판단하는 행위라고 정의할 수 있다. 또한 타일러(Tyler, 1942)는 교육목표의 달성여부를 판단하는 행위를 교육평가라고 정의하였다. 크론바흐(Cronbach, 1969)와 스터플빔(Stufflebeam, 1971)은 교육평가란 의사결정을 위한 정보를 제공하는 일이라고 정의하였다. 즉, 교육평가는 일정한 준거를 잣대로 하여 교육의 입력, 과정 및 성과에 대한 가치를 조사·판단하는 행위라고 할 수 있다. 또한 교육평가란 교육과 관련된 모든 것의 양, 정도, 질, 가치, 장점 등을 체계적으로 측정하여 판단하는 주관적인 행위로써 교육목적에 대한 가치를 판단하는 행위라고 할 수 있다.

교육평가의 의미로 떠오르는 일반적인 것으로는 "1차 지필평가, 2차 지필평가, 수행평가, 각종 입시 시험, 선발 고사, 진학 시험 등"이 있다. 또한 "학교평가, 교사평가, 교육 시스템 평가, 교육 프로그램 평가, 시·도 교육청 평가 등"도 평가에 해당된다. 이러한 모든 부분의 평가는 일반적으로 평가를 받게 되는 사람들에게는 "부담이 되는 것이고, 어려운 것이다"라는 부정적인 인식이 자리 잡고 있다. 이는 우리 교육에서 아직도 교육평가의 개념과 의의가 제대로 파악되지 않고 있으며, 또한 교육평가의 프로그램 혹은 시스템도 아직 여러 가지 문제점을 안고 있기 때문이다. 이러한 부정적인 인식을 긍정적인 방향으로 바꾸기 위해서는 교육평가의 개념과 의의를 정확히 알아야 하며, 교육평가의 프로그램 혹은 시스템이 더 만들어지고, 문제점들이 보안되어야 한다. 교육평가란 "교수 프로그램에 관한 결정을 하기 위하여 학습자의 행동변화 및 학습과정에 관한 정보를 수집하여 교육적 의사결정을 내리는 데 도움을 주거나 의사결정을 하는 과정 바로 그 자체"라고 할 수 있다. 즉, 교육평가란 교육과 관련된 모든 것의 양, 정도, 질, 가치, 장점 등을 체계적으로 측정하여 판단하는 주관적인 행위로써 교육목적에 대한 가치를 판단하는 행위라고 할 수 있다.

2) 평가의 유사개념 정의

평가와 유사한 용어로는 측정, 사정, 검사 등이 있다. 평가와 측정, 사정, 검사를 비교하면 〈표 1-1〉과 같다.

표 1-1. **평가와 유사 용어의 비교**

용어	내용
측정	평가를 위한 수단이며 방법 중 하나로, 과학적이고 객관적인 수량화에 중점
사정	다양한 측정 결과를 통하여 한 개인이나 대상의 전체적 모습을 조명하는 전인적 평가
검사	사정 과정에서 정보를 수집하기 위하여 사용하는 많은 방법 중 하나
평가	사정자료, 측정 결과를 근거로 하여 가치판단이나 의사결정을 수행하는 것

측정이란 정보 수집 대상에 대해 규칙에 따라 수치를 부여하고 수량화하는 것을 뜻한다. 그리고 이러한 대상의 속성을 측정하기 위한 단위를 척도라고 한다. 평가는 우리말 사전에서 '어떤 사물의 가치나 수준 따위를 판단하는 것'으로 풀이된다. 즉, 측정의 결과에 대해 가치를 판단하는 활동을 뜻한다. 일반적으로 평가는 측정보다 넓은 의미의 개념을 말하는데, 교육평가의 과정에서 두 개념을 살펴보면 측정이 평가에 선행하여 이루어진다. 그러나 실제 교육평가에서 이 두 개념은 구분되기보다 한 단위로 연결되어 사용된다. 측정의 결과에 의한 평가가 반드시 뒤따르기 때문에, 측정과 평가는 불가분의 관계가 성립하는 것이다. 그러므로 교육평가는 측정한 결과를 교육목적에 비추어 가치를 판단하는 행위로 이해할 수 있다. 즉, 평가의 준거는 목표가 된다.

사정이란 다양한 측정 자료들을 통해 평가하고자 하는 개인 또는 대상을 종합적으로 판단하는 것을 말한다. 측정이나 검사는 사정 과정에서 정보를 수집하기 위하여 사용하는 많은 방법 중 하나에 지나지 않지만, 사정은 측정이나 검사와는 달리 다양한 자료나 방법을 통해 종합적으로 판단한다는 점에 그 특징이 있다. 그러나 평가와 사정에 대한 개념 구분은 학자마다 일치하지 않으며, 실제 상황에서 평가와 사정이 같은 의미로 사용되기도 한다.

검사는 시험이나 검사와 같이 측정을 위한 도구를 의미하며 행동의 증거를 수집하는 도구, 즉 측정도구를 지칭하는 개념으로 쓰인다. 일반적 의미의 검사는 심리학 · 교육학에서 신체적 · 정신적 · 사회적 능력이나 특성 등에 대한 개인차를 측정할 목적으로 일정한 조건에 따라 미리 정해 놓은 문항이나 자극을 제시한 다음, 그에 대한 반응 및 성과를 어떤 기준을 근거로 삼아 양적 또는 질적으로 비교, 기술하는 조작적인 절차를 의미한다. 좁은 의미로는 누가, 언제, 어디서 실시를 해도 검사의 내용과 실시, 채점, 해석 방법이 동일하도록 표준화한 검사만을 의미하기도 한다. 지능검사, 학업적성검사, 학업성취도검사가 이에 속한다.

2. 교육평가의 목적

1) 교육평가의 목적

교육평가의 정의를 어떻게 하느냐에 따라 평가의 목적이 달라진다. 본 교재에서는 교육평가란 교수 프로그램에 관한 결정을 하기 위하여 학습자의 행동변화 및 학습과정에 관한 정보를 수집하여 교육적 의사결정을 내리는 데 도움을 주거나 의사결정을 하는 과정 바로 그 자체라고 정의하고 있다. 이에 따른 교육평가의 목적은 다음과 같다.

학교에서의 교육평가를 하는 목적은 크게 다섯 가지로 구분할 수 있다. 첫째, 학습자 진단 기능이다. 교육이 이루어지기 위해 학습자의 정보를 수집하고 현재 상태를 진단하여 정확하게 판단하고, 학습의 결과를 확인하여 그에 따른 처방으로 심화학습과 보충학습의 기준을 제공한다. 둘째, 교수 · 학습활동 개선 기능이다. 수업과 학습의 진행 과정을 분석하는 평가활동을 통해 교수 · 학습활동의 개선을 위한 자료를 제공하는 기능이 있다. 셋째, 교육의 결과, 즉 학생의 성취도를 평가하는 기능이다. 교육과정에서 명시한 목표가 학생의 행동으로 실현되었을 때, 비로소 교육의 목표가 성취되었다고 볼 수 있다. 따라서 학생이 목표를 어느 정도 성취하였는지 평가하는 일은 교육평가의 중요한 역할 중 하나이다. 넷째, 교육 프로그램에 대한 평가이다. 교육계획과 교육과정, 수업자료와 수업절차 등의 교육적 효과성을 평가하는 기능으로, 교육평가를 통해 보다 나은 교육 프로그램 요소를 보완하여 교육의 질적 향상을 도모하고 결과적으로 더 나은 교육의 결과를 기대할 수 있다. 다섯째, 교육의 문제에 대한 이해와 교육정책 수립과정에서의 활용 기능이다. 예를 들어, 국가 수준의 학업성취도 평가 또는 학력의 국제비교와 같은 평가연구를 통해서 전체 학생 또는 전체 국민이 꼭 습득하고 있어야 하는 기본적인 능력을 어느 정도 소유하고 있는지 확인함으로써 교육정책의 방향을 수립할 수 있다. 교육평가의 목적은 평가기술적 관점과 평가사회학적 관점에 따라 〈표 1-2〉와 같이 구분할 수 있다.

표 1-2. **평가기술적 관점과 평가사회학적 관점**

구분	교육평가의 목적
평가기술적 관점	• 학습의 극대화, 성취수준 총평, 교육의 질 향상 및 개선, 정책구안과 의사결정 기초 제공 • 학업성취도 확인, 학습 곤란점 진단, 교육의 효과성 평가, 교육의 문제 이해, 정책 수립을 위한 교육 진보도 사정 • 인간 이해와 인간 규정, 개인차 측정, 교육의 질 관련 • 교육적 기능: 동기유발, 진단, 성적 증명, 선발
평가사회학적 관점	• 사회적 통제와 감시, 통치 테크놀로지 • 선발, 자격부여, 통제 • 선발, 변형 • 선발, 자격부여, 성취수준의 결정과 향상, 학습을 위한 평가 • 학습, 책무성 자료 제공, 자격부여 • 게이트키핑, 책무성, 교수적 진단 • 사회적 기능: 사회적 선발, 지식의 공식화와 위계화, 사회통제, 사회질서의 정당화와 재생산

〈표 1-2〉에서 확인할 수 있듯이, 교육평가를 정확하고 입체적으로 이해하기 위해서는 평가기술적 관점뿐만 아니라 평가사회학적 관점을 반드시 발전시킬 필요가 있다(Filer, 2000). 평가사회학적 관점은 우선 현재 존재하는 평가가 당연하고 자명한 것이 아니라 교육평가 또한 사회적 실천이며 사회적 산물이라는 점을 분명히 하는 것이다.

평가기술적 관점은 평가의 목적보다는 방법에 집중한다. 따라서 평가기술적 관점은 타당도, 신뢰도, 규준, 준거 등과 같은 기술적 측면들을 중시한다. 반면에 평가사회학적 관점은 교육평가가 교육적 목적뿐만 아니라 현대 사회에서 정치 · 사회 · 경제적 요구들을 충족시키고 있다고 본다. 따라서 '사회학적'이라는 용어는 사회–심리학적, 인류학적, 포스트모던이라는 의미를 포함한다. 교육평가의 전모를 더욱 정확히 파악하기 위해서는 모든 수준에서 평가가 사회적 성격을 갖는다는 점을 분명히 해야 할 필요가 있다. 즉, 교육평가가 작동하는 다양한 맥락을 설명해야만 교육평가를 이해할 수 있는 것이다(Gipps, 1999). 이러한 관점으로 교육평가를 바라볼 때 교육평가에 대한 새로운 이해가 가능하게 된다. 따라서 교육평가는 우연히 발생하지 않는다. 그것은 분명한 목적을 갖는 사회적 행위이다.

2) 타일러의 교육평가의 목적

타일러에게 교육평가는 크게 두 가지의 목적을 갖는다. 먼저 학생이 실제로 교육목표를 얼마나 성취했는가를 보여 주기 위하여 평가하는 것이다. 타일러 이전에는 학습자를 분류하고 배치하기 위해 평가를 실시해 왔다. 학교에서 실시하는 평가의 목적은 오로지 학생들을 줄 세우기 위함이었던 것이다. 상위 학생과 하위 학생을 나누어 진급

여부를 결정하고, 학부모와 교육위원회에 보고하기에 적절한 평가만이 필요했던 것이다. 하지만 타일러는 개인차를 강조하고, 사람들의 능력을 순서 지어 그 순서대로 사회적인 지위를 누리게 하고, 또 그에 따라 차별 대우하려는 목적에서 평가를 실시하는 것은 민주사회의 이념에 적합하지 않다고 주장한다(곽진숙, 2000). 타일러에게 교육평가는 교육에 참여하는 학생들에게 적절한 교육환경을 제공하고, 적절한 교육활동이 이루어지고 있는지, 교육에서 의도하는 학생의 변화가 알맞게 이루어졌는지 등을 우선적인 목적으로 삼아야 하는 것이었다.

교육평가의 또 다른 목적은 학교에서 운영하고 있는 교육 프로그램 전반이 교육적 소임을 다했는지 평가하는 것이다. 타일러는 평가의 개념을 학생의 교육에 국한시키지 않았다. 교육평가의 변화된 개념에서 타일러는 교육과정뿐만 아니라 교육과정 속에 존재하는 다양한 교육 프로그램, 수업 등에 대한 평가를 강조하였다.

> 하나의 프로그램이 실시된 후에는 그 프로그램이 학생들로 하여금 배우게 하려던 내용을 그들이 실제로 성취했는가를 평가해야만 한다. 프로그램 평가란 프로그램이 실시되기 전에 학생들이 배우기를 의도했던 행동을 실제로 습득했는가를 평가의 대상으로 하며, 아울러 프로그램 계획과 실제적 운영에서 나타나는 여러 가지 긍정적, 부정적 부수효과를 밝혀내는 것이다(Tyler, 1986).

타일러에게 있어서 교육평가는 학생의 교육적 성취를 확인하는 것이다. 학생들을 비교하고 서열화하기 위해서가 아니라 학생이 교육활동을 통해서 스스로 달성한 정도를 파악하는 것이다. 또한 학생들에게 적절한 교육환경과 경험이 제공되었는지를 확인할 수 있도록 교육과정과 교육 프로그램에 대한 평가가 이루어져야 한다.

3) 교육평가의 가치

(1) 교육의 완성

교육평가는 모든 면에서 당연히 교육적이어야 한다. 평가는 교육적 경험으로부터 발생하는 자연적인 결과인 동시에 총제적인 교육적 경험의 일부분이다. 따라서 교육평가를 뒷받침하기 위해 거론되는 어떤 근거도 교육적 경험의 특징들과 관계를 가져야 한다. 이는 평가의 과정을 통해 습득된 것이 교육적 경험 속으로 들어와서 교육적 경험을 강화시킬 수 있다는 맥락에서 '적절한' 것이어야 함을 뜻한다. 그런 점에서 평가자의 해석과 가치판단은 항상 교육적 경험 속에서 검증되어야 한다.

그런 점에서 평가는 교육행위가 일어난 뒤 그 성과를 판단하거나 교수·학습활동에 도움을 주기 위해서 행해지는 도구적인 과정만이 아니라 평가자체가 하나의 교육활동이며, 교육의 과정을 완성하는 데 필수적인 요소이다. 교육현장에서 교육과 교육 아닌 것을 판단할 수 없는 사람이 진정한 교육행위를 이끌어 갈 수는 없기 때문에 이 판단의 근거인 평가가 부재인 교육은 엄밀한 의미에서 교육행위로 완성될 수가 없다.

(2) 평가자의 교육적 성장

교육현상을 평가하기 위해서는 어떤 현상에 대해 교육적인 것과 교육 아닌 것을 구분해 낼 수 있는 변별력이 필요하다. 누구나 처음 새로운 경험을 접할 때는 낯설고 복잡해서 이해하기가 힘들지만 관심을 갖고 반복해서 접하다 보면 이해가 가능해진다. 평가자도 점진적이고 창조적인 평가의 과정을 거치면서 점차 교육적인 현상을 식별할 수 있게 된다. 교육자는 평가행위를 통해서 비로소 교육적 경험이나 교육이 일어나는 방식, 그 구성요소들에 대해 보다 깊이 이해하고 교육활동을 성공적으로 수행할 수 있게 된다. 교육현장에서 교육자는 평가자의 역할을 적극적으로 수행함으로써 교육에 대한 직접적인 지식뿐만 아니라 지각, 사유, 감정, 상상력 등을 기르게 되고 전에는 미처 보지 못하던 것을 보게 되는 안목과 교육적 분별력이 생기게 된다. 이처럼 일련의 교육적 체험을 구성하는 평가의 과정을 통해서 교육자(평가자)는 교육적 가치와 의미를 평가할 수 있는 감각을 키우며 그 결과 교육원리나 과정 등을 나름대로 이해하여 구성함으로써 비로소 교육적으로 성장하는 기회를 갖게 된다. 이는 평가 자체가 교육의 대상이며 평가자의 평가능력도 훈련을 통해 개발됨을 의미한다.

(3) 가치판단을 통한 평가자와 평가대상 사이의 객체화된 소외의 관계 극복

바람직한 평가의 모습이란 평가자와 평가대상 사이에 행해지는 대화의 과정과 흡사하다. 평가의 과정은 평가자가 평가대상에게 일방적으로 투과하는 관계가 아닌 상호이해에서 출발하여 대화의 공통기반을 마련하고 공통된 언어를 사용하는 인간관계를 확립해야 한다. 이러한 평가를 위해서는 평가과정에 어떤 식으로든 가치가 개입되어야 한다. 가치의 배제를 목표로 한, 소위 말하는 객관화된 평가에서는 평가자와 평가대상이 인간의 관계로 만나는 것이 아니라 평가자가 평가하는 대상은 객체화된 결과물에 지나지 않는다. 이 관계를 보다 바람직한 평가의 차원으로 되돌릴 수 있는 방안은 아이러니컬하게도 평가대상의 주체에 대한 평가를 실시하는 것이다. 보다 바람직한 대안은 여러 개인들이 가지는 다양한 가치를 인정하고 그 가치의 기준에 입각하여 교육행위의 주체로서 개인을 평가하는 것이다. 이러한 인간적 평가의 과정을 통해서 평가대상도 평가과정 속에서 피동적으로 존재하는 것이 아니라 평가자와 상호작용하면서 교육적 성장을 거치게 되고 결국 자기능력을 개발, 실현할 수 있게 된다. 이것이 곧 평가의 과정을 통해 교육의 목적을 실현하고 평가자와 평가대상 사이의 객체화된 소외의 관계를 극복하는 계기가 된다.

3. 교육평가의 기능

현재 교육평가는 실질적으로 어떠한 기능들을 하고 있다고 보아야 하는가? 교육평가가 오로지 한 가지 기능만 수행하고 있다고 보기는 어려울 것이다. 평가 중에는 그 결과의 활용이 수업과 전혀 관련이 없는 것도 있고 수업과 밀접한 관련을 맺고 있는 것도 있다. 예를 들어, 대학수학능력시험과 같은 평가도 분명히 교육평가이지만 그 결과가 그 개별적인 학생들의 현재 능력을 수정 · 보완하는 데에 다시 활용되는 것은 아니다. 평가결과의 적용으로 그 역할은 끝난다고 보아야 한다. 이 점에서 대학수학능력시험과 같은 평가는 그 결과가 학생의 현재 상태를 개선하는 데에 피이드백 되지 않으며 따라서 수업과 직접 관련이 없다고 보아야 한다.

교육평가는 그 성격상 크게 보아 세 가지 기능으로 구분해 볼 수 있다. 첫 번째 기능으로는 학생들이 교실에서 수업을 듣는 데에 있어서 학생의 지적 부담을 덜어 주는 심리적 기능을 들 수 있을 것이다. 일반적으로 사람들은 학생들이 어떤 내용을 배울 때 그것의 가치를 미리 인식하고 있다고 생각하지만 이것만큼 사실과 먼 인식도 없을 것이다. 학생들이 수업시간에 국어, 수학, 과학, 사회 등과 같은 다양한 교과의 가치를 이미 이해하고 있다고 판단하는 것이 옳을까? 그렇지 않으면 학생들은 자신들이 배우는 교과의 가치를 거의 모른 채 수업에 임하고 있다고 보아야 하는가? 만약 학생들이 자신이 배우는 교과의 가치를 이미 알고 있다면 학생들은 그 가치를 실현하기 위하여 열심히 학업에 전념할 것이며 이때에는 별도의 동기유발이 필요 없을 것이다. 그러나 이러한 주장은 거의 믿기 어려운 주장이다. 사실을 말한다면 학생들은 자신들이 현재 배우고 있는 교과의 가치를 거의 모르고 있다고 보아야 하며 이 점에서 그들이 교과를 배우면서 느끼는 지적 부담은 상당하다고 보아야 할 것이다. 다시 말해 학생들은 자신들이 왜 교과를 배워야 하는지도 모른 상태에서 강제적으로 수업장면에 들어와 있는 것이다. 이러한 상황에서 교사들이 교과의 중요한 가치를 아무리 강조한다고 하더라도 학생들의 마음에 와닿을 수 없다. 그 가치의 실현을 위하여 공부한다는 것은 학생들에게는 특히 어린 초등학생들에게는 공허한 메아리로 들릴 뿐이다. 교과의 가치는 미리 설명한다고 하여 이해할 수 있는 성질의 것이 아니라 그것을 배운 후에 그것도 잘 배운 후에 사후적으로 깨달을 수 있는 성질의 것이다. 교과의 이러한 성격으로 인하여 학생들에게 교과 그 자체의 가치를 가지고 학생들에게 공부에 매진하도록 하는 것은 사실상 불가능한 일이다. 이때 평가는 학생들에게 공부를 해야 하는 이유를 학생들의 수준에서 이해하고 받아들이도록 하는 데에 유용한 역할을 할 수 있다. '학생들은 평가에서 좋은 점수를 받는 것이 어떤 점에서 좋은 것인가?' 하는 점에 대해서는 설명을 할 필요가 없을 정도로 쉽게 이해하고 있다. 학생들은 평가에서 좋은 점수를 받기 위해서 공부에 매달릴 수 있으며, 이 점은 그것을 왜 배우는지도 모른 채 그 자체를 위하여 공부하는 경우보다는 훨씬 더 심리적 부담을 덜어 준다고 보아야 한다. 이것은 마치 다음과 같은 상황에 비유할 수 있을 것이다. 항해를 하다 표류한 사람이 있다고 했을 때, 한 사람은 아무것도 보이지 않는 망망대해에 있고 다른 사람은 도저히 헤엄쳐서 도달하기 불가능하게 먼 곳에 있기는 하지만 섬이 보이는 상황에 있다면 두 사람 중 비록 멀리 있지만 섬이 보이는 사람이 오래 살아남을 수 있는 가능성이 더 많은 것과 비슷하다고 할 수 있다. 비록 결과는 동일하다고 하더라도 섬이 있는 경우에는 그 섬에 도달하기 위하여 필사의 노력을 기울일 것이며, 이때 그 섬에 도달하기 위한 노력에 따른 고통은 그만큼 경감된다고 볼 수 있다. 그러나 사방을 둘러봐도 섬이 보이지 않은 경우에는 아예 헤엄쳐서 갈 생각을 하지 않거나 비록 헤엄쳐서 간다고 하더라도 그 헤엄에서 느끼는 고통은 이루 말할 수 없을 것이다. 도달할 목적지가 없는 상황에서의 헤엄은 고통밖에 느낄 것이 없는 것이다.

학교에서 실시하고 있는 평가는 사실상 이러한 기능을 수행하고 있다고 보아야 한다. 평가에서 좋은 점수를 받겠다는 생각은 수업시간에 수반되는 고통을 경감시켜 주며 이러한 과정에서 교과가 가지고 있는 가치가 학생들에게 전달되는 것이다. 물론 여기서 중요한 것은 평가 그 자체가 아니라 평가라는 외적 동기에 힘입어 학생들을 수업에 끌어들인다는 데에 있다. 교사는 이러한 외적 기제에 힘입어 수업시간에 잘 가르친다면 평가에 대해서 부정적으로 볼 이유가 전혀 없다. 이것도 분명히 평가가 실질적으로 수행하고 있는 한 가지 기능이다. 이것은 평가가 학생들의 심리에 영향을 미친다는 의미에서 교육평가의 심리적 기능이라고 부를 수 있을 것이다.

두 번째 기능으로는 교육평가가 다양한 목적을 위해서 활용되는 경우이다. 대학시험이나 입사시험에서 학교의 성적을 활용하는 경우처럼 학생의 재학습에 활용되는 것과는 무관한 성격의 평가이다. 이것은 주로 점수화나 서열화로 나타나며 학생들을 상대적으로 비교하는 데에 목적이 있다. 학교 내에서의 석차를 매기는 데에 활용된다면 그것은 행정적 기능을 수행하고 있다고 볼 수 있고 선발시험인 경우에는 어떤 학생은 합격시키고 어떤 학생을 낙제시킨다는 의미에서 사회정치적 기능을 수행하고 있다고 볼 수 있다. 이러한 성격의 시험이 학생들의 재학습에 활용되지 않는다는 것은 다음과 같은 의미이다. 즉, 학교에서 일괄적으로 실시하는 중간고사나 기말고사는 어떻게 활용되는가? 만약 그것이 개별 학생들의 현재 상태를 알아보고 그것을 개선하기 위해서 실시된 것이라면 중간고사나 기말고사에서 좋은 점수를 받지 못한 학생에게는 그 내용에 대해서 다시 공부를 시켜야 한다. 그러나 실질적으로 교육현장에서는 그렇게 하고 있는가? 물론 예외적인 경우가 없는 것은 아니지만 대부분의 경우에는 중간고사나 기말고사는 그런 기능을 수행하기 위해서 하는 것이 아니다. 점수의 결과는 학생들을 비교하거나 다음 학년 진학을 위한 자료로 활용하기 위해서 사용된다. 즉, 시험을 본 당사자들과는 무관하게 이루어진다. 일반적으로 교육에서 평가가 문제점으로 떠오르는 경우는 이 두 번째 기능과 관련된 것이라고 보아도 크게 틀리지 않을 것이다. 이 두 번째 기능에 대해서 보다 자세히 살펴보면 다음과 같다. 현재 우리나라의 교육현실에서 학생들은 체계적인 교육의 입문이라고 할 수 있는 초등학교를 시작으로 하여 중학교와 고등학교를 거쳐 대학에 이르기까지 학교생활 속에서 평가라는 것에 아주 익숙해져 있다. 이러한 과정을 거치면서 학생들이 생각하기에 학교에는 응당 평가가 있고 평가의 결과로 점수가 나오며 점수에 따라 자신의 석차 등급이 매겨지고 이에 따라 공부를 잘하는 학생과 못하는 학생이 나뉘어진다는 것을 당연하게 받아들인다(강승호 외, 1998). 교육이 이루어지는 모든 상황에서는 어떠한 방식으로든 평가를 하고 있다. 옛날 선비들은 과거 시험을 통해 자신이 가지고 있는 능력을 뽐내며 실력을 평가 받았고, 오늘날 아이들이 악기를 배우고 발표회를 하는 것처럼 다양한 방식으로 평가는 이루어지고 있다. 이렇게 교육평가를 하는 이유로는 여러 가지가 있지만 교육평가가 가진 성격 중의 하나는 교육의 목적이 교육과정이나 학습지도에 의하여 어느 정도 실행되고 있는지를 알아보는 것이라 할 수 있다. 기본적으로 교육의 목적은 인간의 변화, 즉 아동의 행동에 어떠한 바람직한 변화를 가져오도록 하는 것이기 때문에 평가란 행동의 변화가 어느 정도 이루어지고 있는가를 판별하는 과정이라고 할 수 있다(Tyler, 1969).

교육의 목적을 이렇듯 아동의 행동변화를 가져오는 것이라고 하였을 때 교육평가는 아동의 행동이 교사가 의도하는 행동목표에 얼마나 다가갔는지를 판별하는 것이라고 할 수 있다. 이때 학생이 교사가 의도한 목표에 얼마나 다가갔는지를 확인하고 판별하는 것은 애매하다. 예를 들어, '공을 잘 던진다'라는 목표에 얼마나 도달하였는지 판별하는 것은 누가 무엇을 어떻게 측정하는가에 따라 다르게 나타날 수 있기 때문이다. 이러한 평가의 성격을 객관적으로 신뢰할 수 있도록 하기 위해 평가에 점수의 개념을 도입하여 평가를 수치화하였다. 이것은 우리가 어떠한 현상을 설명하고자 할 때 언어나 문장으로 표현하는 것보다 수치로 나타내는 것이 믿을 수 있다는 생각에서 나왔다고 할 수 있다. 예를 들어, 물의 양을 나타내기 위해 그릇에 물이 절반 정도 들어 있다고 말하는 것보다 그릇에 물이 들어 1000cc, 1/2 있다고 말하면 쉽게 이해하는 경우와 같은 것이다. 평가를 점수화하여 모든 사람들이 알 수 있도록 객관적으로 나타내는 것은 경쟁에 대한 의미도 포함하고 있다. 예컨대, 국어시험을 본 후에 어떤 학생은 70점을 받고 다른 어떤 학생은 80점을 받았다고 하자, 국어시험을 통해 국어능력이 우수한 사람을 선발한다고 할 때 어느 학생이 진짜 국어를 잘하는지는 더 신중하게 고려해야 할 것이다. 그러나 수치상으로 80점을 받은 학생이 70점을 받은 학생보다 더 높기 때문에 80점을 받은 학생이 국어능력이 우수하다고 말한다고 해서 이에 대해 의문을 제기할 사람은 아마도 없을 것이다. 또한 대학에 입학하고자 하는 사람과 직장에 취직하려고 하는 사람과 같이 무엇을 요구하는 사람은 많은 데 비하여 그 요구에 응할 수 있는 기회가 제한되어 있는 경우가 있다. 이렇듯 제한되어 있는 인원을 선발하기 위해 국가에서는 대학입학시험이라든가 공무원시험과 같은 선발기준으로서의 평가를 실시한다. 만약 선발하는 기준으로서 돈이 많은 사람, 키가 큰 사람, 안경 쓴 사람과 같이 합리적이지 못한 것을 기준으로 사용한다면 사회적으로 혼란이 있을 것이다. 이때 모두가 인정하고 납득할 만한 기준으로 제시되는 것이 평가 점수이고 점수에 따른 서열이다. 평가는 사실상 이러한 기능을 하고 있는 것이다. 그러므로 평가의 이러한 기능을 부정하거나 거부할 필요는 없다.

평가의 세 번째 기능은 학생의 현재 학습상태를 점검하고 그것을 수정 · 보완하는 것이다. 이때의 평가는 수업과 별도로 이루어지는 것이 아니라 수업과 동시에 이루어지며, 이 점에서 그것은 수업의 일부분으로서 수업과 동일한 의미를 가진다는 의미에서 평가의 교수적 기능이라고 부를 수 있을 것이다. 이것은 교사에게 많은 시사점을 줄 수 있는 평가의 기능이라고 할 수 있다. 교사는 수업시간에 다양한 형태의 평가를 실시하고 있다. 어떤 경우에는 명백한 질문의 형태를 취하기도 하지만 어떤 경우에는 그것이 질문인지 아닌지를 분별하기 힘들 정도로 애매한 형태로 학생들의 현재 학습상태를 확인하기 위한 방안들을 강구하고 있다. 일반적으로 사람들은 이러한 형태의 평가에 대해서는 주의를 기울이지 않는다. 평가라고 하면 응당 중간고사나 기말고사 또는 입시와 같은 거창한 평가만을 생각한다. 그러나 앞에서 살펴본 바와 같이 그러한 형태의 평가는 개별학생들의 현재 학습상태를 점검하고 그것을 바로 수정해 주는 데에 목적이 있지 않다. 평가가 진정으로 의미를 가지려면 학생의 현재 상태를 점검하고 그것을 수정 · 보완하는 데에 활용되어야 한다. 이 교수적 기능은 평가가 어떤 외적 용도로 어떤 경우에 어떻게 활용될 것인가에는 관심이 없다. 학생의 상태 점검에만 관심이 있을 뿐이다.

학생의 현재 학습상태를 점검하는 데에는 오로지 한 가지 방법만 존재하는 것은 아니다. 여기에도 물론 지필검사와 같은 시험이 활용될 수도 있을 것이며 이 밖에 다양한 형태의 방법이 동원될 수 있을 것이다. 평가의 교수적 기능은 대부분 과정 중에 발휘된다는 점에서 지필검사와 같은 고정된 평가의 형태보다는 교사와 상호작용하는 형태의 평가형태가 보다 바람직할 가능성이 충분히 있다.

이상에서 우리는 평가의 세 가지 기능을 구분해 보았다. 이 세 가지 기능을 평가가 학생의 학습상태를 점검하고 그것에 대해서 피드백하는 데에 직접 공헌하는가 하는 관점에서 다시 분류해 보았을 때, 이 세 가지 기능을 크게 두 가지로 구분할 수 있을 것 같다. 평가의 첫 번째 기능과 두 번째 기능은 의미상 학습에 환류되지 않고 다른 목적을 위해서 활용된다는 점에서 교육평가의 외재적 기능이라고 부를 수 있을 것이며, 세 번째 기능은 그것이 곧바로 학습에 환류된다는 점에서 교육평가의 내재적 기능이라고 부를 수 있다.

4. 교육평가의 과정

교육평가행위의 기본적 요소에는 평가를 실행하는 평가자, 평가를 받는 평가대상, 그리고 평가의 도구(방법)가 있다. 자기평가의 경우 평가자와 평가대상을 일치할 수 있다. 평가자와 평가대상, 평가도구가 모여서 이루어지는 평가의 과정은 끊임없이 변화하는 복잡하고 다차원적인 환경 속에서 일어나게 되며, 평가를 구성하는 요소들 간에 또는 구성요소들과 환경 간에는 끊임없는 상호작용이 일어난다. 교육평가의 과정을 구성요소와 단계별로 정리하면 〈그림 1-1〉과 같다. 실제 교육평가의 과정은 이 그림에서 나타난 것과 같이 분절적으로 나타나지 않고 반복되는 평가에서 어떤 단계는 무의식적으로 지나갈 수도 있을 것이다. 평가절차의 이론적 논의를 위해서는 이를 참고의 틀로 활용할 수 있을 것이다.

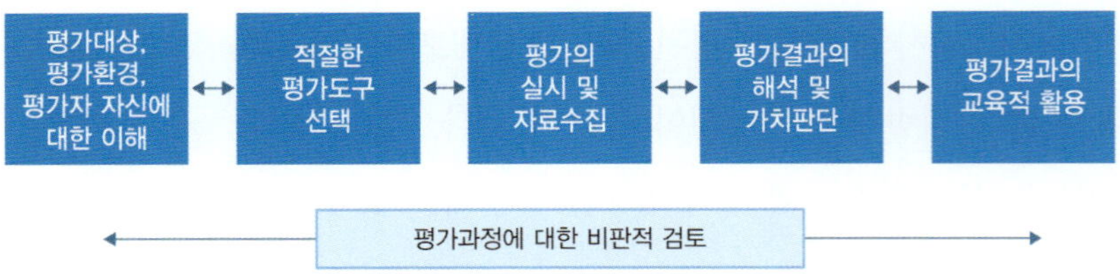

그림 1-1. **평가의 순환적 과정**

〈그림 1-1〉에 제시된 평가의 과정이 평가대상 및 평가환경, 그리고 평가자 자신에 대한 평가자의 이해로부터 출발하는 이유는 평가자가 어떤 교육관을 지니느냐 혹은 평가대상과 평가환경에 대해 어떻게 인식하느냐에 따라 평가도구의 선택, 자료수집 등 평가의 후속 단계들의 방향이 지어지기 때문이다. 가령, 평가자의 가치관이 실증주의에 기반하느냐 해석학에 기초하느냐에 따라 평가대상, 평가방법, 결과해석의 방향은

모두 달라지게 된다. 또한 평가자가 그리는 바람직한 교육의 모습에 따라 명문대학 입학률로 교육의 질을 평가할 수도 있고, 방과 후 개별 학생들이 얼마만한 자유시간을 누리는가에 따라 교육의 질을 평가할 수도 있다(정범모, 1997). 이 두 경우의 평가결과가 서로 다를 것임을 쉽게 짐작할 수가 있다. 이처럼 평가가 교육의 방향설정에 직접적으로 영향을 미칠 수 있는 만큼 평가자는 평가의 과정을 단순히 주재하는 수행인(기술자) 이상의 역할을 한다. 수많은 현상 중에서 무엇을 어떻게 볼 것인가, 그중 어떤 부분이 진실로 가치로우며 어떤 부분이 무의미한가, 이를 교육적으로 어떻게 활용할 것인가 등의 문제는 전적으로 평가자가 어떤 가치를 지니고 있느냐에 달려 있다. 또한 평가자는 평가대상과 독립적으로 존재하는 어떤 물체가 아니라 평가대상과 끊임없이 상호작용하며 이 과정에서 서로 변화를 겪게 된다.

평가자는 평가의 진행을 위해 우선 적절한 평가도구(방법)를 선택한 후에 평가실시를 통해 자료들을 수집하게 된다. 교육현장에서 흔히 이용되는 평가도구로는 각종 검사와 관찰 및 면담 등이 있다. 자료수집의 과정은 일회로 끝날 수도 있고 장기간에 걸쳐 여러 번 실시될 수도 있다. 이때 중요한 점은 평가대상을 제대로 측정해 낼 수 있는 도구를 선택해야 한다는 것이다. 우리는 흔히 주어진 평가도구를 이용해서 보이는 것만을 측정하는 오류를 범하곤 한다. 무엇을 볼 것인가를 먼저 결정한 후 그것을 가장 잘 드러내 줄 수 있는 도구가 선택되어야 할 것이다. 즉, 평가목적에 부합하는 도구가 선택되어야 평가의 타당성을 높일 수 있다.

그러나 계속 변화하고 복잡한 교육현상 속에서 무엇이 의미 있고 가치있는가를 사전에 결정짓기란 어렵다. 이 문제를 해결하기 위해서는 다양한 평가도구의 이용과 평가자의 개방적인 태도가 요구된다. 어떤 현상도 시간의 흐름과 공간의 변화를 전제로 하기 마련인데, 이러한 평가대상의 시 · 공간적인 변이를 파악할 수 있을 뿐만 아니라 평가대상의 다른 특징을 포착할 수 있는 다양한 평가도구가 적절하게 이용될 수 있어야 한다. 즉, 평가의 모든 과정에는 미리 결정된 것이 아니라는 개방적이고 융통성 있는 평가자의 태도가 필요하다.

다음으로 평가자는 수집된 자료를 해석하여 의미를 부여하고 그 결과에 근거하여 최종적인 판단을 내리게 된다. 이 과정에서 우리가 흔히 범하는 오류는 자료를 수집하여 얻은 결과를 해석하는 데서 평가를 마무리하거나 심지어는 결과를 얻은 것으로 평가의 과정을 끝내는 것이다. 예컨대, 어떤 교사가 학생들에게 수학검사를 실시한 뒤 답안을 채점하여 각 학생의 수학점수를 내는 것으로 평가가 끝났다고 생각하는 것이다. 그러나 평가는 앞에서 지적했듯이 원칙적으로 규범적인 가치판단을 포함할 수밖에 없다. 평가는 평가된 결과가 교육의 본질과 목적에 부합하느냐, 즉 교육적이냐의 여부를 기준으로 하여 판단을 내리는 지극히 규범적인 활동인 것이다. 규범적인 가치판단이 결여된 평가는 마치 의사가 환자에게 각종 검사를 실시한 뒤 검사결과만 알려 주고 병이 있는지, 있다면 어느 정도 심각하며, 이를 어떻게 치료해야 하는지 등에 대한 판단은 내리지 않는 것과 같다. 이때 각종 검사의 결과란 단지 환자의 건강유지라는 가치를 기준으로 의사의 판단을 기다리는 자료들일 뿐이다. 마찬가지로 교사가 실시한 수학검사는 교사가 평가를 위해 선택한 평가도구의 하나이고, 학생들의 수학점수는 수집된 자료의 하나이다. 교사는 이 자료, 즉 수학점수에 근거하여 어떤 학생의 수학능력을 이해하고 그것이 의미하는 바가 무엇인가를 판단함으로써 비로소 평가의 과정을 마무리 짓게 된다. 이때 판단은 가치 개입적, 실천적 활동이어야 한다. 다양한 평가의 목적에 따라 평가도구의 선택이 달라져야 하듯이 수집된 자료의 해석도 가치 관련적으로 이루어져야 한다. 가령, 열린 교육이라는 새로운 교육목적하에 실시된 교육의 내용을 기존방식의 평가도구를 사용하여 평가자료를 해석하는 것은 불합리하다. 이는 마치 서로 다른 규칙을 가진 경기를 하나의 단일한 규칙을 적용하여 시행하려는 것과 같은 오류이며, 각 교육평가 자료가 가지고 있는 질적인 차이를 무시하는 오류를 범하게 된다. 따라서 평가의 목적과 도구와 결과해석 사이에는 일관성이 있어야 하는데, 이 일관성을 형성하는 기반이 곧 평가에 개입된 가치의 일관성이다.

평가대상에 대한 가치판단의 결과는 교육현장에서 보다 적극적으로 활용할 필요가 있다. 평가결과는 평가의 목적에 따라 크게 교수학습과정, 즉 교육과정의 개선, 선발과 비교, 인간에 대한 이해(황정규, 1994) 등을 위해 다양하게 활용될 수 있다. 평가결과의 활용에 있어서 보다 중요한 점은 그것의 교육적 가치를 최대화시킬 수 있는 방향으로 활용되어야 한다는 것이다. 교육평가의 결과는 교육현상을 평가하여 나온 것인 만큼 결과의 활용 역시 교육적이어야 한다. 왜냐하면 평가의 과정이나 활용의 과정 역시 교육의 과정을 구성하는 요소이기 때문이다. 그런 점에서 듀이(Dewey)는 판단은 평가자와 평가대상의 상호작용으로부터 발생하는데 이러한 판단 자체가 바로 교육이라고 하였다(정순복, 1996).

평가가 이러한 과정을 거쳐 진행되는 동안 각 단계에서의 비판적 검토는 필수적으로 요구된다. 평가자 자신의 가치관이나 교육관에 대해 반성하고, 평가도구의 선정이 적절했는지, 정말 보아야 할 것을 봤는지, 수집된 자료는 믿을 만한 것인지, 자료에 대한 해석은 타당하지, 평가대상에 대한 가치판단은 제대로 이루어졌는지, 평가결과의 활용은 교육적으로 이루어졌는지 등과 같이 평가의 전 과정에 대한 비판적인 검토가 필요하다. 이와 같이 평가과정에 대한 반성을 거침으로써 비로소 우리는 평가의 실천을 통한 평가자의 평가능력의 개발을 기대할 수 있다. 여기서 우리는 앞에서 지적했듯이 평가는 미리 고정불변으로 결정된 과정이 아니라 항상 열려 있는 과정이라는 점을 다시 확인하게 된다. 즉, 평가는 항상 오류의 가능성을 내포하고 있으므로 평가의 과정에 임하는 평가자의 개방적인 태도−평가자 자신의 가치관이나 교육관, 자신이 선택한 평가도구, 자료수집, 가치판단, 결과활용 등 전반적인 평가의 과정에 항상 오류의 가능성이 있음을 인식하고 이를 비판적으로 검토하려는 여지를 남겨 두는 자세가 요구된다.

Chapter

02

교육평가의 역사와 동향

배울 내용

1. 미국의 교육평가 역사
2. 우리나라 교육평가 역사와 패러다임의 변화
3. 교육평가의 법적 근거

학습 목표

1. 미국의 교육평가 역사를 이해한다.
2. 우리나라 교육평가 역사를 이해한다.
3. 우리나라 교육평가의 최신 동향을 이해하고 발전 방향을 모색해 본다.
4. 우리나라 유치원 및 학교평가의 법적 근거를 설명할 수 있다.

Chapter

02

교육평가의 역사와 동향

1. 미국의 교육평가 역사

인류 역사상 최초의 시험은 기원전 2,200년경 중국에서 국가의 관리를 등용하기 위해 시행된 과거제도에서 비롯되었다고 볼 수 있다(Duboise, 1970). 그리고 원시적인 형태의 과거제도가 고대 중국에서 시행되어 왔으나, 형식을 갖춘 최초의 공식적인 과거제도는 737년 당나라 현종 때 시행된 것으로 본다. 서양에서는 소크라테스의 대화법을 오래된 구술평가방법으로 간주하는 것이 일반적이다.

교육평가를 과학적 연구대상으로 삼아 하나의 학문적인 체계로 정립시킨 사람은 미국의 타일러이다. 타일러가 처음으로 교육평가라는 용어를 사용하기 시작한 것과 더불어 제2차 세계대전의 종료, 소련의 무인 인공위성 스푸트니크호 발사 등과 같은 역사적 사건이 교육평가의 기본방향을 크게 바꾸었다고 할 수 있다.

일반적으로 양적인 평가방법이 등장한 1792년부터 평가의 최초 시작이라는 관점에 근거하여 미국 교육평가 역사를 살펴보면 다음과 같다(김진규, 윤길근, 2021; 박도순 외, 2007).

1) 개혁의 시대(1792~1900)

미국 교육평가의 역사에서 개혁의 시대는 양적인 평가방법이 등장한 1792년부터 19세기 말까지의 시기를 말한다. 1792년에 영국의 과학자인 패리쉬(Farish)가 시험점수를 양적 방법으로 표기한 연도를 기준으로 삼는다. 그는 학생들의 성적을 질적으로 평가하는 방법에서 점수를 합산하여 평균을 산출하고 순위를 매기는 양적 방법을 처음으로 사용하기 시작하였다. 이 시기의 특징은 산업혁명의 영향으로 영국과 미국 전역에서 교육과 사회 프로그램을 개혁하는 운동이 일어났다는 것이다. 미국에서는 1815년 공식적인 평가의 초기 형태로 육군 군수품부에서 군수물자 생산 단일화를 시작하면서 사회기관의 기능에 대한 평가가 나타났다. 이는 이후 테일러(Taylor)의 과학적 관리운동에 영향을 미치는 계기가 되었다.

2) 효율성과 검사의 시대(1900~1930)

이 시기는 테일러의 과학적 관리운동이 전개되기 시작한 20세기 초부터 제1차 세계대전을 거쳐 1930년까지의 학교와 교사의 효율성에 대한 연구가 실시되고 교육 및 산업분야에서 검사가 성행하였던 시기이다. 1915년에는 다양한 준거를 사용하여 대규모

학교조사연구가 시행되면서 셈하기, 철자, 쓰기, 작문에 대한 선택형 검사가 처음으로 사용되었다. 1918년에 선택형 검사는 교육 이외의 군대, 산업 분야에서도 널리 활용되었다. 1920년에 수행수준을 측정하기 위해 사용되는 규준참조검사가 급속한 발전을 보였다. 제1차 세계대전 이후, 학교에서 표준화된 성취검사가 사용되기 시작하였다. 효율성과 검사에 대한 연구는 대부분 학교에서 이루어졌으며, 이후 1960년대와 1970년대에 대학평가센터가 성장하는 배경이 되었다.

3) 타일러의 시대(1930~1945)

이 시기는 타일러가 교육평가라는 용어를 처음 사용한 1930년부터 제2차 세계대전이 종료된 1945년까지의 시기를 의미한다. 타일러는 평가를 목적의 달성 여부를 결정하는 것이라고 정의하였으며, 진보주의교육협의회의 주도하에 진보주의 교육이 중등학교에서도 성공적으로 적용될 수 있는지를 검증하기 위해 수행한 8년 연구(1932~1940)[1]에 평가책임자로 참여하였다.

4) 순수의 시대(1946~1957)

순수시대의 교육평가는 1946~1957년까지의 시기에 해당된다. 이 시기는 경제공황을 극복하고, 특히 제2차 세계대전을 승리로 이끌어 국가적 자존심이 높아져 정치적으로

1) 8년 연구에서는 미국 전역의 29개 중등학교에서 적용한 진보주의 교육과정과 교수전략의 효율성을 평가하는 데 있어서, 학생들에 대한 평가와 기록의 중요성을 인식시키는 계기를 마련하게 되었다. 연구결과, 진보주의 교육과정을 적용한 실험학교 출신 학생들은 전통적 교육과정을 이수한 학생들보다 학업성취도와 개인적 · 사회적 발달 상태에서 양호한 평가를 받았다. 8년 연구는 학업성취 수준이 준거 혹은 목표에 도달하였는지를 평가하였지만 교수의 질 그리고 학습환경 등을 무시했다는 비판을 받았다.

나 경제적으로 안정된 시기를 의미한다. 교육평가 분야에서도 새로운 평가방법으로 검사점수 계산방법, 행동목표분류학, 교육연구법 등이 제안되었다. 이 시기에 국가 수준의 표준화검사가 개발되었고, 1947년에 미국교육평가원(Educational Testing Service: ETS)이 설립되었다. 새로운 이론을 학계나 학교에서 적용하는 매우 편안한 시간을 보내 오다가 1957년 소련이 달에 무인 인공위성인 스푸트니크호[2])를 발사하면서 미국은 커다란 충격을 받게 되어 교육개혁이 시작되는 계기가 되었다.

5) 발전의 시대(1958~1972)

발전시대의 교육평가는 1958년부터 1972년까지이다. 스푸트니크호의 충격으로 미국 국민은 납세자로서 연방정부에 교육의 책무성에 대한 비판을 가하기 시작하였고, 연방정부가 교육에 개입하여 학교교육을 평가하는 정책을 강화하였다. 이를 위하여 국가 수준의 표준화검사가 새롭게 개발되고, 교육 종사자에 대한 업적을 평가하여 보고서를 작성하였으며, 학교와 학군의 교육결과를 상대적으로 비교 평가하는 작업을 진행하였다. 즉, 교육평가의 관점이 이론적 영역에서 실제와 적용의 관점으로 변화되어, 규준참조평가에 의한 학력 비교, 서열화를 목적으로 학업성취도뿐만 아니라 교육결과를 비교하기 시작하였다. 1963년에는 이를 비판한 새로운 평가체계인 준거참조평가가 제안되었다. 또한 이 시기에는 새로운 평가이론과 방법이 제안되고 새로운 평가모형이 등장하였다. 예를 들어, 타일러의 모형을 근간으로 하는 목표달성 모형, 새로운 모형으로 탈목표 모형, CIPP 모형 및 종합실상 모형 등이 제안되었다.

---

2) 옛 소련(소비에트연방)은 1957년 10월 4일 카자흐스탄의 한 사막에서 세계 최초로 인공위성 스푸트니크 1호를 발사하는 데 성공했다. 이전까지만 해도 과학기술 분야에서 소련을 압도하고 있다고 믿었던 미국은 엄청난 충격을 받았는데, 이를 스푸트니크 쇼크(Sputnik Shock)라고 한다(네이버 지식백과). 그림출처: 스푸트니크 1호(세계 최초의 인공위성, https://ko.wikipedia.org/wiki/

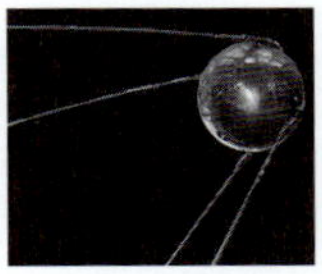

6) 전문화의 시대(1973~1983)

1973년부터 1983년까지는 평가영역의 세분화, 구체화, 평가전문가의 전문성 신장 그리고 평가학회지와 평가협회, 평가기관 등이 생기기 시작하면서 전문화 시대라고 불린다. 이 시기는 평가방법의 개선과 더불어 평가전문가를 훈련하는 프로그램의 발전을 통하여 평가가 학문 영역으로 발전하는 도약의 시기라고 할 수 있다. 이 시기에는 많은 대학에서 평가방법론 강의를 필수적으로 이수하도록 하였고, 주요 대학에서는 평가전공 대학원 프로그램을 개설하였다. 그리고 평가의 질을 점검하기 위한 수단으로 메타평가 영역에 대한 관심이 증가하였고, 반응적 평가모형, 비평적 평가모형, 자연주의 평가모형 등이 등장하기 시작하였다.

7) 확장과 통합의 시대(1983~현재)

교육개혁운동이 일어난 1983년부터 현재까지는 교육평가의 확고한 입지가 다져지고 세계 각국의 학회와 협회를 중심으로 평가 인적 네트워크를 통해 활발하게 교류를 하고 있는 시기로 확장과 통합의 시대라고 말한다. 이 시기에는 교육개혁운동이 일어나면서 프로그램 평가에 대한 관심이 급증하여 미국 내 49개 주에서 기준기반(standard based) 개혁운동이 확산되었다. 1988년 교육평가를 위한 기준개발위원회는 프로그램 평가기준을 더욱 발전시켜 인사평가를 위한 기준을 확정하였다. 특히 1985년에 설립된 미국평가협회(AEA)는 인적 네트워크를 통합하여 3,000명이 넘는 평가전문가 회원들이 연차 총회와 보고서를 통해 평가에 대한 다양한 실제와 정보를 공유하고 있다.

2. 우리나라 교육평가 역사와 패러다임의 변화

1) 우리나라 교육평가의 역사

우리나라 교육평가 제도의 변화를 중심으로 과거제도 시행기, 상대평가 도입기, 선택형 문항 및 표준화검사, 교과목별 절대평가 도입기, 절대평가와 상대평가 혼용기, 수행평가 도입 및 정착기로 구분하여, 교육평가 역사를 살펴보면 〈표 2-1〉과 같다(김진규, 윤길근, 2021; 박도순 외, 2007; 백순근, 2002).

표 2-1. **우리나라 교육평가의 역사**

구분	시기	내용
과거제도 시행기	958~1894	우리나라의 과거제도는 788년(신라 원성왕 4년)의 독서삼품과가 시초이고 과거제도가 본격적으로 시행되기 시작한 것은 958년(고려 광종 9년)에 당나라의 과거제도를 모방한 것이며, 구한말까지 지속되다가 1894년 갑오개혁의 일환으로 폐지되었다. 국가시험제도로서 과거시험은 공개경쟁을 기본원칙으로 하고 출제 내용의 타당성보다는 시험의 실시와 채점 과정에서의 공정성을 크게 중시한 점이 특징이라고 할 수 있다.
상대평가 도입기	1900~1945	근대식 학교가 설립된 이후부터 광복 직후까지의 교육평가는 각 교과목별 성적 및 상대평가 도입기로 구분할 수 있다. 근대식 학교에서는 미국 등 서구의 영향을 받아 학교에서 학생들의 교과목의 성적을 산출하기 위해 시험을 치르고 채점하는 일이 일상화되었으며, 일제강점기에는 초·중등학교 교육에 상대평가에 의한 학년 석차를 도입하여 활용하기 시작하였다. 또한 개별 학생에 대한 품행을 평가하여 기록한 보조장부 형태의 '개설조사부' 혹은 '개성관찰부'라는 기록을 작성하였다.
선택형 문항 및 표준화검사	1945~1975	1945년 광복 이후 1970년 초반까지는 선택형 문항 및 표준화검사 도입기라고 할 수 있다. 이 시기에는 미국으로부터 선택형 문항이 소개되어 적은 비용으로 대규모 검사의 실시와 채점이 용이하게 되어 시험의 빈도가 높아지고, 다양한 종류의 표준화된 교육 및 심리검사들이 제작되어 보급되었다. 1955년에 문교부가 발표한 초등학교 생활기록부의 서식 및 처리요령(문교

구분	시기	내용
		부훈령 제10호)과 1956년의 중학교, 고등학교 사범학교 생활기록부의 서식 및 처리요령(문교부훈령 제21호)에서 학적부 대신에 생활기록부로 명칭을 변경하였다. 그리고 각 교과목별 성적산출 방식은 '수, 우, 미, 양, 가'의 상대평가를 도입하였고, 각 평정 등급별 비율은 '10%, 20%, 40%, 20%, 10%'로 각각 할당되었다.
교과목별 절대평가 도입기	1976~1979	1970년대 중반부터 후반까지는 각 교과목별 절대평가 도입기라고 할 수 있다. 1976년 문교부는 '국민학교 · 중학교 · 고등학교 생활기록부 취급요령(문교부훈령 제286호)'를 발표하여 상대평가에 의한 평가체제를 절대평가에 의한 '수, 우, 미, 양, 가' 평가체제로 바꾸었다. 즉, 다른 학생들의 성취정도와 비교하지 않고 개별 학생의 성취도를 국가 교육과정에 제시된 교육목표의 성취 정도에 따라 부여하는 방식으로 목표의 90% 이상을 달성하면 수를, 80% 이상 90% 미만은 우를, 70% 이상 80% 미만이면 미를, 60% 이상 70% 미만이면 양을, 그리고 60% 미만이면 가를 부여하도록 하였다.
절대평가와 상대평가 혼용기	1980~1998	1980년대 초반부터 1990년대 후반까지는 절대평가와 상대평가의 혼용시기라고 할 수 있다. 1980년 7월 30일 '과열과외 해소를 위한 교육정상화 대책'을 발표하면서 대학입학전형에서 대학별 본고사를 폐지하고 대학입학 예비고사를 대학입학학력고사로 전환하면서 고등학교 내신성적을 중요한 전형자료로 사용하도록 하였다. 즉, 교과목별 절대평가에 의한 평정체제를 사용하되 내신성적을 산출할 때에는 과목별 성취도 평정환산표를 이용하여 성취도를 평정하고 전과목 환산 총점에 의한 학년 석차와 전학년 석차를 산출하여 상대평가 평정체제를 혼용하도록 하였다. 특히 이 시기에는 대학입학 내신성적을 공정하게 산출하기 위하여 교과목별로 석차백분율을 기록하도록 하고 가능한 한 동점자가 나오지 않도록 함으로써 고등학교에서는 절대평가보다는 상대평가를 중시하는 경향이 다소 심화되었다.
수행평가 도입 및 정착기	1999~2011	1990년 후반부터 2011년까지는 수행평가 도입 및 정착기라고 할 수 있다. 이 시기의 중요한 특징은 새로운 평가방법의 하나로 수행평가가 학교현장에 도입되기 시작한 것을 들 수 있다. 1996년에 국립교육평가원에서 국제교육성취도평가 사업을 수행하면서 수행평가 문항을 소개하기 시작하였고, 이어서 『초등학교의 새로운 평가제도에 따른 수행평가의 이론과 실제』라는 단행본을 발간하여 일선학교에 보급하였다. 1997년에 서울시교육청은 새물결 교육운동의 일환으로 초등학교에 수행평가를 확대 실시하도록 하였다. 1999년 3월 학기부터 정부의 수행평가 정책을 전면적으로 도입 시행하게 되었다.

2) 우리나라 교육평가의 최신 동향

평가는 교육에 영향을 미치는 교수자, 학습자, 교재, 교육환경 등의 제반 요소들과 수업과 같은 교육활동 등에 대한 정보를 수집하여 교육적 의사결정을 돕고 성과를 사정하는 활동을 의미한다(김대현, 2017). 따라서 교육평가는 근본적으로 학생의 잠재능력을 추론하는 과정이며 학생의 지식, 기능, 태도에 대한 정확한 이해는 교사가 교수·학습 상황에서 내리는 다양한 교육적 결정에 기초가 된다.

평가가 돕는 교육적 결정의 네 가지 유형으로는 〈그림 2-1〉과 같이, 교육과정의 성격과 목적에 관한 결정, 학생의 선수학습 지식에 관한 결정, 수업 차시에 관한 결정 및 수업의 효과에 관한 결정으로 구분할 수 있다(김현주, 2020).

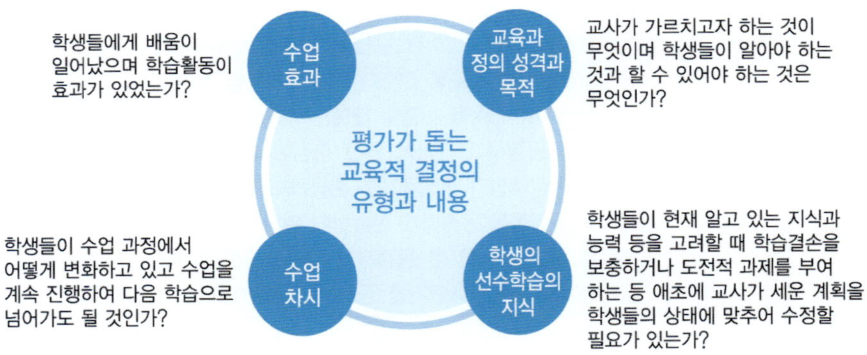

그림 2-1. **평가가 돕는 교육적 결정의 유형과 내용**

구체적으로 교육과정의 성격과 목적은 '교사가 가르치고자 하는 것이 무엇이며 학생들이 알아야 하는 것과 할 수 있어야 하는 것은 무엇인가?'에 대한 것이며, 학생의 선수학습의 지식으로는 '학생들이 현재 알고 있는 지식과 능력 등을 고려할 때 학습결손을 보충하거나 도전적 과제를 부여하는 등 처음 교사가 세운 계획을 학생들의 상태에 맞추어 수정할 필요가 있는가?'에 관한 것이며, 수업차시에 대한 결정으로는 '학생들이 수업과정에서 어떻게 변화하고 있고 수업을 계속 진행하여 다음 학습으로 넘어가도 될 것인가?'이며, 수업의 효과는 '학생들에게 배움이 일어났으며 학습활동이 효과가 있었는가?'에 대한 교육적 결정에서 평가는 중요한 기준이 된다는 것이다.

그리고 김석우(2009)는 측정관, 평가관, 총평관의 세 가지 교육평가관을 비교하였다. 오랫동안 교육활동에서 지배적이었던 측정관이 관찰한 내용에 대하여 가치를 부여하지 않는 것에 비해 평가관은 측정한 것과 그것의 중요성, 합목적성 등 다른 정보와 합성하여 가치를 부여하는 것으로 최근에 활발하게 진행되고 있으며, 수행평가를 도입하면서 교육평가 패러다임의 변화가 총평관으로 이어지고 있다고 언급하였다.

이러한 교육평가는 평가자들의 교육관과 밀접한 관련이 있으며 일반적으로 교육관은 선발적 교육관과 발달적 교육관, 인본주의적 교육관의 3가지[3]로 구분할 수 있다. 오랫동안 우리나라의 교육 현장에서 평가는 상급학교 진학이라는 중요한 결정의 기준이 되어 왔다. 학교 내신에서 상당 기간 절대평가보다 상대평가가 유지되어 왔고, 이러한 평가의 관행으로 발달적 교육관보다 선발적 교육관이 유지되어 왔으며, 굳게 자리

3) 선발적 교육관: 교육은 특정 능력이 있는 학생만 받을 수 있다고 보는 교육관으로 측정관의 입장을 가진다. 교육에 대한 책임, 즉 실패에 대한 1차적 책임은 학습자에게 있다고 본다. 평가관, 즉 평가에 주안점을 두는 관점은 학습자의 개별적 특성을 강조하고 소수의 우수자를 선발하는 데 둔다. 따라서 평가유형은 규준지향평가를 선호한다.

발달적 교육관: 모든 학습자에게 적절한 교수 · 학습방법을 제시하면 누구든지 교육목표에 도달할 수 있다고 보는 교육관으로 평가관의 입장을 가진다. 교육에 대한 책임, 즉 실패에 대한 1차적 책임은 교사에게 있다고 본다. 평가관, 즉 평가에 주안점을 두는 관점은 교육방법에 둔다. 교사가 교육방법을 제대로 제시하지 못했다는 것이다. 평가유형은 목표지향평가를 선호한다.

인본주의적 교육관: 교육을 자아실현의 과정으로 보는 교육관으로 인간행동 특성을 종합적으로 파악하려는 총평관에 밀접한 입장을 가진다. 교육에 대한 책임, 즉 실패에 대한 책임은 학습자와 교사 모두에게 있다고 본다. 평가관, 즉 평가에 주안점을 두는 관점은 전인적 특성에 둔다. 평가유형은 목표지향평가를 선호하지만 평가 무용론도 선호한다. 왜냐하면 인본주의적 평가관은 자아실현의 과정으로 보는데, 이 자아실현의 과정을 평가 가능한 대상으로 보지 않기 때문이다. 또한 인본주의적 교육관은 타율적이고 수동적 교육은 비인간적 교육으로 간주한다. 모든 교육은 학습자가 원하고 희망하는 것에 근거하여 이루어져야 한다고 주장한다.

를 잡아 왔다고 할 수 있다(박도순 외, 2007).

우리 사회의 산업화 과정에서 이룩한 고도성장은 물질적 풍요와 국가경쟁력 강화라는 성과를 달성하게 하였지만 이 과정이 압축적으로 이루어짐으로써 교육과 문화의 성숙이 병행되지 못하였다. 무엇보다도 대학 입시로부터 비롯된 경쟁 체제로 인해 평가가 학생 서열화의 도구로 자리 잡았고, 이에 따라 교육과정과 평가 사이에 전도 현상이 나타나게 된 것이다(이형빈, 2015). 즉, 개인차를 변별하는 상대평가와 학생 서열화의 도구가 된 평가라는 이름의 일제고사식 시험에 대비하기 위하여 지식 위주의 암기 수업과 교과서 진도 나가기 수업이 교실에서 이루어져 왔다고 할 수 있다.

오랜 기간 학생평가로 치러진 일제고사 시험의 결과로 나오는 학업석차는 학생들을 분류하는 기준이 되었고, 그에 따른 수준별 수업을 운영하였으며 100점과 90점의 수량화된 차이가 학생들의 진학을 결정하는 객관적인 자료가 되었다. 열린 교육이 교육현장에 도입되기 시작하면서 지필평가를 보완하기 위한 수행평가가 1999년 학교 현장에 도입되고 다양한 평가방법에 대한 고민을 시작한 계기가 되었다. 그러나 수행평가의 온전한 취지를 제대로 살리지 못하고 현장에서 교과별 결과중심 평가로 진행되다 보니 학생들의 공부나 숙제 부담을 가중시켜 오히려 학교 공부를 방해하는 고행평가로 여겨지고, 특히 정규시험과 수행평가가 시기상 겹치는 경우 시험공부와 수행평가 부담까지 가중되어 학생들이 상당한 압박감을 경험하게 되었다. 또한 과제 위주 수행평가의 공정성 문제 발생, 수업시간 중 학생들에 대한 관찰 · 평가를 위한 여건이 부족하다는 점에서 수행평가 대행 사이트나 학원 전담팀 문제 등의 해결을 위해서 학교에서 과제로 부과하는 방식의 수행평가는 차단하도록 권장하고, 단위학교 여건에 맞는 수행평가 횟수 및 방법의 자율적 운영을 권장하는 것이 필요하다는 목소리가 등장하게 되었다.

(1) 성취평가제의 도입 및 적용

평가제도 혁신의 요구 속에 2011년 2월 28일 교육과학기술부가 '성취평가제'와 '평가제도의 질적 혁신'을 주요 골자로 하는 '중등학교 학사관리 선진화 방안'을 발표하면서 2012년에 성취평가제가 도입되었고, 2014년 전 학년에 성취평가제를 적용하였다. 성취평가제는 국가 교육과정에 근거한 교과목별 성취기준에 근거하여 교수·학습을 실시하고 성취기준에 도달한 학업성취 정도를 평가하고 성취수준별로 성취도를 부여하는 제도이다. 기초교과, 탐구교과, 생활교과의 일반 및 심화과목은 A-B-C-D-E로, 체육·예술교과의 일반과목은 A-B-C로, 교양교과와 기초교과의 일반과목은 P로 표시한다.

성취평가제는 발달적 교육관과 인본주의적 교육관에 근거한 것으로 교육 본연의 의미에서 학습목표에 도달하였는지에 관한 학업성취 정도를 효과적으로 파악할 수 있어 학생이 무엇을 알고, 무엇을 할 수 있는지에 대한 구체적 정보를 제공할 수 있다. 그리고 학생들 간의 서열 중심의 경쟁 체제를 지양하고 학생들이 본질적으로 도달해야 하는 목표중심평가로의 전환을 의미한다. 김신영(2012)은 대학 입시 경쟁이 치열한 현장의 맥락 속에서 학생평가가 학생들에 대한 이해를 돕도록 하고 학생들의 학습과 학업적 성장을 지원하는 기능을 실현하고 있지 못하고 있다고 비판하였다. 학생평가는 학생들의 성취도에 대한 정확한 정보를 제공해 줄 수 있어야 하며 이를 통해 학습 방향을 제언해 줄 수 있는 방식으로 온전히 실행될 필요가 있는 것이다. 따라서 성취평가제는 기존 학생평가 방식의 개선 방안으로서 도입된 것이다(최숙기, 2016).

김인숙 등(2017)은 성취평가제의 내실화를 위하여 성취평가 관련 정보공시 자료를 이용하여 성취평가제 운영 실태를 살펴보고 교과별로 심층 면담을 통하여 성취평가제 운영에 대한 현안을 파악하여 공통점을 도출하였는데, 그 결과는 〈표 2-2〉와 같다.

표 2-2. **성취평가제에 대한 교과별 현안 분석 결과**

구분	내용
학교현장의 변화	• 평가계획 필요성 증가 • 동일 교과 교사들 간 협의회 및 토론 활성화 • 문항 출제 및 채점 의무 증가 • 수업 달성 목표에 대한 서술 경향성 증가 • 평가 결과 검토 및 문항 점검 수행 • 문항 유형 다양화 어려움
기여점	• 수업 및 평가 지원 체제 마련 • 수업 및 평가의 정합성 향상 • 학교 단위 평가의 교육과정 적합성 제고 • 평가 관련 정보 제공 • 연수에 대한 동기 증가 • 문항 출제에 대한 긍정적 기여 • 평가에 대한 부정적 인식 개선 • 기존 관습 탈피 • 수행평가 채점 준거 설정 기여
문제점	• 등급별 기준 점수 산출의 어려움 • 시험 난이도 조정의 한계 • 성취평가 결과 활용 미비 • 학생 학부모들의 이해 및 공감대 형성 부족 • 취지에 맞는 시험 형식 구현의 어려움 • 우리나라 고등학교 교육의 현실 • 형식적인 운영으로 인한 의미 퇴색
지원 필요 사항	• 성취평가제 결과 반영 결정 • 교과별 평가방법 개발 및 보급 • 시행을 위한 지침 • 홍보와 연수 강화 • 교사 업무량 감축을 통한 시행 제도의 내실화 • 결과 해석 및 피드백 지원 • 현장 개선

학교에서의 전 학년 성취평가제가 적용된 지 현재 6년 정도 지나면서 교과별 성취기준을 바탕으로 평가계획을 세우고 성취기준에 근거한 문항 출제가 정착되어 가고 있

다. 따라서 학기 초에 마련하는 연간 교과 재구성 계획에 성취기준이 반영되어야 하고 지필평가와 수행평가 계획에 관련 성취기준이 제시되어야 한다. 그리고 연간 교과 재구성 계획에 따라 교과별 연간평가계획을 먼저 세우고 평가계획에 유념하여 수업과 평가의 연계를 인식하면서 교수·학습과정을 운영하고 실제 평가를 진행해야 한다.

또한 성취평가제의 도입은 평가방법의 질적 변화를 도모했는데, 학생의 성취 도달 정도를 평가하고 그 결과에 따라 개별 학생들의 학업능력을 진단하고 부족한 부분을 향상시키기 위한 교육적 피드백을 제공하는 방향으로 가고 있다(백은미, 2018). 대학 입시가 중요한 고등학교에 비해 중학교는 학생들이 성취한 절대적 결과로 교과별 A-B-C-D-E의 등급을 받기 때문에 서로 간 경쟁의식은 줄었다. 그러나 학생의 성장과 발달이라는 최종 목표에 도달하고 있는지에 대한 반성이 필요한 단계이다. 평가결과 목표 도달 정도를 확인한 후에 개인적 피드백을 통한 성장의 사후 활동이 이루어져야 하지만 현장에서는 성취수준 도달의 등급을 결정할 뿐 그 이상을 하기엔 역부족이다. 또한 여전히 지필평가 후 총점 석차를 엑셀로 계산하여 학생들의 상대적 위치를 파악하고 그런 결과에 기초하여 학생들을 지도하려는 관행이 아직 현장에 남아 있다. 학생들과 학부모들 또한 그들의 상대적 위치를 궁금해한다. 과거 오랫동안 우리의 교육활동을 지배해 온 선발적 교육관에 의한 학생의 상대적 서열이 여전히 고등학교 진학에 관한 자료가 되기 때문이다(김현주, 2020).

(2) 학생평가 패러다임으로의 전환

학생평가 패러다임은 학습결과의 평가에서 학습을 위한 평가, 학습으로서의 평가로 변화하고 있다. 미래 인재상의 변화, 학생 수 감소에 따른 교육환경의 변화, 창의융합을 강조하는 교육과정 및 교수·학습의 변화, 수업의 혁신 유도라는 교육 패러다임의 변화는 평가 패러다임의 변화를 가져왔다. 김순남 등(2013)은 학생평가 패러다임의 변화로 학습측정을 위한 평가에서 학습을 위한 평가, 결과중심평가에서 과정중심평가, 모든 교과 평가를 통해 이루어지는 창의성 · 인성 평가, 교육과정－수업－학생평가가 동시에 이뤄지는 평가를 제시하였다. 2015 개정 교육과정 총론에서 '학습의 과정을 중시하는 평가를 강화하여 학생이 자신의 학습을 성찰하도록 하고, 평가결과를 활용하여 교수 · 학습의 질을 개선한다'는 내용이 교육과정 구성의 중점으로 등장하였다. 이에 따라 '과정중심평가'라는 용어가 지역교육청 수준의 주요 업무 계획 문건들에서 활발하게 쓰이게 되었다(신혜진 외, 2017).

(3) 과정중심평가의 활성화

과정중심평가는 교육과정의 성취기준에 기반한 평가계획에 따라 교수 · 학습 과정에서 학생의 변화와 성장에 대한 자료를 다각도로 수집하여 적절한 피드백을 제공하는 평가이다. 본래 수행평가는 과정중심을 함의하는 것으로 그동안 현장에서 수행평가가 놓치고 있던 부분에 대한 반성에서 나온 것이라고 할 수 있다. 백순근(2002)은 과정평가는 학습의 결과가 아니라 학습의 과정을 평가의 주요 대상으로 설정하는 평가이고 과정평가는 수행평가가 강조하는 중요한 측면 중의 하나라고 주장하였다. '과정중심평가'는 특정한 교육평가 유형을 가리키는 새로운 학문적 용어라기보다는 성취평가제, 수행평가와 같은 기존의 평가방법들이 다양한 정책 요구 속에서 새로운 하나의 용어로 표현된 것이라고 볼 수 있다.

평가 패러다임의 전환에 대한 다양한 논의(김현주, 2020; 박도순 외, 2007; 성태제, 2010; 이형빈, 2015; 전경희, 2016; 신혜진 외, 2017; 유영식, 2017)들을 살펴보면, 〈표 2-3〉과 같다.

표 2-3. **평가 패러다임의 변화 내용**

구분	기존의 평가	대안적 평가
평가관	• 행동주의적 학습관 기반 • 학습에 대한 평가 • 학습의 결과 중시	• 구성주의적 학습관 • 학습을 위한 평가/학습으로서의 평가 • 학습의 과정 중시
평가 목적 및 기준	• 선발, 서열화 • 상대적 서열 정보 중심 결과 보고	• 학생의 성장과 발달 • 학습자 성장에 목적을 둔 성취기준에 의한 결과 보고
교육과정-수업-평가	• '교육과정-수업-평가'의 분절화, 단선화	• '교육과정-수업-평가'의 연계
참조 준거	• 규준참조평가(상대평가, 서열화)	• 준거참조평가(절대평가, 낮은 등급화) • 능력참조평가(학생의 능력 대비 수행결과 비교) • 성장참조평가(성장 변화 및 지원에 중점)
평가 방법	• 단편적 평가(선다형 지필평가 위주) • 폐쇄적 평가(단일한 정답만을 인정) • 양적 평가(수량화된 점수 산출) • 일제식 평가(표준화된 검사 도구 사용)	• 다양한 평가(수행평가, 서술형 논술형 평가) • 개방적 평가(정답의 개방성 보장) • 질적 평가(학생의 다양한 특성 중시) • 교사별 평가(교사별 · 학급별 · 학생별 평가)
평가 장면	• 결과 중심의 평가 • 수업 끝에 이루어지는 정기 고사 • 인위적 상황 • 고정적 평가	• '진단-과정-결과'를 포함하는 평가(진단평가, 형성평가, 총괄평가) • 수업 중에 이루어지는 수시평가 · 실제적 상황(학생의 삶 속에서 지식 활용) • 역동적 평가(근접발달영역의 창출)
평가 내용	• 지식 · 이해 위주의 인지적 특성	• 인지적 · 정의적 특성 · 핵심 역량
기록과 통지	• 점수, 석차, 등급 기록 • 일괄적 정기 통지 • 정형화된 통지 방식	• 학생에 대한 진단, 성장 과정 기록 • 개별적 수시 통지 • 다양한 통지 방식
평가 결과 활용	• 학생의 성취도 확인	• 학생 및 학부모와의 소통 및 상담 • 학생을 위한 지원책 마련 • 교육과정 및 교수 · 학습 개선책 마련
평가를 통한 잠재적 교육과정	• 배제의 구조 형성 • 우월감/열등감의 악순환 • 경쟁의 내면화	• 안정의 구조 형성 • 자존감 및 학습동기 회복 • 협력의 내면화

평가 패러다임의 전환에 따라 대안적 평가로 제시된 것이 과정중심평가이며, 과정중심평가는 교육과정－수업－평가의 연계 속에 이루어지는 것으로 과정중심평가가 제대로 이루어지려면 교육과정－수업－평가가 일체화[4]되어야 한다. 2016년부터 교사를 대상으로 과정중심평가에 대한 연수가 이루어졌고, 2017년에는 교육과정－수업－평가의 일체화, 2018년에는 교육과정－수업－평가－기록의 일체화가 교사 연수 및 교육과정 정책에 대한 공문서를 통해 현장에 전달되었다.

3. 교육평가의 법적 근거

교육평가에 대한 법적 근거는 「유아교육법」, 「교육기본법」 및 「초·중등교육법」 등에서 찾아볼 수 있다. 교육평가에 대한 법적 근거를 유치원과 학교평가로 구분하여 살펴보면 다음과 같다.

1) 유치원 평가

유치원 평가에 대한 법적 근거는 「유아교육법」의 제14조(유치원생활기록)와 제19조

4) 학교 교육활동에서 교육과정, 수업, 평가라는 말은 일상적으로 자주 쓰는 단어들이다. 오랜 기간 학교 현장에서 교육과정, 수업, 평가는 교육과정과 수업이 일치하지 않거나 수업과 평가가 일치하지 않는 경우, 교육과정과 평가가 일치하지 않는 경우가 흔히 있어 왔다. 그러나 실제 교실의 교육활동은 분절적이지 않아야 한다. 교과 교육과정을 재구성하고 이를 수업활동으로 진행하며 다양한 형태의 평가로 학생들의 도달 정도를 확인하고 피드백하여야 한다. 나열의 의미를 지니는 ','가 아니라 '－'를 사용하여 '교육과정－수업－평가－기록'으로 표현하는 것도 이러한 과정의 '연속성' 때문이며, '연계'라는 말보다 '일체화'라는 용어는 교육과정, 수업, 평가의 경계가 사라지고 융합되는 경향을 더욱 잘 표현해 주는 것으로 교사의 교육활동에서 서로 밀접하게 영향을 주고받는다는 의미로 사용된 것이다(김덕년, 2017).

(평가)로 구분할 수 있으며, 구체적인 내용은 〈표 2-4〉, 〈표 2-5〉와 같다.

표 2-4. 제14조(유치원생활기록)

원장은 유아의 생활지도 및 초등학교 교육과의 연계지도에 활용할 수 있도록 유아의 발달 등을 종합적으로 관찰하고 평가하여 교육부장관이 정하는 기준에 따라 생활기록부를 작성 · 관리하여야 한다.

표 2-5. 제19조(평가)

① 교육감은 유아교육을 효율적으로 하기 위하여 필요하면 유치원 운영실태 등에 대한 평가를 할 수 있다. ② 교육부장관은 필요한 경우 각 시 · 도 교육청의 유아교육 전반에 대한 평가를 실시할 수 있다. ③ 제1항과 제2항에 따른 평가를 실시한 경우 교육부장관 및 교육감은 평가의 결과를 공개하여야 한다. ④ 제1항과 제2항에 따른 평가의 대상 · 기준 및 절차와 제3항에 따른 평가결과의 공개 등에 필요한 사항은 대통령령으로 정한다.

2) 학교평가

학교평가의 법적 근거는 「교육기본법」 제26조(평가 및 인증제도)에서 찾아볼 수 있으며, 구체적인 내용은 〈표 2-6〉과 같다.

표 2-6. 제26조(평가 및 인증제도)

① 국가는 국민의 학습성과 등이 공정하게 평가되어 사회적으로 통용될 수 있도록 학력평가와 능력인증에 관한 제도를 수립 · 실시할 수 있다. ② 제1항에 따른 평가 및 인증제도는 학교의 교육과정 등 교육제도와 상호 연계되어야 한다.

또한 학교평가의 법적 근거는 「초 · 중등교육법」 제9조(학생 · 기관 · 학교 평가)와 제25조(학교생활기록)에 근거를 두고 있으며, 구체적인 내용은 〈표 2-7〉, 〈표 2-8〉과 같다.

표 2-7. 제9조(학생 · 기관 · 학교 평가)

① 교육부장관은 학교에 재학 중인 학생을 대상으로 학업성취도를 측정하기 위한 평가를 할 수 있다.
② 교육부장관은 교육행정을 효율적으로 수행하기 위하여 특별시 · 광역시 · 특별자치시 · 도 · 특별자치도 교육청과 그 관할하는 학교를 평가할 수 있다.
③ 교육감은 교육행정의 효율적 수행 및 학교 교육능력 향상을 위하여 그 관할하는 교육행정기관과 학교를 평가할 수 있다.
④ 제2항 및 제3항에 따른 평가의 대상 · 기준 · 절차 및 평가 결과의 공개 등에 필요한 사항은 대통령령으로 정한다.
⑤ 평가 대상 기관의 장은 특별한 사유가 있는 경우가 아니면 제1항부터 제3항까지의 규정에 따른 평가를 받아야 한다.
⑥ 교육부장관은 교육감이 그 관할 구역에서 제3항에 따른 평가를 실시하려는 경우 필요한 지원을 할 수 있다.

표 2-8. 제25조(학교생활기록)

① 학교의 장은 학생의 학업성취도와 인성(人性) 등을 종합적으로 관찰 · 평가하여 학생지도 및 상급학교(「고등교육법」 제2조 각 호에 따른 학교를 포함한다. 이하 같다)의 학생 선발에 활용할 수 있는 다음 각 호의 자료를 교육부령으로 정하는 기준에 따라 작성 · 관리하여야 한다.
1. 인적사항
2. 학적사항
3. 출결상황
4. 자격증 및 인증 취득상황
5. 교과학습 발달상황
6. 행동특성 및 종합의견
7. 그 밖에 교육목적에 필요한 범위에서 교육부령으로 정하는 사항

② 학교의 장은 제1항에 따른 자료를 제30조의 4에 따른 교육정보시스템으로 작성 · 관리하여야 한다.
③ 학교의 장은 소속 학교의 학생이 전출하면 제1항에 따른 자료를 그 학생이 전입한 학교의 장에게 넘겨주어야 한다.

Chapter

03

교육평가의 모형

배울 내용

1. 목표지향 평가모형
2. 의사결정 평가모형
3. 판단중심 평가모형
4. 논리주도 평가모형
5. 결과지향 평가모형

학습 목표

1. 목표지향 평가모형의 유형을 구분하고 기본 개념을 숙지한다.
2. 의사결정 평가모형의 유형을 구분하고 기본 개념을 숙지한다.
3. 판단중심 평가모형의 유형을 구분하고 기본 개념을 숙지한다.
4. 논리주도 평가모형의 유형을 구분하고 기본 개념을 숙지한다.
5. 결과지향 평가모형의 유형을 구분하고 기본 개념을 숙지한다.

Chapter

03

교육평가의 모형

일반적으로 평가는 어떤 평가모형을 선택하여 평가목적을 달성하려고 하느냐에 따라서 크게 좌우된다. 즉, 평가에 관한 정의는 평가목적, 대상(내용)기능을 포함한 평가적 방법을 개념화한 평가모형 또는 평가이론에 따라 각기 달라질 수 있다(변창진 외, 2001). 따라서 평가에 대한 비교적 통일된 정의나 보편 타당한 정의를 파악하기 위해서는 일반적으로 활용되고 있는 평가모형을 중점적으로 비교해 볼 필요가 있다. 따라서 본 장에서는 교육평가의 모형을 목표지향 평가모형, 의사결정 평가모형, 판단중심 평가모형, 논리주도 평가모형 및 결과지향 평가모형로 구분하여 살펴보고자 한다.

1. 목표지향 평가모형

목표지향 평가모형(objective-oriented evaluation model)은 일반적으로 교육과정, 수업 또는 행정적인 제반 조치 및 학교 경영 · 관리를 통해 교육목표나 교육을 위한 제도적, 행정적 목표가 달성된 정도를 종합적으로 사정하는 평가모형이다. 여기에는 타일러의 목표달성 평가모형, 프로버스(Provus)의 격차평가모형, 하몬드(Hammond)의 평가과정 모형이 목표지향 평가모형의 대표적 모형이라고 할 수 있으며, 이 유형의 평가모형은 처음부터 의도한 목적과 목표 달성도와 목적 내지 목표달성의 과정을 평가하고, 반성하고, 수정하는 데 도움을 제공하는 평가모형이다(유대균, 2005).

1) 타일러의 목표달성 평가모형

타일러(1949)는 교육평가를 '설정된 교육목표에 따라 적합한 교육내용이 교수되는 교육의 과정을 통하여 실제로 교육목표가 실현된 정도를 가늠하는 과정'으로 개념화하고 있다. 타일러의 목표달성 평가모형은 교육행정에 목표관리경영이란 개념이 도입되면서, 학교경영 및 학교관리 평가에도 자주 활용되고 있으며, 또한 수업평가, 교육제도, 교육정책, 교육시설을 평가할 때도 적용되고 있다. 타일러의 평가모형을 실제 평가에 적용하는 절차를 정리하면 〈표 3-1〉과 같다(변창진 외, 2001).

표 3-1. 타일러의 목표달성 평가모형의 평가절차

절차	평가내용
목표선정	일반 교육목표를 설정한다.
목표명시	일반 교육목표를 행동목표로 구체적으로 진술한다.
도구제작	평가방법과 평가도구를 선정 또는 개발한다.
자료수집	평가도구를 사용하여 데이터를 수집한다.
가치판단	수집한 데이터를 기준으로 목표의 달성도를 파악한다.

타일러의 목표달성 평가모형은 수업이나 교육과정을 개선하려는 목적으로 형성적 평가기능을 강조하여 평가결과를 피드백하도록 하고 있으며, 이를 통하여 지속적으로 수업과 교육과정을 개선해 나가도록 하고 있다. 하지만 이 모형은 다음과 같은 제한점이 있어 활용에 유의해야 한다(배호순, 1994). 첫째, 의도하지 않은 부수적 교육효과를 평가할 수 없다. 둘째, 실행과정 변인이나 선행조건에 관해서는 무관심하고 교육성과에만 관심을 둠으로써 부분적인 평가 결과만을 얻을 수 있다. 셋째, 경험이나 태도 및 감정 변화 등과 같은 정의적 영역에서의 교육성과와 학습과정을 평가하기가 어렵다. 넷째, '누가 교육목표를 선정 및 결정하며, 선정된 목표는 어느 정도로 의미가 있는가? 그리고 어떤 평가준거와 기준을 어떻게 결정할 것인가?' 등에 관한 확신을 갖기 어렵다는 것이다.

2) 프로버스의 격차평가모형

프로버스(1969)의 격차평가모형은 교육 또는 경영 및 관리를 통해 달성해야 할 표준이나 준거와 실제 수행 결과 간의 차이, 괴리, 상이 또는 불일치점을 분석하는 데 주안점을 두는 평가모형이다. 프로버스의 격차평가모형은 목표를 평가의 준거로 삼고 있다는 점에서 타일러의 목표달성 평가모형과 유사하지만 타일러의 목표달성 평가모형은 목표가 달성된 정도의 측정을 강조하는 데 비해 프로버스의 격차평가모형은 목표와 수행성과 간의 불일치 부분과 그 정도를 확인하는 것을 중시한다는 점에서 차이가 있다. 프로버스의 격차평가모형의 평가절차를 살펴보면 〈표 3-2〉와 같다(변창진 외, 2001).

표 3-2. **프로버스의 격차평가모형의 평가절차**

절차	평가내용
설계	프로그램에 투입되는 투입(input), 과정(process), 산출(output) 변인을 각각 명시적으로 기술한다.
실행	실제로 지니고 있는 특징이나 조건을 확인한다.
과정	프로그램에서 계획안 변화가 일어났는지를 확인하기 위한 자료를 수집한다.
성과	평가의 표준(S) 및 준거를 열거하고 그 적합도를 확인한다.
비용-효과분석	수행성과와 목표달성을 위해 투입된 예산, 인력, 시간, 노력 등을 비교한다.

프로버스의 격차평가모형의 뿌리는 목표중심 평가모형에 있지만 지향점과 주목적은 의사결정 평가모형에 더욱 가깝다고 할 수 있다. 즉, 지속적인 평가를 통하여 피드백을 제공하고, 결정을 위한 적극적인 활용을 강조하며 평가의 의사결정 보조 기능을 강조하는 평가모형이다.

3) 하몬드의 평가과정모형

하몬드(1969)는 교육이 하나의 과정이듯이 평가활동도 하나의 과정이라는 전제하에 평가과정을 구조적으로 체계화시킨 평가과정모형(Model for Evaluation as Process: MEP)

을 제시하였다. 이는 평가과정을 체계적으로 구조화시킨다면 교육이 일시적인 유행이나 외부압력에 시달리지 않게 되고 또한 공정한 평가가 이루어질 수 있다는 관점을 반영한 것이다. 이 모형은 〈표 3-3〉과 같은 평가절차를 거치게 된다(변창진 외, 2001).

표 3-3. 하몬드의 평가과정모형의 평가절차

절차	평가내용
변인선정	행동, 수업, 기구차원과 변인에서 프로그램과 직접 관계되는 것을 선정하고 동시에 그것들 간의 상호작용도 밝혀서 목표로 진술한다.
방법결정	평가하고자 하는 변인과 상호작용을 가장 잘 측정할 수 있는 방법을 탐색하고 필요한 도구를 제작한다.
결과분석	결과분석 데이터를 수집, 분석하여 차원 또는 변인별로 목표의 달성여부와 그 정도를 확인한다.
결과보고	프로그램 운영 집행기관의 인사들이 이해하고 활용하기 쉽도록 평가결과를 정리하여 보고한다.

지금까지 살펴본 목표지향 평가모형, 즉 타일러의 목표달성 평가모형, 프로버스의 격차평가모형, 하몬드의 평가과정모형의 장단점을 살펴보면 〈표 3-4〉와 같다(유대균, 2005).

표 3-4. 목표지향 평가모형의 장점과 단점

구분	장점	단점
타일러의 목표달성 평가모형	• 달성해야 할 교육목표를 행동적 용어를 이용하여 구체적으로 진술하는 활동으로 규정함 • 자신들의 교육활동에 대하여 책무성을 가지도록 자극함 • 교육적 산출에 관하여 보다 명료하게 진술할 수 있게 함	• 의도하지 않은 부수적 교육효과를 평가할 수 없음 • 교육성과에만 관심을 두고 교육실행과정 변인이나 선행조건에 대하여 무관심함 • 막연하게 목표와 성취결과 간의 차이를 교육효과로 정의하고 있으며 평가기준의 설정방안이나 기준을 제시 못함

구분	장점	단점
프로버스의 격차평가모형	• 프로그램 담당팀과 평가팀 간의 지속적인 의사소통이 가능함 • 프로그램을 사정하는 동시에 프로그램 개선에 직접적으로 기여할 수 있음 • 평가준거 및 기준을 명료하게 제시함 • 평가절차와 의사결정권자에게 정보를 제공하는 절차 방안에 대해 제안함 • 성취목표와 기준을 자체적으로 생성하고 비교적 용이하게 개선할 수 있음 • 평가과정의 어느 단계에서도 사정 활동이 이루어질 수 있음	• 대규모의 인적자원과 전문가가 필요하며 평가팀이나 프로그램 개발팀이 오랫동안 관여하여 시간과 비용이 많이 소모됨 • 평가준거 및 기준을 설정하는 방법이 참여자들의 특성에 따라 그 타당성이나 신뢰성에 문제가 있을 수 있는데도 불구하고 기준을 절대시하는 것에 대응하지 못함 • 불일치를 파악하는 방법상의 융통성이 부족하여 신뢰할 수 있는 기준을 설정하는 절차가 적절하지 않음 • 프로그램의 부분(요소)에 관한 평가가 미흡
하몬드의 평가과정모형	• 교육청, 학교 등과 같이 프로그램을 실제로 운영하는 집행기관에서 활용하기 쉽도록 거시적이거나 추상적으로 만들어지지 않음 • 프로그램 개발, 개정과 관련하여 직접적으로 피드백을 받을 수 있음 • 평가구조를 이용하여 프로그램의 목표를 행동목표로 구체화할 수 있고 요구사정이나 상황 평가설계에 도움을 받을 수 있음	• 교사들을 포함한 교육청 직원들이 이 모형을 활용하기 위해서는 사전에 교육받고 준비해야만 하지만 그들이 평가에 대한 동기유발 정도와 그 수준에 따라 성패가 크게 좌우됨 • 평가자의 판단을 중시하지 않고 입방체에 입각한 기계적인 진행만을 강조하고 있어 프로그램 효과를 판단하는 평가자의 역할이 불명료함

2. 의사결정 평가모형

의사결정 평가모형(decision-oriented evaluation model)은 평가를 통하여 의사결정자에게 필요한 정보를 제공하여 의사결정을 돕는 모형이다. 그래서 의사결정 모형(decision-oriented model)을 정보처리모형(information process model)이라고 부르기도 한다. 이 모형의 경우 교육평가의 목적이나 평가의 결과는 교육활동 전반의 개선과 발전에 활용되어야 하고 평가결과를 활용한다는 것은 합리적인 의사결정을 조력하기 위해 평가결과를 사용해야 한다는 관점에 의한 것으로 스터플빔의 CIPP 평가모형, 크론바흐의 연구적 접근, 알킨(Alkin)의 CSE 평가모형, 패튼(Patton)의 유용성 강조모형, 리블린(Rivlin)의 체제적 분석모형 등이 여기에 속한다.

1) 스터플빔의 CIPP 평가모형

CIPP 평가모형(Model for Program Evaluation: CIPP)은 1960년대 미국의 초·중등교육법을 실행하는 과정에서 교육지원사업을 평가하기 위해 개발된 모형으로서 교육평가를 교육과 관련된 의사결정자가 정확히 판단할 수 있도록 유용한 정보를 제공해 주는 의사결정모형이다(정진국, 2000; Stufflebeam & Shinkfield, 2007).

CIPP 평가모형은 〈그림 3-1〉과 같이 상황평가, 투입평가, 과정평가 및 산출평가 네 가지 평가영역으로 구성되어 있으며, 각 평가는 일련의 순서로 진행된다. 또한 상황, 투입, 과정, 산출평가는 프로그램을 계획하고 실행하는 하나의 연속적인 활동으로서 순환적으로 진행되어 산출평가가 다시 상황의 대상으로 재투입되는 것을 의미한다(김진화, 2001). CIPP 평가모형의 상황평가, 투입평가, 과정평가 및 산출평가 네 가지 영역별 과정 및 내용을 살펴보면 〈그림 3-1〉과 〈표 3-5〉와 같다.

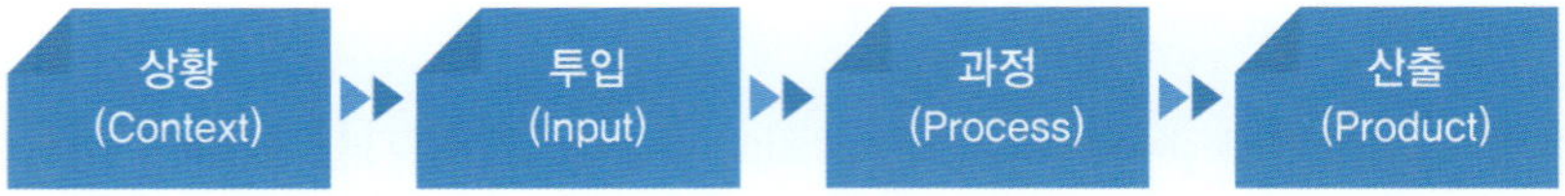

그림 3-1. CIPP 평가모형 과정

표 3-5. CIPP 평가모형의 영역 및 내용

영역	상황	투입	과정	산출
목적	• 상황을 정의하고 상황 속 필요사항을 확인하기 위함	• 체제 가능성, 가능한 투입 전략, 전략 실행을 위한 설계를 확인하기 위함	• 절차적 설계나 그 실행에 있어 문제점을 예상하고, 프로그램 실행단계에서의 정보를 제공하기 위함	• 목표 달성을 위해 상황, 투입, 과정단계에 적합한 정보를 제공하기 위함
방법	• 상황에 투입, 산출을 비교하고, 그 인과관계에서 원인을 분석함	• 진행과정에서 목표 달성을 위한 활동 간의 관련성, 가능성, 경제성을 분석 • 이용 가능한 인적, 물적 자원, 해결 전략, 그리고 절차적 과정을 서술 및 분석함	• 문제점에 대한 실제적 정보를 제공	• 목표와 관련 있는 준거를 조작적으로 정의하고 측정함 • 상황, 투입, 과정단계의 정보를 재해석
의사결정	• 제공되어야 하는 설정을 결정하고 요구 충족, 문제해결을 위해 설정한 목표를 결정 및 판단함	• 지원, 해결전략, 절차적 설계(예: 변화 활동을 구조화하기 위하여)의 인적·물적 자원을 선택하기 위함	• 프로그램 설계 및 과정(예: 효과 있는 절차 조절을 위해)을 수정 및 보완	• 변화 활동을 지속, 종료 및 수정할 것에 대한 인지를 결정하고, 변화 과정(예: 변화 활동의 재활용)의 다른 주요 활동을 파악

출처: Worthen, B. R., & Sanders, J. R.(1973). Educational evaluation: Theory and practice. Belmont, CA: Wadsworth.

〈표 3-5〉의 내용을 기반으로 CIPP 평가모형의 4가지 영역을 보다 자세히 살펴보면 다음과 같다(권종실, 2020).

(1) 상황평가

상황평가(Context Evaluation: C)는 프로그램 목표를 결정할 수 있는 근거를 제공하기 위해 이루어지는 가장 기본적인 평가단계라고 할 수 있다. 이때 요구를 분석하고, 문제점 및 장애요인 등의 평가준거를 설정하는데 이를 위해 체계분석, 조사, 면담, 문헌분석 등의 방법이 활용된다(이영민 외, 2009). 교육 분야의 프로그램에서의 상황평가는 프로그램 운영자에게 수요자가 요구하는 개발영역을 확인하고 운영기관은 상황평가 정보를 사용해서 효과적이지 않은 프로그램을 삭제하여 개선방향에 대해 도움을 제공할 수 있다(Stufflebeam & Shinkfied, 2007).

(2) 투입평가

투입평가(Input Evaluation: I)는 프로그램을 통해 달성하고자 하는 목표달성을 위해 어떤 자료와 전략이 사용되어야 하는가에 관한 평가이다. 즉, 평가가 요구분석에 얼마나 적합한 전략을 세웠는지 검토하고, 예산 및 전략, 계획에 대한 타당성을 검증받고자 한다(배호순, 2002). 따라서 이를 위해 어떤 상황에서 어떤 교육 자료를 활용할 것인지, 프로그램의 장소 및 시간은 언제가 가장 적절한지, 교육 시 사용되는 자료나 사례 등은 충분한지 등의 내용을 다루게 된다. 투입평가에서는 문헌분석 등의 방법을 주로 활용하며 투입요소들에 대한 구체적인 분석 및 전략을 수립하는 데 도움이 될 수 있다(이훈병 외, 2013).

(3) 과정평가

과정평가(Process Evaluation: P)는 프로그램을 운영하는 과정에서는 특정 활동을 어느 시점에 어떠한 방법으로 실천하고 자원을 어떻게 활용할 것인지를 결정하는 평가를 실행한다. 프로그램의 실행과정에서 운영방법을 수정 · 보완 · 개선하는 데 필요한 정보를 제공하기 위한 것으로써 프로그램이 본래의 계획대로 잘 진행되고 있는지, 발생되는 문제점은 없는지, 만약 문제점이 발생한다면 그 해결 방안은 무엇인지를 조사하는 단계이다. 평가의 방법은 주로 면담이나 관찰 등을 통해 프로그램의 개선절차를 파악하는 데 초점을 두고 있다(이영민 외, 2009). 또한 프로그램 운영자들과 지속적인 상호작용을 통해 실천과정을 효과적으로 통제하기 위한 프로그램 설계 및 절차를 개선하고자 한다(정진국, 2000).

과정평가는 수립된 계획과 실행의 결과물을 비교하여 발생할 문제점들을 기술하고 문제점들을 얼마나 잘 해결했는지 평가하는 것으로 상황평가와 투입평가를 해석하는 데 중요한 역할을 한다.

(4) 산출평가

산출평가(Product Evaluation: P)는 프로그램 종료 단계와 실시 도중의 산출 및 결과를 측정하고 해석하기 위한 목적으로 이루어지는 평가이다. 즉, 산출된 결과를 목표, 상황, 투입 및 과정을 통해 도출된 정보와 관련하여 프로그램의 효과성 여부를 최종적으로 판단하는 데 필요한 정보를 제공하는 단계이다. 이때 산출된 결과를 사전에 결정된 기준이나 준거에 비교하여, 결과를 상황－투입－과정 정보와 연관성을 파악하는 방법론을 활용한다.

CIPP 평가모형의 상황평가, 투입평가, 과정평가 및 산출평가 유형에 따른 의사결정,

질문 및 평가내용을 살펴보면 〈표 3-6〉과 같다(김혜숙, 2014).

표 3-6. CIPP 평가모형의 단계별 의사결정, 평가내용 및 평가질문 예시

단계	의사결정	평가내용	평가질문 예시
상황단계	계획	목표와 이를 위한 우선순위를 정의하고, 요구, 문제, 기회를 평가함	프로그램은 어떤 목표를 가지고 수행하고 있는가?
투입단계	구조화	프로그램을 설계하고 자원을 배분하기 위한 수단으로서 필요에 부합하는 대안적인 방안을 평가함	프로그램에 투입되는 자원은 적절한가?
과정단계	실행	계획에 대비하여 활동들을 이끌 수 있는 실행 수준을 평가함	프로그램이 의도대로 실행되고 있는가?
산출단계	순환	의도되거나 의도하지 않은 결과물이 무엇인지 그리고 효과적인지를 평가함	프로그램 산출 결과물은 무엇인가?

CIPP 평가모형을 활용하면 각 단계에서 다루어져야 할 중요한 내용을 질문하고, 평가의 기준을 설정할 수 있다(Stufflebeam & Shinkfied, 2007). 즉, 상황 · 투입 · 과정 · 산출의 모든 측면을 고려함으로써 프로그램에 일반적으로 적용할 수 있고, 의사결정의 관점에서 프로그램을 평가할 수 있으므로 프로그램의 지속 여부를 결정짓는 평가에 도움이 된다. 이러한 평가단계별 질문에 대해 살펴보면 다음과 같다.

첫째, 상황단계는 의사결정의 계획단계로서 프로그램의 목적, 성취도, 정책과 운영계획, 지역사회의 인식, 태도 및 요구 등을 분석한다. 이때 프로그램이 어떤 목표를 가지고 수행하는지와 관련된 질문을 통해서 목표달성을 위한 우선순위를 매긴다. 둘째, 투입단계는 의사결정의 구조화 단계로, 프로그램의 목표달성을 위한 프로그램 및 내용 구성의 외재적 조건을 결정하고 자료를 수집한다. 이때는 프로그램 실행을 위해 투입되는 인적 · 물적 자원의 적절성에 대한 질문을 사용한다. 셋째, 과정단계는 의사결정의 실행단계로서 프로그램이 얼마나 잘 실행되고 있는지에 대한 질문을 통해서 프로그램 운영자가 역할을 수행하고 있는지, 프로그램 내용 구성의 장점과 단점이 무엇인지를 파악한다. 마지막으로 산출단계는 의사결정의 순환단계로서, 프로그램 산출 결과물에 대한 질문을 통해 실제 결과와 예상했던 결과를 비교하여 프로그램이 계속 실행되어야 하는지, 수정되어야 하는지에 대해서 평가한다.

CIPP 평가모형의 구성요소를 종합하면, CIPP 평가모형은 다른 평가모형과 달리 폭넓게 대상을 선정할 수 있고, 프로그램에 직접적이거나 간접적인 영향을 미치는 상황 등을 파악하여 의사결정과 평가를 효과적으로 연계할 수 있다(배호순, 2008). 또한 평가에 대해 관리중심으로 접근하여 프로그램의 구성요소를 평가하며, 의사결정자들이 피드백을 적절히 사용할 것을 강조하기 때문에 요구, 자원, 상황, 운영의 실행 및 결과에 대한 결과를 반영하게 한다(Fitzpatric & Fetterman, 2000).

CIPP 평가모형은 이런 평가단계와 형식을 통해 사용자에게 제공된 프로그램을 개선하고, 프로그램 운영을 위해 사용한 인적·물적 자원, 시간, 기술을 효과적으로 사용하고자 한다. 이러한 평가모형의 올바른 적용을 위해 함께 선행되어야 할 기초 원리를 4가지 강조하였는데(구경호, 남수미, 2019; Stufflebeam, 2003), 첫째, CIPP 평가모형은 공평성의 원리를 강조한다. 즉, 프로그램 구성원 모두를 평가에 포함시켜야 하며, 프로그램의 내·외부 구성요인을 고려한 핵심 관련자를 평가요인으로 구성하는 것이 좋다. 둘째, CIPP 평가모형은 개선지향적이다. 프로그램 개선에 대한 가능성을 파악하고, 개선 가능성의 여부를 판단하고자 한다. 셋째, 객관주의적 인식론을 지향한다. 객관적인 인식론은 다양한 자료들로부터 타당화하여, 모든 평가자의 신뢰성을 얻을 수 있는 결론을 제시할 수 있게 한다고 보았다. 넷째, CIPP 평가모형은 평가자들에게 평가의 전문적인 기준에 부합하는 형성적, 종합적 메타평가를 하도록 요구한다. CIPP 평가모형에 포함된 주요 준거가 유용한지, 실행가능한지, 타당한지, 정확한지 평가척도를 전문적으로 재평가해서 평가의 신뢰성과 타당성을 높이고자 하는데, 이를 위해 외부 구성요인으로부터의 평가를 지향한다.

종합해 보면, CIPP 평가모형은 상황, 투입, 과정, 산출단계에 따라 구체적 평가내용과 질문으로 구성된 의사결정모형으로 다방면적 평가 주체 및 4가지 영역의 순환적 구조에 따라 객관적이며, 종합적이고, 타당성이 확보된 평가가 가능한 모형으로 정의할 수 있다.

2) 크론바흐의 연구적 접근모형

크론바흐의 연구적 접근모형은 마치 연구자가 연구를 수행하듯이 평가에 있어서도 평가에 필요한 다양한 자료를 수집하여 현상을 이해하고 설명하는 방식에 따른 평가가 수행되어야 함을 주장하는 입장이다. 크론바흐는 교육평가를 '교육 프로그램의 개선을 위한 의사결정을 내리는 데 필요한 정보를 수집하거나 이용하는 과정'이라고 정의 내림으로써 기본적으로 의사결정적 입장과 맥을 같이한다. 또한 평가에 있어서 평가내용의 대상에 대한 다양한 자료수집을 강조한다는 점에서도 스터플빔과 유사한 입장이다(김재춘 외, 2002).

3) 알킨의 CSE 평가모형

알킨(1969)의 CSE(Center for the Study of Evaluation) 평가모형은 의사결정자가 최선의 방안을 선택하는 데 필요한 자료를 요약, 정리하여 제공할 목적으로 의사결정을 내려야 할 사안 또는 영역을 확인해서 관계 정보를 선정, 수집, 분석하는 과정을 평가라고 규정하였으며, 이는 스터플빔의 정의와 유사하다고 할 수 있다. 하지만 프로그램의 실행과 프로그램 개선을 분리하여 각각 독립적으로 평가해야 정확한 프로그램 평가가 이루어진다고 강조한 점에서는 차이가 있다. 알킨(1969)은 스터플빔의 과정평가를 프로그램 실행평가와 프로그램 개선평가로, 상황평가를 체제사정과 프로그램 계획평가로 구분하였는데, 이를 구체적으로 살펴보면 〈표 3-7〉과 같다(변창진 외, 2001).

표 3-7. **알킨의 CSE 평가모형의 평가절차**

절차	평가내용
체제사정평가	• 특정 상황에 적합하거나 필요한 교육목표를 선정하기 위해 교육목표의 폭과 깊이를 결정하는 정보수집과정이다. 즉, 목표와 현재 상태 간의 격차를 요구라고 했을 때 학생 · 지역사회 · 국가 · 학계의 요구를 확인하여 교육을 통해 기대하는 요구와 체제 및 현상의 차이를 확인, 비교하는 평가이다. • 프로그램 또는 기관(조직)의 상태에 관한 정보를 제공하기 위한 목적을 가진다.
프로그램 계획평가	• 체제사정평가에서 확인, 선정한 체제의 교육적 요구를 충족시킬 여러 방안 중 가장 효과적인 방안 선택을 위한 정보수집과정이며, CIPP 평가모형의 투입평가와 동일한 작업을 수행하는 단계이다. • 프로그램 선정에 필요한 정보를 제공하기 위한 목적을 가진다.
프로그램 실행평가	• 실제로 프로그램을 운영했을 때 계획평가단계에서 기대하고 결정한 사항이 어느 정도 충족되고 있는지를 확인하는 과정이다. • 프로그램을 소개하고 실시하는 데 필요한 정보를 제공하기 위한 목적을 가진다.
프로그램 개선평가	• 프로그램을 개발하는 과정에서 계속 보완 · 수정하는 과정이다. 일반적으로 프로그램 개선 및 보완에 필요한 정보가 주어지면 즉각적으로 개입해서 적절한 조치를 취하고 그 효과 또는 변화를 확인 · 검증한다. • 프로그램 개선을 위한 정보를 제공하기 위한 목적을 가진다.
프로그램 승인평가	• 의사결정자가 프로그램 채택의 유보, 부분적 수정, 적극적 채택을 결정할 수 있는 종합평가를 제공하는 과정이다. 즉, 의사결정권자의 의사결정에 필요한 정보를 수집 · 제공하기 위한 평가이다. • 프로그램의 가치에 대해서 그리고 프로그램의 관련된 상황에 대한 잠재적 적용가능성에 대하여 의사결정권자가 판단하는 데 필요한 정보를 제공하기 위한 목적을 가진다.

4) 패튼의 유용성 강조모형

패튼의 유용성 강조모형은 그 평가결과의 활용에 초점을 두어야 한다고 주장한다. 평가는 어떤 의사결정자나 정보이용자들이 어떠한 정보를 필요로 하며 어떠한 관심을 기울이는가를 확인하고 조직화하는 일이다. 확인을 위한 준거로는 그는 정보에 대해 관심을 기울이는 개인이나 집단의 태도, 흥미, 열성, 공격성 등과 같은 개인적 요인을 크게 강조하며, 조직화를 위해서는 평가자, 의사결정자, 정보이용자 사이에 계속적인 접촉이 이루어져야 한다는 것이다. 대체로 이 평가는 단편적이라기보다는 종합적이고, 실용주의(pragmatism)의 방법을 채택하고 있으며, 〈표 3-8〉과 같이 보통 다섯 단계로 진행된다(박도순 외, 1985).

표 3-8. 패튼의 유형성 강조모형의 평가절차

절차	평가내용
관계자 확인	관계자 확인 관련 결정자와 정보이용자를 알아본다.
평가질문 결정	필요로 하는 정보를 얻을 수 있는 평가질문이 요구되기 때문에 정보이용자가 필요로 하는 것이 무엇인지에 초점을 맞추어 질문을 한다.
평가방법 선택	설계나 측정에 있어서는 안면 타당도가 중요한 도구 준거가 되며, 신뢰도를 높이기 위해서 되도록 많은 측정 방법과 반복 측정을 요구한다.
자료분석 및 해석	자료분석이 있기 전에 해석을 용이하게 하기 위하여 '바람직성의 기준(standard of desirability)'이 설정되어야 한다. 자료분석은 의사결정자와 정보이용자가 이용하기 편리하도록 유용성(utilization)의 개발에 중점을 두어야 한다.
보급	실제적 정보이용자가 평가팀에서 함께 작업하기 때문에 크게 문제화되지 않는다.

5) 리블린의 체제적 분석모형

리블린의 체제적 분석모형(systems analysis model of evaluation)은 정보처리이론에 입

각한 체제적 접근방식으로 교육의 과정을 이해하고 운영하려는 교육자들은 교육과 관계되는 모든 사상 또는 활동을 하나의 체제로 보고 그 체제를 구성하고 있는 모든 요소들의 기능적 관계를 분석하고자 하는 것이다(변창진 외, 2001).

지금까지 살펴본 의사결정 평가모형의 평가는 평가의 목적이나 평가의 결과는 교육활동 전반의 개선과 발전에 활용되어야 하고 평가결과를 활용한다는 것은 합리적인 의사결정을 조력하기 위해 평가결과를 사용해야 한다는 관점에서 출발한다. 이러한 의사결정 평가모형의 장단점은 〈표 3-9〉와 같다(유대균, 2005).

표 3-9. **의사결정 평가모형의 장점과 단점**

구분	장점	단점
스터플빔의 CIPP모형	• 폭넓은 대상을 평가대상으로 함 • 프로그램의 여러 상황 및 국면에 대한 평가가 가능하며 의사결정과 평가 간의 체제적 접근이 가능 • 평가가 의사결정권자에게 유용하고 의사결정이 평가에서 핵심적 역할을 함	• 평가자가 가치문제와 판단을 회피하고 의사결정권자에게 위임하여 평가자는 방법론자(technician)의 역할만을 제한적으로 수행함 • 의사결정형식과 변화형태 등의 개념과 그와 관련된 평가개념들을 조작적으로 표현하기 어려움
크론바흐의 연구적 접근모형	• 교육의 과정 자체에 평가의 목적이 있음을 강조하며 성취결과를 판단하는 총괄평가(결과평가)보다는 형성평가(과정평가)를 중시함	• 평가자는 의사결정자에게 봉사 내지 조력자적 역할을 해야 함 • 가치판단보다는 가치판단에 필요한 정보를 제공함
알킨의 CSE 평가모형	• 이 평가모형은 CIPP와 유사한 체제 및 기능을 가지고 있음 • 요구사정 및 프로그램 기획평가가 이루어지지 않은 상태에서도 프로그램 실행평가만을 실시할 수도 있고 다른 기능의 평가를 제외한 상태에서 프로그램의 개선목적을 중시하는 평가를 할 수 있음	• 모든 것을 의사결정권자에게 위임하여 평가자는 일종의 자료수집 및 제공자로서 절차방법에만 관여함 • 의사결정에 관한 기술이 미흡하여 평가과정과 의사결정 간의 유기적인 관계를 유지하기 위한 활동이 요청됨에도 구체적인 안내가 없음

구분	장점	단점
패튼의 유용성 강조모형	• 확인을 위한 준거로는 정보에 대한 개인이나 집단의 태도, 흥미, 열성, 공격성 등과 같은 개인적 요인을 크게 강조함	• 조직화를 위해 평가자, 의사결정자, 정보이용자 사이에 계속적인 접촉이 이루어져야 함
리블린의 체제적 분석모형	• 교육행위를 입력, 정정, 출력으로 분리하여 독립적, 단편적으로 평가하는 방법을 제안함 • 측정수치를 이용하여 목표의 최대화와 극대화를 이루려는 방법으로 실증주의적이고 과학적이며 신뢰성을 강조함	• 체제 내의 모든 변인들은 통제될 수 있고 투입과 산출의 관계가 규칙적이며 모든 변인들이 양화될 수 있다고 전제함 • 과정보다는 나타난 결과에 중점을 두는 방법

3. 판단중심 평가모형

판단중심 평가모형(judgement-oriented evaluation model)은 평가를 본질적으로 전문가가 전문적인 지식과 기술을 바탕으로 평가하고자 하는 대상 또는 내용의 가치를 체계적으로 판단하는 활동이라고 규정한다. 이 모형은 전문가의 지식과 기술 그리고 자질과 경험을 중시하고 판단을 내리기 위해 어떤 표준을 사용할 것인가에 보다 많은 관심을 기울인다는 점이 특징이라고 할 수 있다. 평가를 어떻게 정의하든 가치판단이 개입되지 않을 수 없기 때문에 판단중심 평가모형으로 분류되지 않을 평가모형은 없다고 할 정도로 판단중심 평가모형은 많다고 할 수 있다. 그중에서 판단중심 평가모형으로 플렉스너(Flexner)의 평가인정모형과 스테이크(Stake)의 종합실상모형이 대표적이다.

1) 플렉스너의 평가인정모형

플렉스너의 평가인정모형은 전문가들이 어떤 제품이나 기술, 조직체의 구성과 시설, 프로그램 등이 미리 정해 놓은 표준(standard) 혹은 요건을 충족시키고 있는가를 검토하여 사안의 인정여부를 결정하는 것을 평가인정(accreditation)이라고 하며, 이 방법을 교육평가에 적용한 것을 평가인정모형(accreditation evaluation model)이라고 한다. 평가인정의 목적은 프로그램의 목적, 구성, 실행, 효과를 계속적으로 점검함으로써 미비점을 보완, 개선하도록 유도하고 프로그램의 질을 인정, 승인하여 사용자와 사용 예정자에게 공시하는 데 그 목적이 있다(변창진 외, 2001).

2) 스테이크의 종합실상모형

스테이크는 교사들이 자신의 수업방식을 정확히 이해하고 수업이론의 발전에 기여하려고 하면, 전체적인 평가국면을 정확하게 심리하고 검토해야 한다고 주장하면서 제안한 교육평가의 틀을 종합실상모형(countenance model)이라고 한다. 스테이크에 의하면, 평가의 얼굴을 구성하는 가장 중요한 요소는 기술과 판단이므로 특정 프로그램에 대한 적합한 평가를 위해서는 프로그램에 대하여 충분하게 기술하고 판단할 필요가 있다고 주장한다.

지금까지 살펴본 판단중심 평가모형인 플렉스너의 평가인정모형과 스테이크의 종합실상모형의 장단점을 살펴보면 〈표 3-10〉과 같다(유대균, 2005).

표 3-10. **판단중심 평가모형의 장점과 단점**

구분	장점	단점
플렉스너의 평가인정모형	• 기관 및 프로그램의 자체적 개선을 격려하는 자체연구 방법을 적용하고 있음(기관의 자율성 중시) • 인정과정이 비교적 용이하고 간편하며, 비용, 시간, 노력 면에서 유리함 • 현지 방문과 평가결과 보고 간의 간격이 짧아 신속한 피드백과 그에 따라 교육활동에 지장을 주지 않고 수정 · 보완할 수 있음	• 평가준거가 전문가들의 피상적인 경험에 입각한 합의에 의해 결정될 가능성이 있음 • 평가팀에 따라서 주관적 판단이 각기 다르기 때문에 평가활동의 타당성과 객관성 보장이 어려움 • 교육 진행 과정에 중점을 두기 때문에 교육성과에는 무관심함 • 정해진 준거에서 최소한의 기준에만 충족되면 인정받기 때문에 기준 이상의 질적 수준에는 무관심하기 쉬움
스테이크의 종합 실상모형	• 형성평가와 총괄평가에도 공통적으로 활용할 수 있음 • 평가의 다목적적 유용성과 결과의 일반화 정도가 높음 • 평가관련자 및 의뢰인의 관심 및 요구를 중시함 • 비교적 이상형의 평가모형으로서 일종의 평가철학과 방법론이 지향해야 할 바를 제시하는 역할을 함	• 지나치게 이상적인 측면이 있어 평가실행상 방법론적 결함을 발견할 수 있음 • 기준과 판단의 구분이 모호한 동시에 기준 및 판단의 우선순위를 정하기 어려움 • 평가모형 자체가 가치 다원주의를 무시하고 있어서 평가자가 구체적인 판단에 직면해서 가치갈등문제를 어떻게 해결할 것인가에 관련된 안내가 없음

4. 논리주도 평가모형

논리주도 평가모형(logic-driven evaluation model)은 평가대상의 이해, 평가의 목적, 평가의 설계, 평가활동, 평가방법과 절차, 평가지표, 자료수집과 결과의 활용 등을 모두 통합한 접근방법을 제시해 준다(우진희, 2016). 즉, 투자—활동—결과 사이의 관계를 설명하는 일종의 개념적 틀(framework) 혹은 내용이 보완된 논리모형(logic model)을 평가에 활용한 방식이 논리주도적인 평가방식이다(Donaldson, 2003). 다시 말해 프로그램의 구성요소와 프로그램의 맥락 간에 관심을 가진다는 것이다(Frye & Hemmer, 2012).

논리주도 평가모형은 사업이나 프로그램의 목적이나 유형 등을 충실히 검토하여 관리, 평가계획 설계, 개선방향 도출 등에 이용한다. 사업이나 프로그램의 구조, 내용, 방향 등의 시각화를 통해 직관적으로 이해할 수 있게 하며, 성과목표 및 성과지표를 쉽게 설정하도록 하기 위해 사용된다(미래창조과학부, 2014). 논리주도 평가모형의 구체적인 절차는 〈그림 3-2〉와 같다.

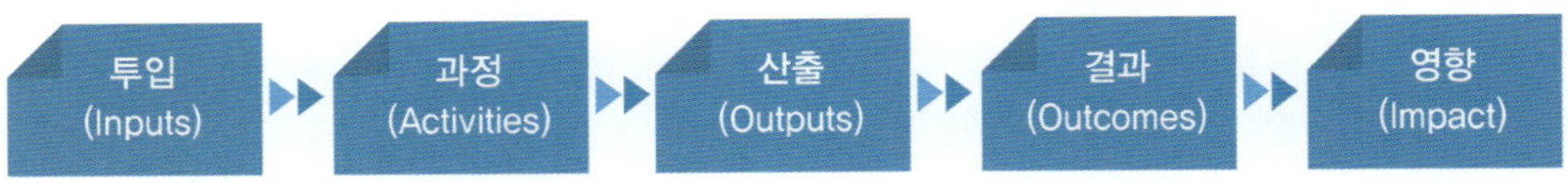

그림 3-2. **논리주도 평가모형**

구체적으로 투입(Inputs)은 사업이나 프로그램에 들어가는 인력, 예산 등의 자원이며, 교육 프로그램에서는 교수·학습을 위해 이전에 미리 정의된 교육과정이나 교수방법 등의 유형물을 포함한다. 과정(Activities)은 목적을 달성하기 위해 취하는 일련의 행동 또는 산출 및 결과를 유도하는 것으로, 교육 프로그램에서는 수업자료의 개발이나 수업자료를 활용하기 위한 안내서 등이 포함된다. 산출(Outputs)은 과정에 대한 직접적이고 즉각적인 결과물로, 활동별로 하나 이상의 산출이 존재한다. 교육 프로그램에서는 수업활동에 대한 결과물이나 단순 학습의 결과를 측정하는 형성평가의 개념을 포함한다. 결과(Outcomes)는 과정에 따른 변화로, 단기, 중기, 장기로 프로그램의 성과가 구분되어 나타나는 것을 의미한다. 교육 프로그램에서는 교수·학습 과정에 대한 전체적인 평가의 결과를 측정하는 총괄평가의 개념을 포함한다. 영향(Impact)은 프로그램의 실시로 인하여 유발된 의도되거나, 의도되지 않은 모든 조건의 변화를 통칭하며, 산출과 결과에 대한 평가의 관점보다는 향후 지속 관찰해야 하는 추적평가의 대상을 의미한다.

논리주도 평가모형은 교육 프로그램의 계획과 평가가 선형적 관계가 있다고 전제하며, 평가대상의 개념화, 설계, 실천 및 결과활용 등을 종합하여 고려하며 더불어 논리적 연결과 상황적 맥락을 고려한다. 즉, 평가설계와 과정에서 평가대상에 적합한 방법을 맞춤식으로 선정하는 것을 통해 포괄적 맞춤평가(comprehensive tailored evaluation)를 수행하게 되어, 보다 타당하고 유용한 평가가 된다는 것이다. 기존에 수행되던 평가가 방법론적 엄격함을 강조한 것과 대비하여 논리주도 평가모형은 평가의 목적, 대상, 상황, 맥락을 강조하는 평가이다. 논리주도 평가모형에서는 교육내용이 개별적으로 작동하는 논리를 파악하고 그 고유의 논리에 근거하여 평가할 때, 타당하고 유용한 평가가 될 수 있다는 주장에 근거한 평가방법이다(Rossi et al., 1985).

이러한 논리주도 평가모형은 효과적 교육방법 개발에 필요한 자료수집에 도움을 준다. 즉, 교육과정과 교육 프로그램을 통해 제시된 문제가 목적달성 시 중요하거나 중복이나 목적과 일치되지 않는 정보들을 구별하게 하여 교육 프로그램에 분석, 설계, 개선에 유용한 판단 정보를 제공한다. 또한 프로그램을 통한 긍정적 결과가 도출되는 인과과정을 제공함으로 결과의 일반화 가능성을 제공한다. 그리고 연구대상의 변화요인을 결정짓는 방법론적 유용성을 제공한다.

5. 결과지향 평가모형

평가란 교육 프로그램의 전 과정에 걸쳐 자료를 수집하고 자료를 의미 있는 정보로 전환하기 위한 체계적인 과정을 의미한다. 효과성 평가는 과정보다는 결과에 초점을 두고 있는 것이지만 관점에 따라 과정지향적 모형과 결과지향적 모형으로 구분할 수 있다. 결과지향 평가모형(result oriented evaluation model)은 커크패트릭(Kirkpatrick)의 4단계 평가모형과 필립스(Phillips)의 5단계 평가모형이 대표적이다. 커크패트릭의 4단계 평가모형은 결과지향적 모형으로 교육 프로그램 결과의 금전적 가치를 증명하지 못한다는 비판을 받았지만 그의 모형을 5단계로 발전시킨 필립스의 5단계 평가모형은 ROI(Return On Investment)에 초점을 두고, 교육 프로그램의 투자에 대한 성과를 강조한다는 특징을 지니고 있다.

1) 커크패트릭의 4단계 평가모형

커크패트릭의 4단계 평가모형은 연수 프로그램의 평가를 위해서 미국훈련개발협회(American Society for Training & Development: ASTD)에 의해서 개발된 평가모형으로 '교육훈련 프로그램의 효과성을 어떠한 기준에 의하여 측정할 것인가?'에 초점을 둔 교육평가모형이다. 커크패트릭(1959)의 모형은 교육훈련 프로그램의 효과를 측정하기 위해서 수집되어야 할 자료를 중심으로 반응(Reaction), 학습(Learning), 행동(Behavior), 결과(Result)의 4수준으로 평가단계를 제안하고 있다(그림 3-3).

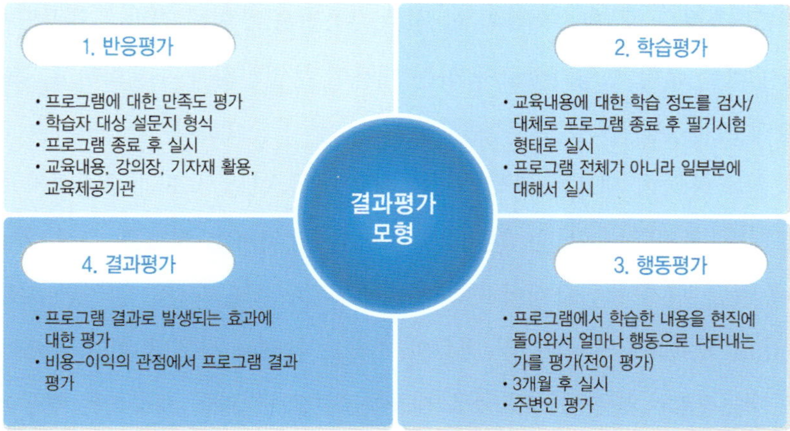

그림 3-3. **커크패트릭의 4단계 평가모형**

첫째, 반응평가(Reaction Evaluation)는 교육훈련 프로그램 직후 설문조사나 인터뷰 등을 통해 학습자가 수행한 교육훈련 프로그램의 만족도를 측정하는 것이며, 주요한 측정대상으로 강의주제 및 내용, 방법, 환경, 강사, 교육 훈련 프로그램의 도움정도 등을 확인하는 것이다. 반응평가는 학습자가 학습을 수행하는 과정이나 학습종료 시점에 활용할 수 있다. 이 단계에서 평가자는 본인이 원하는 정보가 무엇인지 명확하게 결정해야 하며, 응답의 결과를 수렴할 있는 기준을 개발해야 한다. 또한 동일한 기준이 계속되는 반응평가에 지속 활용해야 한다. 커크패트릭(2006)은 교육 프로그램과 관련된 긍정적인 반응만이 학습을 가능하게 하지는 않겠지만, 부정적인 반응은 학습가능성을 줄일 수 있기 때문에 긍정적인 반응을 얻는 것이 중요하다고 주장한다.

둘째, 학습평가(Learning Evaluation)는 교육훈련 프로그램을 통해 학습자들이 습득한 개념, 지식, 기능 등의 변화여부를 측정하는 것이며, 가능한 통제집단을 설정해야 한다. 그 이유는 학습자의 학습평가에 대한 결과가 교육훈련 프로그램을 통한 것인지 다른 요인에 의한 것인지 확인해 볼 필요가 있기 때문이다. 개념이나 지식에 대한 측정은 지필식 검사를 수행하며, 기능 등과 관련된 부분은 실기검사를 실시하는 것이 타당하다. 그리고 측정을 할 때 유의해야 할 점은 무응답으로 인해 결과가 왜곡되지 않도록 측정하고자 하는 문항에 평가하고자 하는 내용이 무엇인지를 구체화하고, 측정내용이 적합한 형태로 구성될 수 있는 문항을 개발하는 것이 중요하다. 학습평가는 교육 참가자들이 학습을 통하여 새로운 지식, 기능, 태도 등을 어느 정도의 수준까지 학습하고, 어느 정도 수준까지 적용할 수 있는지를 측정하기 위하여 정보를 수집, 분석, 요약, 보고, 적용 등을 평가하는 단계이며, 교사에게 교수 · 학습과정과 관련한 피드백을 제공할 수 있고, 교육과정의 설계 및 내용의 개발을 위해서 사용될 수도 있으며, 학습자들에게는 학습경과와 관련된 피드백을 제공하고, 평가결과를 제공하는 경우에는 평가에 대한 신뢰를 형성할 수 있다(배호순, 2008).

셋째, 행동평가(Behavior Evaluation)는 교육훈련 프로그램의 결과로 행동이나 태도의 변화가 일어났는지를 평가하는 것으로 학습평가와 동일하게 가능한 통제집단을 설정해야 한다. 또한 행동이나 태도의 변화가 충분하게 일어날 수 있도록 시간적 여유를 가져야 한다. 일반적인 기업의 교육훈련 프로그램에서는 현업적용도 측정으로 행동평가를 실시하지만 학교교육의 현장에서는 현업적용도 측정이 학습자들의 최종적인 학습의 결과가 향후 유사하거나 심화된 학습의 과정을 수행할 때 나타나는 특성이 있을 수 있기 때문에 평가자가 측정을 위한 시간과 노력이 필요하다. 이 단계에서 학습자들은 자신이 학습한 것을 발휘할 기회들을 얻지 못한다거나, 정서적으로 안정된 환경이 아니라면, 2단계에서 학습이 이루어졌다 할지라도 학습내용을 실제로 활용하기는 어렵다. 이러한 이유로 학교현장에서 행동의 변화를 촉진하기 위해 동료학습자들 간의 격려나 팀 또는 개인 단위의 적절한 보상을 학습과정이나 학습종료 후에 적절히 제공하는 것이 필요하다.

넷째, 결과평가(Result Evaluation)는 교육훈련 프로그램을 제공한 공급자의 관점에서 평가하는 것이며, 프로그램으로 인해 학습자가 결과물을 도출하게 되는 최종적이며 궁극적인 산출물에 중점을 둔다. 결과평가 단계에서 다루는 주요한 평가문제는 교육훈련 프로그램의 궁극적인 목적달성, 품질 및 생산성 향상, 동일 교육훈련 프로그램 대비 비용절감 등이 있다.

4단계 평가모형을 제시한 커크패트릭은 단계별 측정수준에 대한 내용을 제시하였음에도 불구하고 교육은 여러 가지 외적 변인의 영향을 받고, 결과평가에 대한 효과분석이 매우 복잡하고 많은 시간, 노력 및 경비가 소요되고 그것을 수량화하기도 어렵기 때문에 과학적이고 통계적인 과정을 통한 객관적인 증명이 아니라도 심증적인 증거가 있으면 그것으로 평가에 만족할 것을 권유하고 있다(Kirkpatrick, 2006).

2) 필립스의 5단계 평가모형

필립스의 5단계 평가모형은 커크패트릭의 4단계 평가모형에서 5단계로 발전된 모형으로 ROI(Return On Investment)에 초점을 두어 커크패트릭의 4단계 결과평가를 교육의 사업성과에 대한 기여도(Business Impact)로 분리하여 주장하고 있다. 필립스의 ROI(Return On Investment)의 구체적인 절차는 〈그림 3-4〉와 같다.

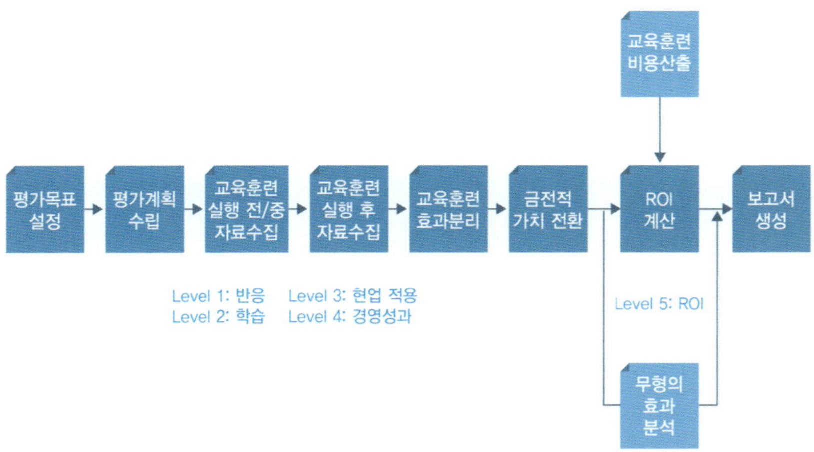

그림 3-4. **필립스의 ROI(Return On Investment)의 절차**

필립스의 5단계 평가모형을 단계별로 구체적으로 살펴보면, 1단계 반응 및 실천계획 단계(Reaction and Planned Action)에는 교육 프로그램에 대한 학습자의 반응을 측정하고 결과를 실행하기 위한 구체적인 계획을 수립하게 된다. 1단계 평가 시에는 다양한 이유에 대한 설문과 함께 학습자의 반응을 측정하는데 일반적으로 설문지 방법을 많이 활용한다. 하지만 일반적으로 학습자들의 점수를 관대하게 주는 경향이 있기 때문에 반응평가 결과만을 보고 학습자들이 새롭게 습득한 지식이나 기술 내지 태도에 대한 변화가 있을 것이라고 단정하기는 어렵다.

2단계 학습단계(Learning)는 학습자의 지식, 기술, 태도의 변화를 측정한다. 즉, 학습자들이 교육훈련을 통해 무엇을 배웠는가를 측정하며 배운 것을 사용할 수 있는지를 확인한다. 하지만 2단계 평가가 비록 긍정적이라고 하더라도, 이 결과가 교육훈련이 성공적으로 이행되었음을 보장하는 것은 아니다.

3단계 현업적용도 단계(Job Application)는 교육 프로그램 결과에 대한 현업의 행동변화를 측정하는 단계이다. 즉, 학습자들이 교육훈련으로부터 습득한 내용을 현업(현장)에서 얼마나 적용하고 이행하는가를 측정하는 것이다. 습득한 기술의 활용빈도나 교육훈련의 목적에 따라 그 목적을 이루기 위해 필요한 추진 절자, 조치, 업무가 평가대상이 된다. 교육훈련의 목적을 달성했는지를 측정한다는 점에서 3단계 평가가 매우 중요하지만 이 또한 최종 성과에 긍정적인 영향을 미치는지에 대해서는 보장할 수 없다.

4단계 사업결과 단계(Business Impact)는 교육의 결과가 사업에 미치는 영향을 측정한다. 즉, 교육훈련이 기관차원에서 어느 정도의 영향을 끼쳤는지를 측정하는 것으로, 일반적으로 이 단계에서는 경영실적, 고객만족도, 품질, 비용, 시간 등을 평가한다. 하지만 지나친 비용 투입의 경우, 교육훈련이 사업결과에 긍정적인 영향을 미쳤다고 하더라도 경제적인 측면에서 사업결과에 기여했다고 보기는 어렵다.

5단계 투자회수율 단계(Return On Investment: ROI)는 교육 프로그램에 대한 재정적인 결과의 가치와 소요된 비용을 측정한다. 즉, 교육훈련에 들어간 비용과 교육훈련의 순이익을 비교하여 퍼센트나 비율로 나타낼 수 있다.

필립스는 평가단계를 개별적으로 보지 않고 진정한 교육효과가 일어나기 위해서는 일련의 단계를 순차적으로 거쳐야 한다고 보았고, 교육 프로그램의 투자에 대한 성과를 강조한다. 하지만 사업결과 단계와 투자회수율 단계의 평가도 중요하지만 1단계(반응 및 실천계획), 2단계(학습), 3단계(현업적용도) 평가도 중요하다. 왜냐하면 습득한 기술이나 지식을 현업에 활용하고, 활용한 결과로 인해 사업결과가 도출되기 때문이다. 따라서 각 단계별로 자료수집과 분석 내지는 평가를 해야만 최종 단계인 5단계 평가까지 진행할 수 있다. 다만 상위 단계의 평가가 중요한 이슈일 때에는 하위 단계의 평가에 너무 많은 자원과 에너지를 쏟아서는 안될 것이다. 필립스의 방법론 프로세스는 평가계획단계, 자료수집단계, 자료분석단계 및 보고단계로 분류할 수 있다.

Chapter

04

교육평가의 유형

배울 내용

1. 평가대상에 따른 유형
2. 평가영역에 따른 유형
3. 평가기능에 따른 유형
4. 목표수준에 따른 유형
5. 평가기준의 따른 유형
6. 평가도구에 따른 유형
7. 자료수집에 따른 유형

학습 목표

1. 평가대상에 따른 유형을 구분하고, 각 유형의 세부사항을 숙지한다.
2. 평가영역에 따른 유형을 구분하고, 각 유형의 세부사항을 숙지한다.
3. 평가기능에 따른 유형을 구분하고, 각 유형의 세부사항을 숙지한다.
4. 목표수준에 따른 유형을 구분하고, 각 유형의 세부사항을 숙지한다.
5. 평가기준에 따른 유형을 구분하고, 각 유형의 세부사항을 숙지한다.
6. 평가도구에 따른 유형을 구분하고, 각 유형의 세부사항을 숙지한다.
7. 자료수집에 따른 유형을 구분하고, 각 유형의 세부사항을 숙지한다.

Chapter

04

교육평가의 유형

평가는 대상의 가치를 판단하고 의사를 결정하는 과정이다. 즉, 검사나 측정을 통하여 얻어진 결과를 바탕으로 대상의 특성을 확인하고 가치를 판단하여 평가자의 의사결정을 도와주는 활동이라고 볼 수 있다(권인탁, 2011).

이러한 교육평가는 〈그림 4-1〉과 같이 평가대상에 따른 유형(학생평가, 수업평가, 교육과정평가, 교육기관평가, 행정기관평가, 인사 및 행정가평가), 평가영역에 따른 유형(인지적 영역 평가, 정의적 영역 평가 및 심동적 영역 평가), 평가기능에 따른 유형(진단평가, 형성평가 및 총괄평가), 목표수준에 따른 유형(최소필수학력평가 및 최대성취학력평가), 평가기준에 따른 유형(규준참조평가, 준거참조평가, 능력참조평가, 성장참조평가 및 노력참조평가), 평가도구에 따른 유형(인지능력측정검사, 표준화검사 및 교사제작검사) 및 자료수집에 따른 유형(양적 평가, 질적 평가 및 통합적 평가)으로 구분할 수 있다.

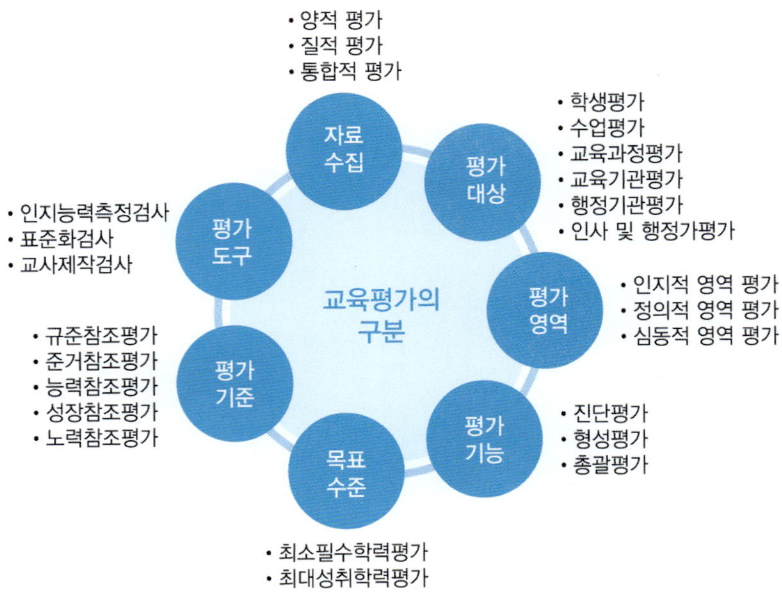

그림 4-1. **교육평가의 구분**

1. 평가대상에 따른 유형

평가대상이 누구이냐에 따라 평가유형을 구분할 수 있는데, 전통적인 관점에서 교육평가의 대상은 학생의 성취도에 국한되었다. 이러한 관점은 미시적인 관점에서 보는 교육평가이다. 하지만 최근 들어 학생의 평가에서 확대되어 교사, 프로그램, 학교환경 등에 대한 평가가 이루어지고 있다. 평가대상의 확대에 따라 거시적 관점에서 교육평가를 정의할 수 있다. 거시적 관점에서 볼 때 교육평가란 교육에 관한 모든 사상에 대한 평가를 포함하는 개념이다. 즉, 거시적 평가의 관점에서 교육평가를 해석할 경우에는 교육이념평가, 교육과정평가, 학교시설평가, 교육정책평가, 교육행정평가 및 학교운영평가 등이 포함된다(김진규, 윤길근, 2021).

따라서 평가대상에 따른 유형으로 학생평가, 수업평가, 교육과정평가, 교육기관평가, 행정기관평가, 인사 및 행정가평가로 구분하여 살펴보면 다음과 같다.

1) 학생평가

학생평가(student evaluation)는 학생의 모든 행동, 즉 인지적 · 정의적 · 심동적 행동의 성취 정도를 일정한 기준에 비추어 장점을 판단하는 활동이나 과정을 의미한다. 아무리 평가대상이 학생 이외의 대상으로 점차 확대되고 있다고 하더라도 가장 핵심적인 평가가 학생의 성취도를 평가하는 것임에는 변함이 없다. 왜냐하면 궁극적으로 학생의 성취도의 결과에 따라 교육의 현상에 대한 최종적인 판단이 가능해지기 때문이다.

따라서 학생평가에서 최근 강조하고 있는 것이 학습성과에 대한 평가이다. 학습성과란 무엇이고 어떻게 평가해야 하는가를 규명하는 과정에는 통제할 수 없는 많은 변인들이 작용하고 있기 때문에 연구자에 따라 학습성과에 접근하는 관점, 목적, 방법이 다르다. 또한 학습성과에 영향을 미칠 수 있는 변인들도 개인의 문제에서 국가적 관계에 이르기까지 다양하기 때문에 학습성과에 대한 구체적인 정의를 내리기는 어렵다고 할 수 있다.

이러한 관점에도 불구하고 학습성과 초기의 연구는 타일러(1950)의 이론을 중심으로 한 교육목표를 측정하기 위하여 〈표 4-1〉과 같이 평가계획의 한 차원으로 학습성과를 평가하여 왔다.

표 4-1. 타일러의 목표달성모형 평가절차

절차	평가내용
목표선정	일반 교육목표를 설정한다.
목표명시	일반 교육목표를 행동목표로 명세화한다.
도구제작	평가방법과 평가도구를 선정 또는 개발한다.
자료수집	평가도구를 사용하여 자료를 수집한다.
가치판단	수집한 자료를 기준으로 목표의 달성도를 파악한다.

이는 평가대상을 교육목표와 관련된 행동목표 또는 학습자 행동에 초점을 둔 일반 목표를 의미하는 것으로, 다음과 같은 문제점을 제기할 수 있다(변주성, 2009). 첫째, 학생들의 의도된 행동변화 여부를 평가의 기준으로 보고 있어 교육과정 평가와 학업성취도 평가가 불분명하다. 둘째, 사전에 의도된 결과가 아닌 다른 부수적인 결과를 평가 대상에서 간과할 수 있으며, 구체적으로 진술하기 어려운 목표는 목표설정에서 제외될 우려가 있다. 셋째, 평가의 주체가 주로 교사나 교육행정가 또는 교육내용 전문가들로 학습의 결과에만 관심을 두고 있다는 것이다.

2) 수업평가

수업평가(instruction evaluation)는 교사의 수업내용과 방법에 대한 질적 개선 정보를 제공하거나 교사의 수업의 효율성을 종합적으로 판단하여 성과급이나 재계약의 근거 자료로 활용되는 평가를 의미한다. 수업관찰평가, 공개수업평가, 강의평가, 코스평가 등이 여기에 속한다. 수업평가는 한 학기 동안의 수업이 끝나고 설문지를 이용하여 수업에 대한 학생들의 반응을 조사하여 다음 학기에 반영하는 강좌평가(course evaluation)로도 활용되고 있다(변창진 외, 1996).

따라서 수업평가는 평가수준 및 범위에서 가장 좁은 의미로 사용되는 것으로 수업활동이나 학습활동을 평가하는 것이다. 즉, 일정단위의 수업이나 학습을 통한 학습자들의 성취도나 태도의 변화 정도를 평가하고, 교육만족도나 교수자의 교수방법의 적합성 등을 평가한다.

3) 교육과정평가

교육과정평가(curriculum evaluation)는 다양하게 정의될 수 있지만 학교교육과정의 질적 효과를 판단하기 위하여 의도된 교육과정, 전개된 교육과정 그리고 실현된 교육과정의 질적 수준과 그 성과를 조사하고 측정하여 의사결정권자들이 교육과정의 지속과 개선에 대한 판단을 내릴 수 있도록 정보를 수집하는 일련의 과정으로 정의된다. 국가 수준 교육과정평가, 단위학교 교육과정평가, 창의적 체험활동교육과정평가, 영재교육 프로그램 평가 등이 여기에 해당된다(김진규, 윤길근, 2021).

다시 말해 교육과정평가는 교육기관에 개설되어 운영하고 있는 교육과정이나 프로그램을 평가하는 것으로 교육이나 학습목표의 성취 여부, 교수·학습과정, 교육이나 학습의 결과 등을 평가한다. 교육기관평가와 대비하여 학문 영역이나 프로그램별로 구분하여 평가가 이루어진다. 미국의 교육심리학자 글레이저(Glaser)는 수업이 이루어지는 과정을 〈표 4-2〉와 같이 크게 네 단계로 구분하면서, 각각의 단계마다 목적을 이루기 위한 적절한 조치와 평가가 필요하다고 주장하였다.

표 4-2. **수업이 이루어지는 과정**

구분	내용
수업목표의 세분화	수업을 위해서는 학습자들의 초기 상태, 교과의 구조, 내용의 난이도, 사회적 필요성 등을 고려하여 내용과 행동의 두 가지 측면을 반영한 수업목표가 만들어져야 한다고 보았다. 수업목표는 평가를 쉽게 할 수 있도록 구체적이고 세분화되어야 한다.
출발점 행동 진단	수업을 시작할 때에는 지난 수업시간에 있었던 내용의 이해에 대한 학습자의 개인차를 진단하며, 학생마다 그날의 수업에 적응할 수 있도록 차별화된 교수법을 사용해야 한다. 또한 지난 수업내용에 대한 학습자들의 심리적 반응을 고려해서 개선할 점이 있는지 진단해야 한다.
수업절차의 통제	수업을 진행하는 과정에서는 학습자들의 심리적 반응을 파악하고, 효과적인 수업이 되도록 이끌어야 한다. 교사는 강화이론, 동기유발, 전이 등의 학습이론을 충분히 숙지하고 실제 수업에 적용해야 한다. 수업절차는 효과적인 학습 전달을 위해 철저하게 교사에 의해 통제되어야 한다.
수업결과의 평가	수업결과는 수업이 끝나자마자 수업이해력을 파악하기 위해서 평가되어야 한다. 이러한 형성평가는 수업목표의 설정이 적절했는지, 출발점 행동 진단은 잘 이루어졌는지, 수업절차의 통제가 효과적이었는지를 점검하는 판단 근거로 삼아서, 차후 수업절차를 설계할 때 참고로 해야 한다.

4) 교육기관평가

교육기관의 평가에 대한 개념을 살펴보기 위해서는 교육기관과 평가라는 개념에 대한 명확한 구분이 필요하다. 먼저 교육기관이란 교육의 목적을 달성하기 위한 기관으로 사람과 물건을 기본 구성요소로 하는 조직기구이며, 일정한 장소에서 불특정 다수 또는 특정인을 대상으로 지식과 기술을 전수하는 문화적 시설로 유치원, 초·중등학교, 대학교, 교육행정기관(교육청) 등이 포함된 개념이며(이승희 외, 2005), 평가란 이를 바라보는 철학적, 방법론적 관점에 따라 목표달성여부의 결정, 평가대상의 가치, 장점에 대한 판단, 의사결정을 위한 정보 제공 등 학자마다 다양한 관점에 따른 정의를 가지고 있는 개념이다(이재분 외, 2013).

따라서 교육기관평가란 "대상 기관들이 추구하는 목표들이 얼마나 달성되었는지에 대한 그 성취 수준을 알아보고, 조직(기관)의 구조와 운영 면에서의 충실성과 타당성을 검토하고 이를 개선하기 위한 올바른 의사결정을 하는 데 필요한 정보를 제공하는 활동이자 기관 자체의 장점과 가치를 판단하는 일련의 과정"이라고 할 수 있다(이승희 외, 2005).

이러한 교육기관에 대한 평가는 기관의 종류와 운영형태에 따라 달라질 수 있다. 즉, 평가대상 기관에 따라 유치원 평가, 초·중등학교 평가, 대학평가, 교원양성기관 평가, 교육행정기관 평가 등이 있을 수 있으며, 운영형태에 따라 교육부의 시도 교육청 평가, 교육부와 정부출연 연구기관이 공동으로 주관하는 국가 수준 학교평가와 교원양성기관 평가, 시도 교육청이 주관하는 학교평가, 한국대학교육협의회가 주관하는 대학평가, 언론기관이 실시하는 대학평가 등으로 구분된다.

5) 행정기관평가

행정기관평가(institution evaluation)는 정책을 추진하는 체제를 포함한 행정의 종합적인 역량과 역할 구조의 타당성 및 적합성 등을 종합적으로 평가하는 것으로 정의할 수 있다. 행정기관평가는 행정체제 발전의 내면화와 행정기관의 기능 및 역할수행 방법 개선, 그리고 행정기관의 간접적 경쟁 등을 유도함으로써 행정의 능률성과 효율성, 책임성, 대응성, 전문성 등을 제고함과 동시에 행정개혁 및 쇄신을 촉진시킬 수 있다. 또한 행정체제의 역량이 궁극적으로 정책의 성과를 좌우하게 된다는 점에서 행정기관평가의 의의가 있다고 할 수 있다(김진규, 윤길근, 2021).

6) 인사 및 행정가평가

인사 및 행정가평가(personnel & administrator evluation)는 조직구성원의 능력, 태도, 직무 관련 실적에 대한 장점과 가치를 사전에 결정된 목표나 기준에 비추어 체계적으로 판단하는 과정을 의미한다. 전통적인 인사평가나 근무성과평가와 인사고과 등이 포함된다. 최근의 새로운 인사평가에는 균형성과표(balanced score card: BSC), 직무성과평가제[1], 다면평가[2] 방법 등이 포함된다.

균형성과표(BSC)의 구성 체계는 최상위 개념인 미션(Mission), 비전(Vision)과 전략(strategy), 그리고 이로부터 기관의 성과를 조망할 수 있는 균형적인 관점(perspectives)에 따라 핵심성과요인(Critical Success Factors: CSF)과 핵심성과지표(Key Performance Indicators: KPI) 등이 도출되는 위계구조이다. BSC의 구성체계는 〈그림 4-2〉와 같다.

〈그림 4-2〉와 같은 체계를 통하여 기관 및 조직이 존재하는 이유와 가치가 어디에서부터 창출되는지를 정의하고, 이를 위한 기관 및 조직의 경쟁우위를 밝히는 과정이 된다. 균형성과표(BSC)를 이용하여 기관의 비전과 경영전략을 수립하고 이를 기관 구성원들에게 전달한다. 기관 구성원들은 조직의 장기 전략에 대해 함께 공유하고 다양한 전략적 목표 사이의 관계를 이해함으로써 성과를 창출할 수 있게 되는 것이다. 균형성과표(BSC)를 적용한 성과평가체제를 구축하는 절차는 기관의 미션, 비전 그리고 기관이 지니고 있는 핵심가치(corevalue)의 원천은 무엇인가에 대한 성찰로부터 출발한다.

1) 직무성과평가제는 당해 연도의 직무성과계약에 의해 개인 성과를 평가하고 평가결과를 성과급, 인사 등에 반영하는 인사관리시스템이다.

2) 다면평가는 상사, 동료, 부하, 고객, 자신 등 피고과자를 관찰할 수 있는 위치에서 피고과자를 둘러싸고 있는 다양한 사람들을 고과자로 활용하는 고과방식을 말한다. 이러한 다면평가는 전통적인 상사평가에 비해 훨씬 더 공정하다고 인식되고 있으며, 피고과자와 서로 다른 방식으로 상호작용을 하는 다양한 사람들이 평가과정에 관여하는 특성으로 인하여 다면평가는 특정 개인의 편견으로부터 영향을 적게 받아 타당도가 더 높은 고과결과를 산출하는 특징이 있고, 다원평가라고도 불린다.

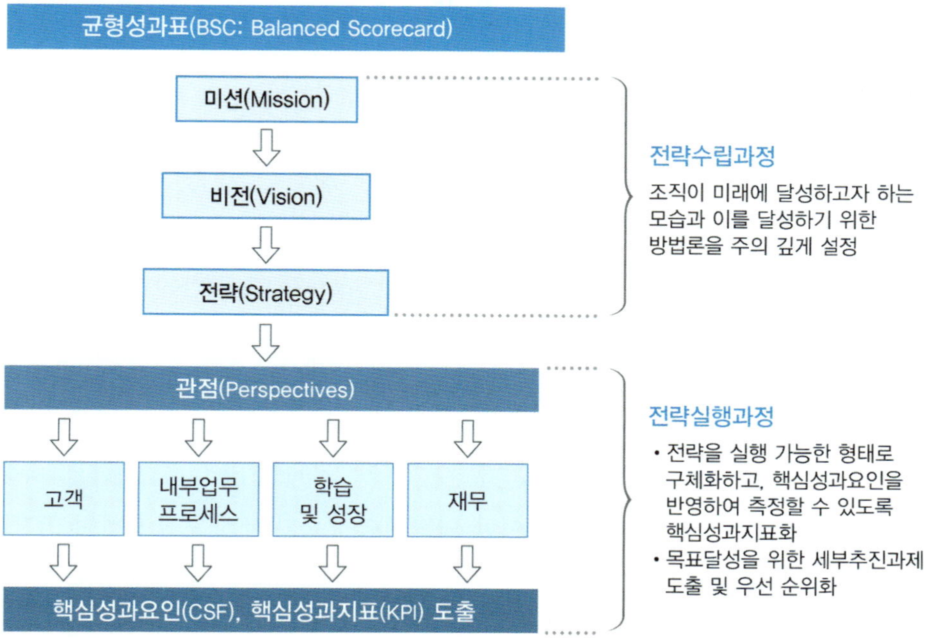

그림 4-2. **BSC의 구성체계**

출처: 김경희(2014). 대학평생교육원의 BSC 성과평가모형 개발. 동의대학교 대학원 박사학위논문.

2. 평가영역에 따른 유형

평가영역에 따른 가장 보편적인 유형의 분류는 블룸(Bloom, 1956)의 교육목표 분류 방식이다. 그는 교육목표에 진술되어 있는 학습의 내용과 행동 중에 행동 차원을 기준으로 하여 교육목표를 인지적 영역, 정의적 영역 및 심동적 영역으로 분류하는 방식을 제안하였고, 그 이후 평가의 영역에서 주로 사용되고 있다.

따라서 평가영역에 따른 유형으로 인지적 영역 평가, 정의적 영역 평가 및 심동적 영역 평가로 구분하여 살펴보면 다음과 같다.

1) 인지적 영역 평가

인지적 영역(cognitive domain)은 주로 안다는 것과 관계되는 정신적 · 지적 과정이며, 광범위한 의미에서는 앎의 행위 또는 과정을 총칭한다. 앎의 과정과 지적 능력 및 기능의 발달과 관련 있는 지식의 영역이라고 할 수 있다. 『교육평가용어사전』(한국교육평가학회, 2004)에서 정의하는 인지적 영역이란 외적 환경요소나 대상을 수용하여 인간 내적인 요소와 상호작용을 통해 발달해 가는 정신능력을 총칭하는 인간행동의 한 측면이며, 인지적 영역은 정의적 영역, 심동적 영역과 함께 인간의 능력요인 중 한 영역으로, 지식을 획득하고 사용하는 방식과 관련된 정신능력을 총칭한다.

교육목표를 진술하는 문장 속에서 이러한 앎의 행위 및 과정은 주로 행위 동사의 요소로 표현될 수 있다. 블룸은 교육목표의 행동 영역을 인지적 영역(cognitive domain), 정의적 영역(affective domain), 심동적 영역(psychomotor domain)으로 구분하고 각 영역을 위계적으로 분류하였다. 블룸(1956)의 교육목표분류학에서 인지적 영역 분류 틀의 내용은 〈표 4-3〉과 같은 하위체계로 나누어 볼 수 있다. 간단한 것에서부터 복잡한 단계 순으로 제시되어 있고, 높은 단계들이 아래 단계들을 포함하도록 되어 있다.

표 4-3. **블룸(1956)의 인지적 영역의 분류**

구분	내용
지식	지식(knowledge)은 기억이나 재생에 의해 아이디어나 자료 또는 현상을 기억해 내는 행동이다.
이해	이해(comprehension)는 자료나 기호, 언어의 의미를 파악하는 능력으로 번역, 해석, 추론 등을 포함한다.
적용	적용(application)은 과거에 학습한 자료나 내용을 새로운 구체적 상황에 사용할 수 있는 능력이다.
분석	분석(analysis)은 복잡한 현상을 다양한 각도로 풀어서 논리적으로 설명하는 능력이다.
종합	종합(synthesis)은 여러 가지 요소나 부분을 전체로서 하나가 되도록 묶는 능력이다.
평가	평가(evaluation)는 특정의 목적을 갖고 아이디어, 작품, 해결책, 방법, 자료의 가치를 판단하는 능력이다.

2) 정의적 영역 평가

정의적 영역(affective domain)이란 학습을 할 때 심리적인 부분과 관련된 것으로써 정의적 영역을 향상시키면 학생들이 수학의 가치를 느끼고 교과학습의 필요성을 깨달아 본인 스스로 학습하고자 하는 의욕을 가져 지속적으로 꾸준히 학습할 수 있는 역할을 하고, 흥미와 동기가 유발되어 교과에 대한 불안감을 감소시키고 즐겁고 행복한 마음으로 교과공부를 할 수 있도록 학습과정 및 결과에 긍정적인 영향을 미칠 수 있는 영역을 의미한다. 우리나라가 정의적 영역에 대하여 관심을 가지기 시작한 것은 20세기 중반이며, 블룸을 중심으로 하여 정의적 영역을 교육목표의 하나로 구분지으면서부터이다(박선화 외, 2010). 블룸은 인지적 영역 및 학습에 영향을 미치는 심리적인 영역을 정의적 영역이라고 정의하면서 정서적 영역의 목표를 감수, 반응, 가치화, 조직화, 가치 또는 가치 복합에 의한 인격화로 분류하였다. 각각에 대해 구체적으로 살펴보면 〈표 4-4〉와 같다.

표 4-4. 블룸의 정의적 영역의 목표

구분	내용
감수	감수(receiving)는 학습자가 새로운 것 또는 어떤 현상과 자극을 받아들이려고 하거나 그것에 관심을 가지는 것이다. 감지, 자진감수, 주의집중이 감수에 포함된다.
반응	반응(responding)은 단지 관심을 가지거나 주의를 기울이는 것 이상의 반응을 의미하고 묵종반응, 자진반응, 만족이 반응에 포함된다.
가치화	가치화(valuing)는 어떤 현상이나 사물 혹은 행동이 가치가 있다는 의미로 사용되며 가치수용, 가치채택, 확신이 가치화에 포함된다.
조직화	조직화(organization)는 학습자가 내면화한 여러 가치를 하나의 가치로 조직화, 체계화하여 그것들의 지배적 가치를 결정하는 것이다. 가치의 개념화, 가치체계의 조직이 조직화에 포함된다.
가치 또는 가치 복합에 의한 인격화	가치 또는 가치 복합에 의한 인격화(characterization by a value or value complex)는 학습자에게 어떤 가치가 내면화되어 어떤 행동을 할 때 일관적으로 행동하게 하는 부분을 의미한다. 일반화된 행동, 인격화의 가치 또는 가치 복합에 의한 인격화 등이 포함된다.

3) 심동적 영역 평가

심동적 영역(pschomotor domain)의 평가는 손, 발, 다리, 어깨 등과 같은 신체의 일부 또는 전신을 움직여서 성취할 수 있는 학습목표의 달성 여부와 그 정도를 확인하는 평가를 의미한다. 이는 손이나 몸의 동작을 요구하는 학습내용에 관한 평가를 의미한다. 해로우(Harrow, 1972)는 심동적 영역의 행동을 모방, 조작, 정확, 연합 및 숙달의 하위 행동으로 분류하였다. 각각에 대해 구체적으로 살펴보면 〈표 4-5〉와 같다.

표 4-5. **해로우(1972)의 심동적 영역의 목표**

구분	내용
모방	관찰가능한 행동을 보고 나서 그대로 따라 하도록 요구한다.
조작	시각적인 모델 없이 설명을 듣거나 읽고 특정 행동을 할 것을 요구한다.
정확	어떤 행동을 정확하게 하는 것을 요구한다. 정확한 행동을 조절하여 정확하게 해야 한다.
연합	여러 단계의 행동 순서에 따라 정확하게 행동할 것을 요구한다. 시간과 속도 조절이 필요하다.
숙달	배운 기술이나 행동을 능숙하게 해낼 것을 요구한다. 자동적으로 할 수 있는 수준이다.

예체능 교과목에서는 노래 부르기, 그림 그리기, 율동 등의 실기 평가를 비롯하여 기술교과에서는 도구나 기계를 조작하는 능력, 과학과목에서는 실험기기를 다루는 능력 등을 평가하는 것은 모두 심동적 영역의 평가에 해당된다. 또한 영어나 국어과목에서 쓰기 능력을 측정하는 것이나 수학에서 컴퍼스를 이용하여 선분을 이등분하는 능력을 평가하는 것도 심동적 영역의 평가에 해당된다고 할 수 있다(김진규, 윤길근, 2021).

3. 평가기능에 따른 유형

교육과정 또는 프로그램 평가의 기능을 중심으로 스크리븐(Scriven, 1967)은 평가의 유형을 형성평가와 총괄평가로 구분하였고, 그 이후 블룸 등(1971)은 프로그램 평가에서 사용되던 형성평가와 총괄평가의 개념을 수업과정에서 학습자의 학업성취도를 평가하는 장면에 적용하였다. 그로 인해 이 두 개념은 교육평가에서 아주 보편적인 개념으로 사용되고 있다(변창진 외, 1996).

평가의 기능은 형성평가와 총괄평가로 구분할 수 있지만 학교의 수업상황을 고려해

보면, 진단평가 또는 출발점 행동의 평가가 빠져 있어 포괄적으로 설명하지 못하게 된다. 엄격히 말하면, 진단평가는 형성평가에 포함시킬 수 있지만 평가의 기능을 보다 구체적으로 설명하기 위해서 수업이 진행되는 과정에 따라 진단평가, 형성평가 및 총괄평가로 구분하는 것이 더 타당하다고 할 수 있다(김진규, 윤길근, 2021).

따라서 평가기능에 따른 유형으로 진단평가, 형성평가 및 총괄평가로 구분하여 살펴보면 다음과 같다.

1) 진단평가

진단평가(diagnostic evaluation)는 오랫동안 학습장애의 원인을 분석하고 진단하기 위해 실시하는 평가라고 해석되어 왔다. 그러나 최근에는 진단평가가 어떤 단원의 학습을 위해 수업을 실시하기 전에 학습자가 반드시 알고 있어야 할 기초지식이나 기술을 가지고 있는지를 점검하는 출발점 행동평가 또는 투입 행동평가를 의미하는 용어로 사용되고 있다. 즉, 진단평가는 프로그램이 실시되기 전 출발점에서, 학습자들의 특성과 학습상태를 평가하는 것이다. 따라서 수업을 하기 전에 학습자의 학습장애 요인, 선수지식, 학습동기 등을 알아보기 위해 실시하는 평가로 정의할 수 있다. 이러한 진단평가는 학습자들에게 적합한 학급편성과 학습실패의 원인을 발견하여 대책을 마련하는 데 목적이 있다.

2) 형성평가

형성평가(formative evaluation)는 수업의 특정 단원의 수업이 진행되는 도중에 이루어지는 것으로 학습진행 과정을 수시로 평가하는 것이다. 즉, 어떤 활동이 개선되거나 강점이 유지되고 약점이 보강될 수 있도록 하기 위해 증거를 수집하고 그것을 평가하는 과정이다. 또한 창조적인 탐구과정을 통하여 끊임없이 대안을 찾아냄으로써 학습의 성취나 수업과정의 개선사항 내지 결함을 찾아내서 그것을 보강하기 위한 것이다. 형성평가를 위해 사용하는 평가의 도구는 〈표 4-6〉과 같다(이복희, 유인숙, 2020).

표 4-6. **형성평가를 위한 평가도구**

구분	내용
관찰	프로그램 개발자 혹은 학습자의 업무 수행 관찰 및 지식, 기술, 문제발견 · 문제해결능력, 이들이 표현하는 가치 및 태도 기록
인터뷰	프로그램 개발과정 혹은 프로그램 시행 중 이해 관계자(학습자, 프로그램 개발자, 프로그램 자금제공자 등)를 대상으로 개인 · 그룹으로 인터뷰 진행
질문지	프로그램 개발자, 학습자, 자금제공자 등 이해 관계자를 대상으로 프로그램 개발과정 혹은 프로그램 실행 도중에 프로그램 개발, 전달, 임시적 결과 등에 대한 의견, 인식, 혹은 신념을 잘 조직화된 질문지로 수집
산출물 리뷰	프로그램 개발과정에서 개발자들이 만들어 낸 산출물 혹은 학습자들이 프로그램 참여 시 산출한 임시 산출물 평가
수행 리뷰	프로그램 개발자가 프로그램 개발과정에서 보여 준 특정 기술이나 절차 혹은 학습자가 프로그램 참여 도중 보여 주는 특정 기술이나 절차에 대한 리뷰
자기평가	프로그램 개발자가 프로그램 개발과정을 잘 관리 · 운영하는지 혹은 프로그램에 참여하고 있는 학습자가 자신이 참여한 프로그램에 대해 만족하고 있는지, 개선사항은 없는지 등을 개인적으로 혹은 그룹으로 평가

형성평가의 궁극적인 목적은 학생들에게 즉각적인 피드백을 제공하여 그들의 학습을 성공적으로 이끄는 데 있다. 따라서 형성평가를 통한 학생들의 학습을 개선하기 위해서는 〈표 4-7〉과 같은 요건이 충족되어야 한다.

표 4-7. 형성평가를 통한 개선의 요건

- 학생들에게 효과적인 피드백을 제공해야 한다.
- 학생들이 학습에 적극적으로 참여하도록 유도해야 한다.
- 형성평가 결과에 따라 수업방법을 조정해야 한다.

3) 총괄평가

총괄평가(summative evaluation)는 형성평가를 통해 수정 · 보완을 되풀이한 다음 최종적으로 완성된 교육과정이나 프로그램의 종합적인 성과 및 효율성을 다각적으로 판단하기 위해 실시하는 최종 종합평가이다. 즉, 총괄평가는 프로그램 최종단계에서 프로그램의 효과를 종합적으로 평가하여, 프로그램을 계속할 것인지, 아니면 종료할 것인지 판단하는 것이다. 따라서 개발된 교육과정과 프로그램을 사용할 것인지를 결정하는 데에 도움을 주는 정보를 총괄평가를 통해 얻을 수 있다.

총괄평가는 전문가 평가와 현장평가로 구분할 수 있는데, 전문가 평가는 교육과정과 프로그램이 교육목표를 달성할 수 있는가를 전문가가 판단하는 것이며, 현장평가는 개발된 교육과정과 프로그램을 실제로 활용한 뒤 그 효과를 판단하는 것이다. 총괄평가를 위한 평가도구의 개발은 〈표 4-8〉과 같다.

표 4-8. 총괄평가를 위한 평가도구

구분	내용
관찰	학습자의 실제 · 모의업무 수행 관찰 및 지식, 기술, 문제발견 · 문제해결능력, 참여자가 표현하는 가치 및 태도 기록
인터뷰	프로그램 종료 후 프로그램 이해관계자(학습자, 프로그램 개발자, 프로그램 자금제공자 등)를 대상으로 개인 · 그룹으로 인터뷰 진행

구분	내용
질문지	프로그램 개발자, 학습자, 자금제공자 등 이해 관계자를 대상으로 프로그램 종료 후 프로그램 개발, 전달, 결과 등에 대한 의견, 인식, 혹은 신념을 잘 조직화된 질문지로 수집
사전 · 사후 테스트	학습자의 지식, 기술, 문제발견 · 문제해결 능력, 학습자가 표현하는 가치 및 태도 등의 측정을 위해 테스트 이용
산출물 리뷰	학습자들이 프로그램 참여 결과로 산출한 산출물(예, 포트폴리오, 동영상, 예술작품) 평가
수행 리뷰	학습자들이 보여 주는 특정 기술이나 절차에 대한 리뷰
조직 · 지역사회 기록물	조직이나 지역사회에서 발간하는 연간보고서 등 평가
포트폴리오	학습자가 프로그램 참여 동안 이루어 낸 이벤트, 활동, 산출물, 혹은 성취 등에 대한 수집물
비용효과분석	프로그램 개발 및 운영에 투여된 비용 대비 프로그램 효과 분석
포커스 그룹인터뷰	5에서 12명 사이의 동질적인 학습자 혹은 프로그램 개발자 그룹을 대상으로 특정 이슈에 대한 심층적인 정성적 데이터를 수집하기 위한 그룹인터뷰
자기평가	학습자가 프로그램을 통해 배운 것과 그것을 자신의 직무(혹은 생활)에 적용할 수 있었는지를 개인적으로 혹은 그룹으로 평가
스토리텔링	학습자가 자신의 프로그램 참여 경험에 대해 기술

4. 목표수준에 따른 유형

학습목표의 중요도에 따라 학습목표는 최소필수목표와 심화발달목표로 구분할 수 있다. 교사들은 교수 · 학습과정에서 모든 학생들이 최소한 성취해야 할 필수 학습목표를 어느 정도 달성하고 있는가를 확인할 필요가 있다. 또한 우수한 학습자들이 심화

발달 학습목표를 어느 정도까지 달성할 수 있는가를 확인할 경우도 있다.

따라서 목표수준에 따른 유형으로 최소필수학력평가와 최대성취학력평가로 구분하여 살펴보면 다음과 같다.

1) 최소필수학력평가

모든 학생들의 일정 기간 동안에 교수 · 학습을 통해 반드시 알아야 할 학습내용을 진술한 학습목표가 최소필수목표이다. 최소필수목표가 도달된 정도를 확인하는 것을 최소필수학력평가(minimum competency test)라고 한다. 시민들이 교육세를 납부하거나 학생들이 등록금을 지불한 대가로 학교나 교사로부터 배워서 알아야 할 최소한의 지식과 기술이 최소필수학력이다.

최소필수학력평가는 흔히 기초학력평가라고 하고 최소필수목표는 모든 학습자가 반드시 그리고 필수적으로 학습해야 할 내용을 완벽하게 학습했는지를 확인하는 평가이기 때문에 완전학습평가라고도 한다. 일반적으로 최소필수학력평가는 최소필수목표의 도달 여부, 즉 필수 수준을 넘었는지 또는 미달했는지를 확인하는 합격 · 불합격(psss · fail)의 절대평가 방법을 채택한다. 특히 최소필수학력평가는 학생들이 기초학력을 어느 정도 학습했는지에 대한 정보를 수집하고자 할 때 유용하게 이용될 수 있다. 그러나 최소필수 수준 이상을 성취한 학생들 간의 능력을 변별하는 데는 어려움이 있다(김진규, 윤길근, 2021).

2) 최대성취학력평가

학생들이 자신의 능력과 흥미에 맞추어 최소필수목표가 요구하는 수준 이상의 심화

발달목표를 최대한 어느 정도까지 달성했는지를 평가하는 것을 최대성취학력평가(maximum achievement test)라고 한다.

최대성취학력평가는 심화발달목표가 도달된 정도를 중심으로 학습자 간의 우열을 가리는 데 초점이 있으므로 변별평가(discrimination test)라고도 한다. 일반적으로 최대성취학력평가는 개개 학생들이 획득한 최대 성취도를 상대적으로 비교하는 상대평가 방법을 사용한다. 따라서 최대성취학력평가는 학생들의 성취 수준을 변별하고자 할 때 유용하게 이용될 수 있지만 학생들 간에 지나친 경쟁을 불러일으키거나 시험에 대한 심리적인 부담감을 줄 수 있다는 문제점을 지니고 있다(김진규, 윤길근, 2021).

5. 평가기준에 따른 유형

교육성과를 평가하는 기준을 목표로 하느냐 또는 평가를 실시해서 학습자들이 받은 점수의 평균으로 하느냐에 따라 교육평가는 규준참조평가, 준거참조평가 등으로 구분할 수 있다.

따라서 평가기준에 따른 유형으로 규준참조평가, 준거참조평가, 능력참조평가, 성장참조평가 및 노력참조평가로 구분하여 살펴보면 다음과 같다.

1) 규준참조평가

규준참조평가(norm-referenced evaluation)란 개인이 얻은 점수나 측정치를 비교집단의 규준에 비추어 상대적인 서열에 의하여 판단하는 평가를 말한다. 상대적 서열을 강조하는 특성에 따라 상대평가라고 부르기도 한다.

규준참조평가의 특징으로는, 첫째, 학생의 개인차를 당연시하며 우수한 학생을 선발하고자 하는 선발적 교육관에 근거하고 있다는 점(학업실패는 학생의 책임)이다. 둘째, 학생들의 개인차를 오차 없이 얼마나 정확하게 측정하는가가 중요한 과제이므로 신뢰도가 매우 중요하다. 셋째, 개인차 변별에 관심을 두기 때문에 평균을 중심으로 좌우대칭형인 정상분포〈그림 4-3〉를 전제한다는 것이다.

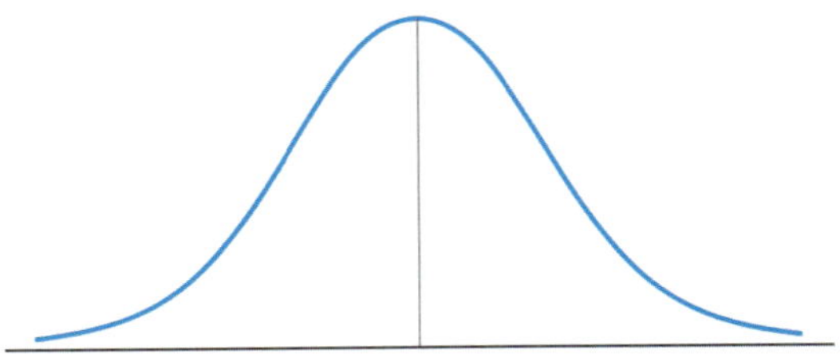

그림 4-3. **정상분포**

규준참조평가의 장점으로는, 첫째, 개인의 상대적 위치를 파악하여 우열을 가리기가 쉽다는 것이다. 둘째, 경쟁을 통한 학습동기 유발에 유리한 장점이 있다. 셋째, 평가자(교사)의 편견을 배제할 수 있다는 점이다.

그러나 규준참조평가의 단점으로는, 첫째, 학습목표에 근거한 평가가 아니기 때문에 무엇을 가르치고 배워야 하는가에 대한 기준이 모호해질 수 있다. 둘째, 경쟁심의 조장으로 경쟁을 교육의 당연한 가치로 생각하게 하여 협동심을 상실하게 할 수 있다. 셋째, 교수 · 학습 활동의 개선에 도움이 되는 정보를 제공하지 못하여 교육과정의 질적 개선에 도움이 되지 못할 수도 있다. 넷째, 학습자의 정서적 불안정을 초래하고, 암기 위주의 교육을 조장할 수 있으며, 선택적 교수·학습의 조장(시험에 나올 것만 공부)할 가능성이 높다는 것이다.

2) 준거참조평가

먼저 준거란 절대적 기준으로 보통 학습목표를 가리키고, 규준이란 상대적 기준으로 보통 평균을 의미하는 말이다. 따라서 준거참조평가(criterion-referenced evaluation)의 개념은 학습목표 달성을 중심으로 서술하게 되므로 절대평가라고 불리고, 규준참조평가는 상대적 위치를 중심으로 서술하게 됨으로 상대평가라고도 불린다.

준거참조평가의 특징으로는, 첫째, 적절한 교수·학습방법을 제공한다면 거의 모든 학생이 학습목표에 도달할 수 있다는 발달적 교육관에 근거하고 있다는 것이다. 둘째, 교육목표를 충실히 측정하고 있는지가 중요한 과제이므로 타당도가 중요하다는 점이다. 셋째, 거의 모든 학생이 학습목표에 도달할 수 있다고 기대하기 때문에 검사점수의 부적편포〈그림 4-4〉를 전제하고 있다는 점이다.

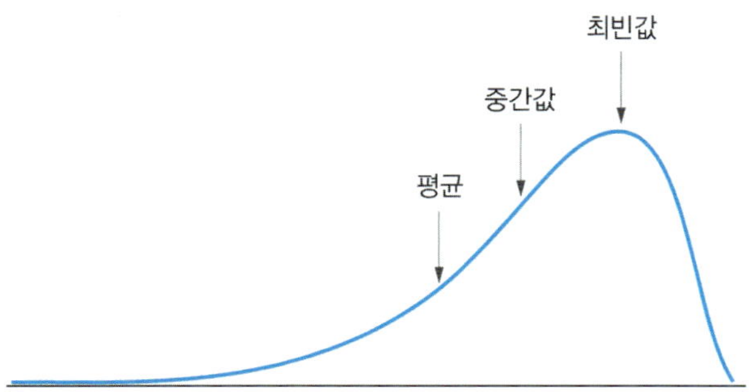

그림 4-4. **부적편포**

준거참조평가의 장점으로는, 첫째, 무엇을 알고 무엇을 모르는지에 대한 직접적인 정보를 제공해 주기 때문에 교수·학습이론에 적합하고, 교수·학습개선에 유용하다는 점이다. 둘째, 탐구 정신의 발휘와 지적 성취감 획득 및 정의적 영역의 평가도 가능하다는 점이다. 셋째, 진정한 의미의 학습결과를 측정할 수 있고 의미 있는 점수를 제공하기 때문에 교육성과의 연도별, 종적 비교가 가능하다는 점이다. 넷째, 완전학습이 가능하고, 경쟁이 없으며, 협동학습을 하기 용이하다는 점이다.

그러나 준거참조평가의 단점으로는, 첫째, 절대적 기준인 교육목표를 누가 정하느냐 또는 어떻게 정하느냐는 고도의 전문성이 요구되기 때문에 준거 설정이 어렵다. 둘째, 각 집단 내에서 상대적 위치를 알 수 없기 때문에 개인차의 변별이 어렵다는 것이다. 셋째, 검사 점수의 통계적 활용이 어렵고, 신뢰도 산출에 한계점을 가진다는 점이다.

3) 능력참조평가

능력참조평가(ability-referenced evaluation)는 자신의 능력에 비추어 얼마나 최선을 다했는냐에 관심을 두는 평가이다. 따라서 능력참조평가에서는 우수한 능력을 지녔음에도 불구하고 최선을 다하지 않은 학생과 능력이 낮더라도 최선을 다한 학생이 있을 때, 후자의 능력이 낮고 최선을 다한 학생의 성취수준이 낮더라도 더 좋은 평가를 받을 수 있게 된다.

능력참조평가는 개인의 능력발휘 정도에 따라 평가가 이루어지므로 개별평가를 할 수 있다는 장점이 있지만 능력이 무엇인지에 대한 정확한 개념을 정의하기가 어렵기 때문에 능력을 정확하게 측정하기 어렵다는 단점을 가지고 있다.

4) 성장참조평가

성장참조평가(growth-referenced evaluation)는 교육과정을 통하여 얼마나 성장하였는냐에 관심을 두는 평가로 초기 성취수준(능력수준)에 비추어 얼마나 능력의 향상을 보였느냐에 관심을 두고 있는 평가이다. 따라서 이 평가에서는 현재 성취수준이 과거 성취수준보다 높으면 좋을 성적을 부여하게 된다. 성장참조평가는 성장기반평가로도 불리며, 포트폴리오와 역동적 평가가 이 평가를 활용한 대표적인 예라고 할 수 있다.

성장참조평가는 성장에 관심을 두는 평가로 장점으로는, 첫째, 학업증진의 기회가 부여될 수 있다. 둘째, 능력참조평가처럼 개별평가를 한다는 점이다.

그러나 성장참조평가의 단점으로는, 첫째, 목표 도달보다는 어느 정도 성장했는가에 관심을 갖기 때문에 최저 수준의 목표 도달 여부에는 무관심하다는 점이다. 둘째, 좋은 성적을 받기 위해 학생들이 사전검사에서 일부러 틀릴 가능성이 높기 때문에 고부담평가에서 공정성의 문제가 제기될 수 있다는 점이다.

5) 노력참조평가

노력참조평가(effort-referenced evaluation)는 학생이 얼마나 노력을 했는가에 관심을 두는 평가이다. 이 평가에서는 점수에 관계 없이 열심히 노력한 학생이 높은 성적을 받게 된다. 성적은 성취도를 나타내지만 노력참조평가에서의 성적은 노력의 정도만 나타내므로 성적의 의미를 왜곡시킬 수 있다는 단점을 가지고 있어, 앞에서 제시된 평가의 개념들보다는 중요도가 떨어지는 평가 개념이다.

6. 평가도구(검사)에 따른 유형

평가도구 또는 검사는 인간의 행동특성을 측정하는 도구로서 매우 다양한다. 인간의 행동특성을 분류하는 기준에 따라 인지적 행동특성을 측정하는 검사, 정의적 행동특성을 측정하는 검사 및 심동적 행동특성을 측정하는 검사로 분류할 수 있다. 인간의 행동특성을 측정하는 검사의 종류는 다양한 기준에 따라 분류될 수 있다. 즉, 검사의 유형으로 표준화 여부, 표현양식, 측정내용, 실시방식, 측정단위, 응답형식 및 준거기준에 따라 분류할 수 있다(변창진 외, 1996).

평가도구에 따른 유형으로는 인지능력추정검사, 표준화검사 및 교사제작검사로 구분할 수 있다. 표준화검사와 교사제작검사는 10장(교육평가방법 및 생활기록부 작성)에서 구체적으로 살펴보고, 여기서는 평가도구(검사)에 따른 유형으로 인지능력측정검사에 대해 살펴보고자 한다. 인지능력측정검사에는 학업성취도검사, 학업적성검사 및 지능검사가 대표적이다.

1) 학업성취도검사

일반적으로 학업성취도검사(academic achievement test)란 어떤 특정 교과 영역에서 피험자의 지식, 기술, 성취의 현재 수준을 측정하기 위한 검사이다. 즉, 일련의 훈련이나 학습을 받은 후에 학습자가 무엇을 얼마나 학습했는가를 평가하는 검사이다. 다시 말해 피험자가 특정 활동을 수행한 후, 개인이 지니고 있는 지식이나 수행능력의 정도를 측정하는 검사를 말한다.

현재 한국교육과정평가원(2022)에서는 국가 수준 학업성취도 평가를 실시하고 있는 데, 목적, 방법 및 결과보고의 활용의 구체적인 내용은 〈표 4-9〉와 같다.

표 4-9. **국가 수준 학업성취도 평가**

<table>
<tr><th>구분</th><th colspan="4">내용</th></tr>
<tr><td>목적</td><td colspan="4">• 우리나라 학생들의 교과별 학업성취의 추이를 파악함으로써 교육과정의 교육목표 도달 정도와 함께 교육과정 개선을 위한 기초 자료를 제공하고자 한다.
• 학업성취도와 교육맥락변인의 관련성을 분석하여 학업성취에 영향을 주는 요인을 탐색하고 학생, 교사, 학교 변인들 간의 구조적 관계를 파악하고자 한다.
• 우리나라 학생들의 학업성취 수준을 파악함으로써 보정교육으로 연결하고자 한다.
• 컴퓨터 기반 평가를 위한 평가도구를 개발함으로써 일선 학교의 교수 · 학습방법을 개선하고 평가방법을 선도하고자 한다.</td></tr>
<tr><td rowspan="4">방법</td><td colspan="4">• 2022년 국가수준 학업성취도 평가계획</td></tr>
<tr><td>학년</td><td>교과</td><td>평가 범위</td><td>시간</td></tr>
<tr><td>중학교 3학년</td><td>국어, 사회, 수학
과학, 영어</td><td>중 1~2학년 전 과정
3학년 1학기 과정</td><td>교과별
45분</td></tr>
<tr><td>고등학교 2학년</td><td>국어, 수학, 영어</td><td>국어, 영어: 범교과 소재
수학: 고등학교 수학 과목</td><td>교과별
50분</td></tr>
<tr><td>결과보고와
활용</td><td colspan="4">• 준거참조평가로서 학생에게 교과별 성취수준(4수준~1수준)을 제공하고 있다.
• 학업성취도평가의 결과를 분석하여 여러 시사점을 제공함으로써 교육 정책 수립 및 교육과정 질 관리, 학교 현장의 교수학습방법 개선 등을 위한 자료를 제공하고 있다.</td></tr>
</table>

출처: 한국교육과정평가원(2022) 홈페이지(https://www.kice.re.kr).

그리고 최근에는 국제 학업성취도평가도 실행하고 있다. 국제 학업성취도평가는 학교교육의 성과와 성취도 변화 추이를 국제적인 수준에서 파악하고 비교함으로써 우리나라 교육의 현재 수준을 바로 알고 이를 통해 교육과정을 개선하고 적합한 교육정책을 수립하는 데 기여하고 있다. 우리나라에서 참여하고 있는 국제 학업성취도 평가로는 〈표 4-10〉과 같이 PISA(Programme for International Student Assessment), TIMSS(the Trends in International Mathematics and Science Study), ICILS(International Computer and Information Literacy Study)가 있다.

표 4-10. **국제 학업성취도평가**

구분	내용
PISA	PISA는 경제협력개발기구(Organization for Economic Co-operation and Development: OECD)에서 주관하는 국제 학업성취도 평가 연구로서, 참여국의 만15세 학생들을 대상으로 지식을 상황과 목적에 맞게 활용할 수 있는 기본적 소양(읽기, 수학, 과학 등)을 평가하고 교육맥락변인의 특성을 분석하기 위한 평가이다.
TIMSS	TIMSS는 국제 교육성취도평가협회(International Association for the Evaluation of Educational Achievement: IEA)에서 주관하는 국제 학업성취도 평가 연구로서, 초등학교 4학년과 중학교 2학년 학생들의 수학 · 과학 성취도를 국제적으로 비교하고 교육맥락변인과 성취도의 관계를 파악하기 위한 평가이다.
ICILS	ICILS는 국제 교육성취도평가협회(International Association for the Evaluation of Educational Achievement: IEA)에서 주관하는 국제 학업성취도 평가 연구로서, 중학교 2학년 학생들의 컴퓨터 · 정보 소양 및 컴퓨팅 사고력을 측정하고, 이에 영향을 미치는 교육맥락변인들을 파악하기 위한 평가이다.

출처: 한국교육과정평가원(2022) 홈페이지(https://www.kice.re.kr).

2) 학업적성검사

학업적성검사(scholastic aptitude test)는 교육과 관련된 활동을 성공적으로 수행할 수 있는 능력의 소유 정도를 예언하기 위한 검사를 말한다. 인간 활동의 여러 영역에서 피험자가 어느 정도의 능력을 갖고 있는지를 측정하여 장래 활동분야에서의 성공도를 예측하려고 하는 검사로서, 검사방법으로는 축소검사(miniature test), 지필검사 등 여러 종류가 사용되며, 요인분석법(factor analysis method)을 통해서 발견한 작성의 기본요인을 변별적으로 측정하는 검사가 대부분을 차지한다(김진규, 윤길근, 2021).

3) 지능검사

지능검사(intelligence test)는 개인의 지적 능력 수준을 파악하기 위해 지적 능력을 측정할 것으로 가정되는 문제들로 구성된 검사이다. 1905년 지능검사의 효시라고 할 수 있는 프랑스의 심리학자인 비네(Binet)와 시몬(Simon)이 저능한 아동을 식별하기 위해 Binet-Simon 지능검사를 만들었다. 그 후 1916년 터만(Terman)이 미국 문화권에 맞게 표준화하여 Stanford-Binet 검사를 만든 이후 전 세계 다양한 문화권에서 지능검사가 개발되었다. 현재 우리나라에서 사용되고 있는 대표적인 지능검사는 〈표 4-11〉과 같다.

표 4-11. 지능검사

구분	내용
KEDI-WISC	만5세에서 15세 아동들에게 실시할 수 있는 지능검사이다. KEDI-WISC(Korean Education Development Institute-Wechser Intelligence Scale of children)는 언어성 검사 7개와 동작성 검사 7개로 구성되어 있으며, 두 검사에서 나온 언어성 지능과 동작성 지능을 합쳐 전체 지능을 측정한다.
K-WISC-Ⅲ	우리나라에서 현재 가장 널리 사용되고 있는 아동용 지능검사로, 아동용 웩슬러 지능검사-3판(WISC-Ⅲ)을 곽금주 등이 한국판으로 개발한 것이 K-WISC-Ⅲ(Korean-Wechsler Intelligence Scale for Children)이다. 이 검사는 11개 연령 220명의 아동을 대상으로 한 예비연구를 거쳐, 전국 규모의 2,200명의 아동을 대상으로 표준화연구 후 규준이 제작되었으며 만 6세에서부터 16세 11개월 된 아동까지의 지능을 임상적으로 평가할 수 있는 개인용 지능검사이다. K-WISC-Ⅲ의 경우, 언어성, 동작성, 전체 검사 IQ뿐만 아니라, 요인에 근거한 지표점수들(factor-based index score)이 계산될 수 있다. 많은 연구결과들은 언어성과 동작성 두 개의 주요인 이외에 세 번째 요인으로 주의집중을 지적하고 있으며 이는 기호쓰기, 산수, 숫자 소검사에서 주로 나타난다. WISC-Ⅲ를 개발한 또 다른 목적이 이러한 요인들을 추가로 조사하기 위한 것이었다. K-WISC-Ⅲ는 이전 판 KEDI-WISC에 포함되어 있는 12개의 소검사에 새로운 동형찾기라는 소검사가 첨가되어 있다.
한국 유아용 웩슬러 지능 검사(K-WPPSI)	K-WPPSI(Korean-Wechsler Preschool and Primary Scale of Intelligence)는 웩슬러 지능검사로 측정하기 어려운 3~7세 유아의 지능을 측정하기 위해 개발된 검사이다. K-WPPSI는 WISC와 마찬가지로 언어성 검사와 동작성 검사로 구성되며, 12개의 하위검사로 이루어진다.

구분	내용
아동용 카우프만 평가 배터리 지능검사(K-ABC)	K-ABC(Kaufman Assessment Battery for Children, 1983)는 카우푸만(Kaufman) 부부가 기존의 전통적인 지능검사들이 지능 이론에 근거하여 개발되지 않았다는 점과 검사의 형태와 내용이 모든 연령의 피검사자에게 실시하도록 되어 있다는 점, 그리고 좌뇌의 기능을 측정하는 좌뇌지향적 검사로 만들어져 있다는 문제점을 보완하여 2½~12½세 아동의 지능과 습득도를 평가하기 위하여 고안된 것이다. K-ABC로 측정되는 지능은 문제를 해결하고 정보를 처리하는 개인의 인지처리양식으로 정의된다. K-ABC는 문제해결과 사실에 대한 지식을 명확하게 구별하여 측정하고 있는데, 즉 문제해결과 관련된 일련의 기능을 지능으로 정의하여 인지처리척도(순차처리척도와 동시처리척도)에서 측정하고 있으며, 사실에 관한 지식을 습득도로 정의하여 측정하고 있다. 순차처리는 문제를 해결할 때 정보를 한 번에 한 개씩 시간적인 순서로 연속적으로 분석처리하는 과정이고 반면에 동시처리는 가장 효율적으로 문제를 해결하기 위해 자극의 전체적인 통합을 하는 과정이다. K-ABC의 인지처리과정 하위검사들은 검사에서 아동이 정답반응을 하기 위해 가능한 한 아동의 언어능력이나 어휘력의 영향이 최소가 되도록 개발되었다.

7. 자료수집에 따른 평가유형

자료수집방법에 따른 평가유형으로는 양(정량)적 평가와 질(정성)적 평가 및 통합적 평가로 구분할 수 있다.

1) 양(정량)적 평가

양적 평가(quantitative evaluattion)는 평가결과를 수량화하는 평가방법이다. 실증주의적 인식론에 바탕을 두고 있으며, 일반적으로 가설을 설정하고 객관도, 타당도를 활용한 질문지법을 사용하여 증명한다. 평가에 따른 시간을 절약할 수 있고, 대량표집을 할 수 있다는 장점이 있지만, 평가자 위주의 질문 작성과 응답자는 주어진 질문에 피동적으로 답변해야 한다는 한계점를 지니고 있다.

다시 말해 양적 평가는 연구문제와 관련된 현상에 대한 원인과 결과를 수량화하고 이를 통해 현상을 이해하고 분석하려는 것이다. 양적 평가 시 연구자가 주의해야 할 점은 연구자의 편견이나 가치 등이 포함되지 않도록 해야 한다는 것이다. 이러한 양적 접근의 특성으로 인해 연구자는 현상을 객관적으로 측정할 수 있는 척도를 활용하여 자료를 수량화하고 통계적 방법을 통해 결과를 처리하게 된다.

2) 질(정성)적 평가

질적 평가(qualitative evaluation)는 구성주의적 인식론에 바탕을 두고 있으며, 일반적으로 참여관찰법을 활용하여 평가자의 주관적인 해석으로 의미를 파악한다. 평가자의 겸손한 자세와 피평가자의 논리와 상황 위주로 평가를 실시한다는 장점이 있지만 시간과 비용이 많이 소요되고 소량만 평가할 수 있으며 평가결과를 객관화하는 데 어려움이 따른다는 단점을 지니고 있다. 평가척도로 활용될 때 정성평가는 정량화할 수 없는 문제에 체크리스트를 활용하여 평가자가 주관적으로 수준을 결정한다.

다시 말해 질적 평가는 연구자가 연구대상에게 구조화된 질문 혹은 비구조화된 질문을 하거나 관찰을 통해 수집된 자료를 분석하고 결과를 도출하는 것이다. 질적 접근은 연구자 자신이 일차적 도구이며, 질문과 관찰을 통해 수집된 정보의 분석은 주로 연구자의 해석에 의존하게 된다.

3) 통합적 평가

통합적 평가(mixed evaluation)는 양적 평가와 질적 평가를 결합함으로써 평가의 질을 높이고 두 가지 접근의 장점이 서로 상호 보완적인 역할을 하게 되어 균형감 있고 깊이 있는 접근을 하도록 하는 것이다. 통합적 평가를 이해하기 위해 양적 접근과 질적 접근의 특성을 구체적으로 살펴보면 〈표 4-12〉와 같다.

표 4-12. **양적 접근과 질적 접근의 특성**

차원	양적 접근	질적 접근
목적	예언과 통제: 인간 행동의 원인과 결과를 탐색한다	이해: 인간의 해석과 지각을 이해하려고 한다
실재	정체성: 실재는 변화되지 않는 사실로 구성되어 있다	역동성: 실재는 인간의 지각이 변화됨에 따라 변화된다
관점	국외자: 실재는 양으로 나타낼 수 있는 자료로 존재하고 있다	내재자: 실재는 인간이 존재하고 있다고 지각하는 바의 것이다
가치	가치중립성: 가치는 적절한 방법론적 절차로 통제할 수 있다	가치제한성: 가치는 영향력을 가지며, 연구를 수행하고 보고할 경우 이해되고 고려되어야 한다
초점	개별성: 미리 선택하고 정의한 변인을 연구한다	총체성: 전체적 또는 완전한 상황이 추구된다
방향	검증: 미리 설정한 가설을 검증한다	발견: 수립된 자료에서 이론과 가설을 발견한다
자료	객관성: 자료는 인간의 지각과는 독립되어 있다	주관성: 자료는 환경 속에 있는 인간의 지각이다
도구	비인간: 미리 구성한 검사, 관찰기록, 질문지, 평정척도 등을 사용한다	인간: 인간이 일차적 자료수집 도구이다
조건	통제성: 통제된 조건하에서 연구를 수행한다	자연성: 자연적 상태에서 연구를 수행한다
결과	신뢰성: 엄격하고 반복가능한 자료를 얻기 위한 실험설계와 절차를 강조한다	타당성: 실제적이고, 풍부하며, 심층적 자료를 얻기 위한 연구설계와 절차를 강조한다

출처: 김병하(1997). 질적연구의 이해와 실천. 특수교육.

Chapter

05

문항제작과 평가문항 및 문항분석

배울 내용

1. 문항제작
2. 평가문항의 유형
3. 문항분석이론

학습 목표

1. 좋은 문항의 조건과 문항제작의 실제를 익힌다.
2. 평가문항의 유형을 선택형과 서답형 문항으로 구분하여 설명할 수 있다.
3. 고전검사이론과 문항반응이론에 의한 문항분석기법들을 익힌다.

Chapter 05

문항제작과 평가문항 및 문항분석

1. 문항제작

1) 좋은 문항의 요건

좋은 문항에 대한 명확한 판단기준을 설정하기는 어렵지만, 일반적으로 좋은 문항을 만들기 위해서는 다음과 같은 조건들을 고려해야 한다.

첫째, 문항의 내용이 측정하고자 하는 내용과 일치하도록 해야 한다. 문항의 내용과 측정목적의 일치성 여부 확인은 문항제작자가 가장 먼저 고려해야 할 사항이다. 문항들이 기존의 검사가 측정하고자 하는 내용을 담고 있을 때, 검사의 타당도가 높다고 할 수 있다. 따라서 문항제작자는 측정목적에 부합하는 내용이 문항에 드러날 수 있도록 문항을 제작해야 한다.

둘째, 문항의 내용이 복합성(complexity)을 지녀야 한다. 문항의 내용이 단순한 지식의 기억여부를 판별하는 내용이 아니라, 고등정신기능인 분석, 종합, 평가 등의 능력을 측정할 수 있는 내용으로 제작되어야 한다.

셋째, 문항의 내용이 요약성을 지녀야 한다. 문항의 내용이 단순히 열거된 사실들만을 질문하는 것이 아니라 제시된 사실을 요약하고 일반화, 나아가 추상화시킬 수 있는 내용을 포함해야 한다.

넷째, 문항은 참신성을 지녀야 한다. 문항의 내용적 측면뿐만 아니라 형식적 측면에서 기존에 존재하는 진부한 형태의 문항이 아니라 새로운 형태의 문항을 의미한다. 그러나 참신성을 지나치게 강조하여 중요하지 않은 내용을 묻거나, 생소한 문항을 제작하지 않도록 주의해야 한다.

다섯째, 문항이 모호하지 않도록 구조화되어야 한다. 구조화는 문항의 체계성과 명료성을 의미한다.

여섯째, 문항의 난이도가 적절해야 한다. 문항의 난이도는 검사의 목적에 따라 달라질 수 있다. 검사의 목적이 준거참조평가[1]라면 그 준거에 해당하는 능력수준에서 최대정보를 갖도록 준거에 상응하는 수준의 난이도를 지닌 문항으로 구성해야 한다. 그러나 검사의 목적이 규준참조평가[2]라면 넓은 능력범위에서 검사정보가 높은 검사정보곡

1) 준거참조평가란 준거에 비추어 학습자들이 과제의 영역이나 분야에 관하여 얼마나 알고 있는지에 관심을 두는 평가이다. 즉, 평가결과를 타인과 비교하는 것이 아니라 특정한 기준 점수와 비교하는 절대평가이다. 일반적으로 기초 학력이나 각종 자격증 시험을 평가하는 데 많이 적용된다.

2) 규준참조평가란 개인이 얻은 점수나 측정치를 비교집단의 규준에 비추어 상대적인 서열에 의하여 판단하는 평가를 말한다. 상대적 서열을 강조하는 특성에 따라 상대평가라고 부르기도 한다. 규준참조평가의 장점은 개인의 상대적 위치를 파악하여 우열을 가리기가 쉽다는 것을 들 수 있다. 또한 경쟁을 통한 학습동기 유발에 유리한 장점이 있다. 그러나 다음과 같은 단점이 있다. 먼저 학습목표에 근거한 평가가 아니기 때문에 무엇을 가르치고 배워야 하는가에 대한 기준이 모호해질 수 있다. 다음으로 경쟁심의 조장으로 경쟁을 교육의 당연한 가치로 생각하게 하여 협동심을 상실하게 할 수 있다. 마지막으로 교수·학습 활동의 개선에 도움이 되는 정보를 제공

선을 나타내는 것이 바람직하므로 난이도를 쉬운 문항부터 어려운 문항까지 골고루 출제해야 한다.

일곱째, 문항이 검사의 사용목적에 부합해야 한다. 검사의 목적은 상호비교하는 규준참조평가와 목표의 도달여부를 확인하는 준거참조평가로 구분할 수 있는데, 각 검사의 사용목적에 부합하는 문항이어야 한다.

여덟째, 측정오차를 유발하지 않아야 한다. 문항을 제작할 때 문항의 답을 맞힐 수 있는 능력을 가진 피험자인데도, 문항제작의 미숙으로 실수를 유발하게 하여 답을 맞히지 못하는 경우가 발생하지 않도록 해야 한다.

아홉째, 문항제작 지침에 맞게 제작된 문항이어야 한다. 문항의 제시방법, 답지의 제시방법, 답지의 순서, 답지의 내용구성 등이 문항제작 지침에 맞게 제작되어야 한다.

2) 평가문항 제작의 실제

평가문항을 제작하기 위해서는 몇 가지 절차가 요구된다. 즉, 아무런 계획 없이 즉흥적인 출제와 평가는 도달 목표나 평가유형, 평가방법 등이 사전에 충분히 고려되지 않기 때문에 의도적인 평가가 이루어지기 어렵다. 평가문항 제작 절차 중 핵심적인 절차는 〈그림 5-1〉과 같이 출제 계획서 작성, 문항출제 및 문항의 검토와 수정으로 이루어지게 된다.

하지 못하여 교육과정의 질적 개선에 도움이 되지 못할 수도 있다는 것이다.

단계	내용
출제 계획서 작성 (이원목적분류표 작성)	• 교육과정 분석 –교과서 내용의 체계적 분석 –학생에게 요구되는 행동 요인 분석 • 필수 교육목표 선정 및 이원목적분류표 작성
문항 출제	• 이원목적분류표에 근거해서 문항 출제 • 학년평가관리위원회의 협의로 문항 제작 내용 확정
문항의 검토와 수정	• 출제 전반에 대한 검토 • 문구나 지시, 답지(예시 답지 포함)의 검토

그림 5-1. **평가문항 제작의 절차**

(1) 출제 계획서 작성

출제 계획서 작성은 출제를 위한 이원목적분류표를 작성하는 임무에 해당된다. 교과에는 교과목표가 있다. 이를 세분화해 보면 하위목표로 단원목표가 있고 차시목표가 있다. 평가란 이러한 목표에 대한 도달 정도를 평가하고 다음 학습활동에 도움을 주기 위한 것이다. 이 목표는 국가 수준의 성취기준에 부합되는 것이어야 함은 말할 필요가 없을 것이다. 목표에 대한 검토가 이루어지면 자연스럽게 그 목표 도달 정도를 확인하는 방법적인 문제가 뒤따르게 된다. 구체적으로 재생적 지식을 평가할 것인가, 이해의 수준을 평가할 것인가, 아니면 사고력 수준을 평가할 것인가 등이 이에 해당된다. 출제 계획서 작성을 위해서는 교육과정 분석, 필수 교육목표 선정 및 이원목적분류표 작성의 활동이 필요하다.

① 교육과정 분석

성취기준을 중심으로 내용구조와 행동요인으로 분석을 실시한다. 이때 평가할 내용을 명확하고 자세하며 타당성 있게 분석해야 한다. 여기에서 내용구조의 분석이란 학습자가 학습할 때 활용된 소재, 일반적으로는 교과서 내용의 체계적인 분석을 말하며, 그 기준은 성취기준이 된다. 그리고 행동요인 분석은 학습과제의 지도과정에서 학생들에게 요구되는 행동요인, 즉 학생들에게 최종적으로 요구되는 행동요인(지식, 이해, 적용, 분석, 종합, 평가)을 의미한다.

② 필수 교육목표 선정

필수 교육목표 선정은 교과성격, 특성에 따라 성취기준의 중요성이 판정되며, 교육과정의 내용분석을 통해 필수 교육목표를 선정하는 것이 중요하다. 또한 필수 교육목표는 행동과 내용 두 측면이 모두 포함되어야 하며, 필수 교육목표의 진술은 학생의 종합적 행동 용어로 진술되어야 한다. 그리고 변화된 행동을 인지할 수 있도록 세분화, 명료화시키는 것이 중요하다. 성취기준에 따른 필수 교육목표 진술의 예를 살펴보면, 문단의 요지(내용)를 파악한다(행동), 현미경의 구조를 알고(내용), 현미경을 조작할 수 있다(행동) 등으로 기술한다.

③ 이원목적분류표 작성

다음으로 이원목적분류표를 작성하게 되는데, 평가문항 개발을 위한 이원목적분류표의 작성의 예는 〈표 5-1〉과 같다. 이원목적분류표는 내용요소와 행동요소를 결합하여 구성한 교육목표와 관련된 표로 교육의 계획단계에서 목표로 사용될 뿐만 아니라 평가의 기준이 된다. 평가대상을 내용과 행동차원에서 성격을 분명히 하고 종합화하는 기능이 있으며, 출제할 문제의 문항 수, 내용별 문항 표집 계획 및 비중, 행동영역별 문항표집 계획 및 비중 등이 구체적으로 제시되고, 내용(교과내용) X 행동(인지, 행동, 정의 영역)으로 표시되며, 각 내용의 계가 동일하면 내용타당도가 높다고 할 수 있다. 이원목적분류표에서 각 행동에 대한 계는 평가 쪽으로 갈수록 많은 것이 좋은 시험문항을 의미한다.

표 5-1. **평가문항 개발을 위한 이원목적분류표**

내용 행동	지식	이해	적용	분석	종합	평가	계
교육철학	○				○	○	3
서양교육사		○		○	○		3
한국교육사			○	○		○	3
교육심리학		○		○		○	3
생활지도			○		○	○	3
교육평가			○		○	○	3
계	1	2	3	3	4	5	18

(2) 문항출제

〈표 5-1〉과 같이 평가문항 개발을 위한 이원목적분류표가 작성되고 나면, 다음으로 실제 문항을 출제하게 된다. 특히 좋은 문항, 타당한 문항을 제작하는 일은 제작에 대한 이론과 지식을 바탕으로 오랜 동안의 경험에서 얻어진 감수성을 요구하게 된다. 그러나 이보다 더 중요한 것은 평가하려는 교과목, 학습과제, 교수목표에 대한 분명하고 명확한 이해와 이것을 문항으로 변환, 번역하는 능력이 매우 중요하다고 할 수 있다. 문항출제 시 고려해야 할 사항은 〈표 5-2〉와 같다.

표 5-2. **문항출제 시 고려해야 할 사항**

- 평가가 중요한 학습방법임을 분명히 하고 문항을 제작하여야 한다.
- 평가목표와 문항내용은 일치되어야 한다.
- 평가문항의 출제 의도가 학생들에게 정확하게 전달되어야 한다.
- 가능한 문두는 자세히 표현하고 답지는 간결해야 한다.
- 문항은 될 수 있는 대로 도표, 통계 등 구체적이고 실제적인 자료를 이용하는 것이 바람직하다.

특히 서술형 평가문항의 경우는 학생의 입장에서 문항이 제시되어야 하며, 지식보다는 고등정신능력을 측정하도록 하는 것이 좋다. 아울러 무엇을 묻는지 질문이 명확해서 학생들이 혼란을 경험하지 않도록 해야 한다. 그리고 객관적인 기준도 사전에 충분히 고려되어야 한다. 이를 위해 예시적 답안과 함께 점수 기준표를 제시하기도 한다.

(3) 문항의 검토와 수정

평가문항의 제작에서 출제 계획서를 작성하고, 그 계획서에 따라 문항을 출제하고 나면, 마지막으로 출제된 문항을 검토하게 된다. 여기서는 출제 전반에 대한 검토, 문구나 지시, 답지에 대한 꼼꼼한 검토를 실시한 후, 최종 문항으로 확정하게 된다.

2. 평가문항의 유형

평가문항의 유형은 크게 선택형 문항(selection type)과 서답형 문항(supply type)으로 구분할 수 있다.

1) 선택형 문항

선택형 문항(selection type)은 객관식 문항이라고도 한다. 즉, 지시문이나 문두와 함께 여러 개의 답지, 선택지를 제공하여 적합한 답지를 선택하도록 하는 문항방식이다. 따라서 답을 찾는 데 필요한 정보를 제시하고 거기에서 정답을 골라내는 재인과정을 요구한다. 왜냐하면 보기가 일종의 힌트가 되기 때문이다. 이런 이유로 선택형 문항을 재인형 문항이라고도 한다. 선택형 문항과 반대되는 개념은 보기를 통해 힌트가 주어지지 않는 회상형 문항이다. 회상형 문항은 서답형(주관식) 문항이라고도 한다.

선택형 문항은 여러 개의 선택지 중 적합한 답지를 선택하는 문항이므로, 선택지에 대한 장점과 단점이 곧 선택형 문항의 장단점이 된다. 선택형 문항의 장단점을 살펴보면 <표 5-3>과 같다.

표 5-3. 선택형 문항의 장단점

구분	내용
장점	채점 측면에서 객관성과 신뢰성이 높다. 또한 채점이 객관적이고 쉬우며 빠르다. 평가 측면에서는 일정한 시간에 여러 내용과 많은 문제를 실시할 수 있다는 장점을 지닌다. 또한 평가결과가 쉽고, 의미 있는 통계처리와 해석이 가능하다는 것이다.
단점	학습자 측면에서 단순기억력과 정보지식 측정에 치우칠 위험이 존재한다. 또한 표현력을 측정하기가 불가능하다. 그리고 창의성 발휘기회도 제한된다. 평가제작 측면에서는 많은 선택지를 만들어야 하기 때문에 제작시간이 많이 소요된다. 또한 학습자가 찍어서 맞출 수도 있기 때문에 추측요인을 제거하는 것이 불가능하다는 것이다.

선택형 문항은 평가받을 학생 수가 많거나 동일한 평가문을 재사용할 가능성이 있을 경우에 적합하다. 또한 신뢰 있는 평가문항을 원할 경우, 평가의 공정성과 객관성을 원할 경우에도 사용하기가 적합하다. 그리고 평가 실시 이후 결과를 시급히 보고해야 하는 경우에도 사용하기에 적합하다. 교사가 비판적으로 답지를 채점할 능력이 부족한 대신 객관적인 평가문항을 제작하는 데 자신이 있을 경우에도 사용하기에 적합한 방식이다. 선택형 문항은 진위형, 배합형 및 선다형 문항으로 구분할 수 있다.

(1) 진위형 문항

진위형 문항(true-false type)은 진술문을 제시하고 그것의 진위나 정오, 긍정 또는 부정을 판단하게 하는 문항형식이다. 예를 들어, O, X 퀴즈가 대표적인 진위형 평가방식이다. 진위형 문항의 장단점은 〈표 5-4〉, 진위형 문항의 제작 요령은 〈표 5-5〉와 같다.

표 5-4. 진위형 문항의 장단점

구분	내용
장점	문항제작이 용이하고, 평가실시 시간이 짧다. 그리고 많은 내용을 신속하게 다룰 수 있으며, 채점이 빠르고 객관적이다.
단점	지엽적이고 단편적인 내용에 기계적인 기억을 평가하는 문항이 출제되거가 출제할 가능성이 높다는 것이다. 또한 추측으로 답을 맞출 가능성이 있다. 선택지가 사실상 2개밖에 없으므로 추측으로 답을 맞출 가능성이 높다. 그리고 문항을 잘못 진술할 경우 모호한 진술문을 제시할 가능성이 높다는 것이다.

표 5-5. 진위형 문항제작 요령

- 진위형 문장은 질문에 중요한 내용을 포함하고 있어야 한다.
- 복합적 학습내용을 측정하기 위하여 기초적 자료에 근거한 문항을 작성해야 한다.
- 일반화되지 않은 주장이나 이론의 옳고 그름을 묻지 않는다.
- 하나의 질문에 하나의 내용만 포함하도록 한다.
- 부정문의 내용을 삼가고 이중부정은 더욱 삼가야 한다.
- 교과서에 있는 똑같은 문장으로 질문하지 않는다.
- 가능한 간단 명료하게 단문으로 질문한다.
- 답의 단서가 되는 부사어를 사용하지 않는다.
- 정답의 유형이 고정되지 않고 무선적으로 되게 한다.
- 가능하면 질적 표현보다 양적 표현을 사용한다.
- 애매모호한 문장은 피한다.
- 익숙하지 못한 비유적인 용어나 문학적인 용어는 피한다.
- 정답을 가리키는 것은 가능하면 단순한 것을 사용한다.
- 정답은 짧은 밑줄을 치든지 혹은 괄호를 사용하여 표시한다.

(2) 배합형 문항

배합형 문항(matching type)은 일련의 전제, 답지, 이들을 배합시키는 지시문의 세 가지로 구성되어 있는 문항형식이다. 예를 들어, 작대기로 이어 문제를 해결하는 형식의 문항이 대표적인 평가방식이다. 배합형 문항의 장단점은 〈표 5-6〉, 배합형 문항의 제작 요령은 〈표 5-7〉과 같다.

표 5-6. 배합형 문항의 장단점

구분	내용
장점	답지 사용이 경제적이고, 많은 수의 문항을 쉽게 출제할 수 있다. 복잡한 내용을 서로 연관지어 학습했는지 분석적으로 평가 가능하다는 것이다.
단점	배합형은 답을 맞출수록 답지 연결의 경우의 수가 점차 줄어들고, 마지막에는 무조건 하나의 답지 연결 경우의 수만 남게 된다. 따라서 답지 연결을 추측으로 결합시킬 확률이 점점 높아진다는 것이다.

표 5-7. 배합형 문항제작 요령

- 문제군과 답지군을 각각 동질성이 있는 것으로 묶어야 한다.
- 답지의 전제의 수와 길이를 적절히 제한해야 한다.
- 답지군의 답지수는 문제군의 문제수보다 많아야 한다.
- 문제군의 문제들은 왼쪽에, 답지군의 답지들은 오른쪽에 체계적인 순서에 따라 배열하고 번호를 각기 달리한다.
- 문제군의 문제들과 답지군의 답지들을 배열할 때, 항목은 가급적 분명하고 편리하도록 각각의 문자순이나 연대순으로 한다.
- 어떤 기초 위에서 배합할 것인지 분명히 지시한다.
- 전제와 답지의 각 항목은 중첩되는 개념이 아니어야 한다.
- 배합의 한 짝을 가르치는 부당한 실마리에 대해 주의 깊게 각 문제를 점검한다.
- 너무 쉬운 검사를 작성하는 것은 피한다.
- 한 리스트는 단 한 마디의 말수 혹은 짧은 구 등으로 구성한다.
- 전제나 답지는 적어도 5항목 이상, 15항목보다 많지 않도록 한다.
- 전제와 답지를 위한 모든 항목은 한 페이지 안에 넣도록 한다.

(3) 선다형 문항

선다형 문항(multiple choice form)은 문두와 그에 따른 여러 개의 답지로 구성해 정답지를 고르게 하는 평가방식이다. 예를 들어, 5지 선다, 4지 선다 등 우리에게 가장 익숙한 선택형 문항이다. 선다형 문항의 장단점은 〈표 5-8〉, 선다형 문항제작의 요령은 〈표 5-9〉와 같다.

표 5-8. 선다형 문항의 장단점

구분	내용
장점	학습내용의 많은 영역의 측정이 가능하고, 즉 다양하고 포괄적으로 측정할 수 있다는 것이다. 또한 주어진 시간 내에 많은 문항의 검사가 가능하고, 문항의 난이도 조절이 가능하고, 채점이 용이하고, 신뢰도를 높이기에 용이하다는 것이며, 초등학교 저학년을 제외하고 모든 학년에 사용이 가능하다는 것이다.
단점	좋은 문장과 좋은 오답지를 만들기가 다소 어렵고, 단순 지식 위주의 문항을 만드는 결함이 발생할 가능성이 높고, 학습자의 긴장과 불안을 야기할 가능성이 높다는 것이다.

표 5-9. 선다형 문항제작 요령

- 문항은 중요한 내용을 포함해야 한다.
- 문항마다 질문의 내용이 하나의 사실을 묻도록 단순, 명쾌하게 구조화되어야 한다.
- 용어의 정의나 개념을 묻는 질문에서는 용어를 질문하고 답지에 용어의 정의나 개념을 나열한다.
- 문항이나 답지의 서술이 간단하고 명확한 단어로 서술되어야 한다.
- 문항의 질문 형태가 가능하면 긍정문이어야 한다.
- 문항의 질문 내용 중 답을 암시하는 내용이 포함되어 있지 않아야 한다.
- 그럴듯하고 매력적인 오답지를 만들어야 한다.
- 답지들 중 정답이 두 개 이상일 경우 최선의 답을 선택하도록 환기시켜야 한다.
- 피험자에게 옳은 답지를 선택하거나 틀린 답지를 제거시킬 수 있는 단서를 제공하지 말아야 한다.
- 답지만을 분석하여 문항의 답을 맞히게 하지 말아야 한다.
- 가능하면 답지를 짧게 하는 것이 바람직하다.
- 문항의 답지들의 내용이 상호 독립적이어야 한다.
- 답지들의 형태를 유사하게 하여야 한다.
- 유사한 답지끼리 인근 답지가 되게 배열하여야 한다.

- 답지의 길이를 가능하면 비슷하게 하고, 다소 상이할 때는 짧은 길이의 답지부터 배열하는 것이 타당하다.
- 답지들이 수나 연도로 서술될 때, 일반적으로 작은 수부터 큰 수로 배열한다. 또한 답지들이 간단한 하나의 단어로 표기될 때 가나다 순 혹은 abc 순으로 나열한다.
- 답지에 어떤 논리적 순서가 있다면 논리적 순서에 따라 배열한다.

2) 서답형 문항

서답형 문항(supply type)은 문두만 제시하여 응답자로 하여금 답을 생각해서 쓰도록 하는 형식의 문항으로 회상형 문항이라고도 한다. 즉, 서답형 문항은 주어진 검사문항에 대하여 정답을 재생하여 기입하는 방법으로, 흔히 주관식 또는 논문식으로 불리며, 서답형의 장단점은 〈표 5-10〉과 같다.

표 5-10. 서답형 문항의 장단점

구분	내용
장점	반응의 자유도가 크고, 고등정신기능 측정에 유리하다. 또한 문항제작이 비교적 용이하고, 학습자의 학습태도 개선에 긍정적이다.
단점	채점의 객관도와 신뢰도 보장이 다소 어렵고, 문항표집의 제한성 및 단편적 지식의 상기에 그칠 위험성이 존재한다는 것이다.

따라서 서답형의 문항을 제작할 경우에는 정답은 간단한 단어, 어구, 수식으로 대답할 수 있도록 해야 하고, 정답의 수는 하나가 좋으며, 질문은 명료해야 하며, 단순 암기 측정 문제는 최소한으로 줄이는 것이 좋다. 서답형 문항에는 단답형, 완성형 및 논문형 문항으로 구분할 수 있다.

(1) 단답형 문항

단답형 문항(short-answer form)은 문제를 의문문이나 명령문으로 제시한 다음, 한 두 개의 간단한 단어, 숫자, 기호, 짧은 구, 문장으로 답하도록 하는 문항형식이다. 단답형 문항의 종류에는 연합형, 확인형, 대입형 문항이 있으며, 단답형 문항의 장단점은 〈표 5-11〉, 단답형 문항제작 요령은 〈표 5-12〉와 같다.

표 5-11. **단답형 문항의 장단점**

구분	내용
장점	문항제작이 비교적 용이하고, 추측요인의 영향을 배제할 가능성이 높다. 또한 여러 지식을 측정하는 데 적합하고, 학생의 반응 자유도가 크다는 것이다.
단점	단편적이고 사실적인 지식 수준 이상의 지적 능력을 측정하는 데는 부적합하고, 채점의 어려움, 채점에 있어 주관성을 배제하는 데 어려움이 있다. 또한 정답이 하나가 되도록 질문하는 데 어려움이 있으며, 맞춤법, 문법상 오류 처리 방법 등 채점상의 문제점을 지닌다는 것이다.

표 5-12. **단답형 문항제작 요령**

- 교과서에 있는 것과 같게 질문하지 않는다.
- 채점 전 정답이 될 수 있는 답을 준비한다.
- 정답이 수로 표기될 때 단위를 표기해야 한다.
- 간단한 질문과 답으로 이루어지도록 질문해야 한다.
- 내용을 묻는 문항일 때는 철자법이나 문법 등에 의해 채점하지 않는다.

(2) 완성형 문항

완성형 문항(completion form)은 문자의 일부분을 비워 놓고 빈자리에 써넣어 불완전문을 완성하도록 하는 형식의 문항이다. 완성형 문항의 종류에는 답란제시형, 단서제시형, 단어완성형[3]이 대표적이다. 그리고 완성형 문항의 변형으로는 기호완성형, 그림

완성형, 계산완성형, 유추형, 불완전도표형, 제한완성형 등이 있으며, 완성형 문항의 장단점은 〈표 5-13〉, 완성형 문항의 제작 요령은 〈표 5-14〉와 같다.

표 5-13. **완성형 문항의 장단점**

구분	내용
장점	간단한 지식, 사실, 공식, 계산결과, 절차, 명칭, 술어 등을 손쉽게 출제하고 단시간에 광범위하게 검사하는 데 유용하다. 또한 추측요인을 최대한 배제할 가능이 높고, 문항제작이 쉽다는 것이다.
단점	고등정신기능을 측정하기에는 다소 어려움이 있으며, 유사 정답으로 인해 채점이 어렵다. 또한 학생들의 학습방향을 피상적이고 단순한 방향으로 몰아가게 할 가능성이 높다는 것이다.

표 5-14. **완성형 문항의 제작 요령**

- 중요한 내용을 여백으로 한다.
- 정답이 가능한 단어나 기호로 응답되도록 질문한다.
- 교과서에 있는 문장 그대로 사용하지 않도록 한다.
- 문장 구조를 단순하게 진술하도록 한다.
- 질문의 여백 뒤의 조사가 정답을 암시하지 않게 해야 한다.
- 여백에 들어갈 모든 정답을 열거한다.
- 채점의 정확성과 체계성을 위하여 여백 하나하나를 채점 단위로 한다.

(3) 논문형 문항

논문형 문항(essay form)은 주어진 질문에 제한 없이 여러 개의 문장으로 응답하는 형식의 문항이다. 논문형의 종류에는 제안반응형, 확대반응형, 단독과제형[4]이 대표적

3) 답란제시형은 응답자가 몇 개의 글자로 답해야 하는지를 알 수 있도록 정답을 쓰는 데 필요한 수만큼 네모 또는 동그라미 칸을 비워 두는 형식이다. 단서제시형은 답란제시형과 동일하지만 정답을 시사하는 힌트를 제공하기 위해 답란의 네모 중의 일부분를 채워 놓은 형식이다. 단어완성형은 단어 중의 일부분을 비워 놓고 하나의 완전한 낱말이 완성되도록 빈자리에 적당한 철자를 적어 넣게 하는 형식이다.

4) 제한반응형은 단답형이나 완성형보다는 반응의 폭이 다소 넓지만 한두 개의 구 또는 문장으로 답을 쓸 수 있도

이다. 그리고 논문형 문항의 변형으로는 자료제시형, 밑줄표시요구형, 선택평가적 재생요구형, 조건제시적 비교요구형, 조건제외적 비교요구형, 판단결정적 재생요구형, 원인결과제시 요구형, 설명요구형, 요약요구형, 분석요구형, 관계요구형, 예시요구형, 분류요구형, 적용요구형, 목적제시요구형, 비판요구형, 개괄요구형, 재구성요구형, 문제제기요구형, 방법제시요구형, 도해요구형 등이 있으며, 논문형 문항의 장단점은 〈표 5-15〉, 논문형 문항제작 요령은 〈표 5-16〉과 같다.

표 5-15. **논문형 문항의 장단점**

구분	내용
장점	다양한 고등정신능력을 측정할 수 있으며, 문항제작이 용이하다는 것이다.
단점	넓은 교과영역에 대한 출제가 어렵고, 채점자의 신뢰도 낮을 수 있다. 또한 문장력이 채점에 영향을 줄 수 있다는 것이다.

표 5-16. **논문형 문항제작 요령**

- 복잡한 학습내용의 인지 여부는 물론 분석, 종합 등의 고등정신능력을 측정할 수 있도록 해야 한다.
- 논술문항의 지시문을 "비교, 분석하라", "이유를 설명하라", "견해를 논하라" 등으로 한다.
- 논쟁을 다루는 논문형 문항은 어느 한편의 견해를 지지하는 입장에서 논술을 지시하지 않고, 피험자의 견해를 밝히고 그의 견해를 논리적으로 전개할 수 있도록 유도해야 한다.
- 질문자의 요지가 분명하며 구조화되어야 한다.
- 제한된 논술문항인 경우 응답의 길이를 제한하여 주는 것이 바람직하다.
- 여러 논문형 문항 중 선택하여 응답하는 것을 지양한다.
- 문항점수를 제시한다.
- 채점기준을 마련해야 한다.
- 문항을 배열할 때 쉬운 문항에서 어려운 문항으로 배열하는 것이 좋다.

록 응답의 범위와 형태를 엄격하게 제한하는 형식이다. 서술적 단답형 문항은 제한반응형에 속한다. 확대반응형은 응답자가 종합력, 평가력, 구성력, 비판력, 표현력 등과 같은 고차적인 능력을 최대한 자유롭게 표현할 수 있도록 답안에 쓸 내용과 방향 및 응답방식에 대해 아무런 제한을 가하지 않고 충분한 자유를 주는 형식이다. 단독과제형은 논설문이나 통계자료 등과 같은 답안작성에 필요한 참고자료를 제시하지 않고 논제만 제시한 다음 답안을 작성하게 하는 형식이다.

3. 문항분석이론

평가의 가장 기본적인 단위는 평가를 구성하는 문항이다. 평가의 각 문항들의 질이 평가의 질을 결정한다. 따라서 평가문항의 질이 나쁘면 전체적인 평가의 질 자체도 낮아진다. 특정 평가가 평가의 목적에 부합하게 기능하고 있는지를 알아보기 위해서는 시험의 각 문항들을 분석하는 작업이 반드시 필요하다. 이처럼 각 문항의 좋고 나쁨, 즉 양호도를 알아보는 절차를 문항분석(item analysis)이라고 한다. 또한 문항과 검사의 질을 분석하는 이론을 검사이론(test theory)이라 하며, 검사이론에는 고전검사이론과 문항반응이론이 있다.

1) 고전검사이론에 의한 문항분석

고전검사이론(classical test theory)에 기초한 문항분석은 피험자들의 응답을 문항별로 채점한 후 총점에 의하여 문항을 분석하는 방법이므로 검사집단의 영향을 받게 된다. 즉, 동일한 문항이라 하더라도, 검사를 시행한 집단수준에 따라 문항난이도가 달리 측정된다. 고전검사이론에 의한 문항난이도, 문항변별도, 문항추측도, 문항교정난이도 및 오답지매력도를 추정하는 방법은 다음과 같다(서미성, 2009).

(1) 문항난이도

고전검사이론에서 문항난이도란 문항의 쉽고 어려운 정도를 나타내는 지수로 전체 피험자 가운데 답을 맞힌 피험자의 비율로 구할 수 있다. 문항난이도를 계산하는 공식은 〈그림 5-2〉와 같다.

$$P = \frac{R}{N}$$

N: 총 피험자 수
P: 문항의 답을 맞힌 피험자 수

그림 5-2. **문항난이도 계산공식**

따라서 문항난이도의 범위는 0에서 1사이에 나타나며 숫자가 높을수록 쉬운 문항임을 나타낸다. 그러나 능력을 비교할 경우 총점에 의존하기 때문에 문항의 검사 난이도에 따라 능력수준이 변한다는 문제점을 가지고 있다. 문항난이도에 의해 문항을 평가하는 절대적인 기준은 없지만, 문항난이도를 보다 세부적으로 평가하기 위해서 5단계로 분류할 수 있다(성태제, 2005; Baker, 1985).

표 5-17. **고전검사이론에 따른 문항난이도**

문항난이도 지수	문항평가
.00~.20 미만	매우 어려운 문항
.20 이상~.40 미만	어려운 문항
.40 이상~.60 미만	중간 난이도 문항
.60 이상~.80 미만	쉬운 문항
.80 이상~1.00 미만	매우 쉬운 문항

(2) 문항변별도

고전검사이론에서 문항변별도란 피험자를 변별하는 정도를 나타내는 지수를 말한다. 즉, 능력이 높은 피험자가 문항의 답을 맞히고, 능력이 낮은 피험자가 문항의 답이 틀렸다면 이 문항은 피험자들을 제대로 변별하는 기능을 가졌다고 볼 수 있다. 문항득점과 총점 간의 상관계수를 이용하여 문항변별도를 구하는 공식은 〈그림 5-3〉과 같다.

$$r = \frac{N\Sigma XY - \Sigma X\Sigma Y}{\sqrt{N\Sigma X^2 - (\Sigma X)^2}\sqrt{N\Sigma Y^2 - (\Sigma Y)^2}}$$

N: 총 피험자 수
X: 각 피험자의 문항 점수
Y: 각 피험자의 총점

그림 5-3. **문항변별도 계산공식**

문항변별도 지수에 의하여 문항을 평가하는 절대적인 기준은 없지만, 에벨(Ebel, 1965)은 검사도구의 신뢰도와 관련하여 〈표 5-18〉과 같은 기준을 설정하고 있다.

표 5-18. **고전검사이론에 따른 문항변별도**

문항변별도 지수	문항평가
.10 미만	변별력이 없는 문항
.10 이상~.20 미만	변별력이 매우 낮은 문항
.20 이상~.30 미만	변별력이 낮은 문항
.30 이상~.40 미만	변별력이 있는 문항
.40 이상	변별력이 높은 문항

문항변별도가 .20 미만인 문항은 수정하거나 제외해야 할 문항이며, 특히 문항변 별도가 음수인 문항은 나쁜 문항이므로 검사에서 제외하여야 한다. 문항의 변별도가 높으면 검사도구의 신뢰도가 높아진다.

(3) 문항추측도

어떤 능력을 측정하는 문항이 있을 때, 문항의 답을 맞힌 피험자 중에는 해당 능력이 없음에도 불구하고 추측에 의해 문항의 답을 맞추는 피험자가 있다. 고전검사이론에서 문항추측도는 확률이론에 의해 추측을 한 피험자 수와 추측하여 문항의 답을 맞힌 피험자 수를 추정하여 계산한다. 즉, 문항추측도는 문항의 답을 모르고 추측으로 문항의 답을 맞힌 피험자의 비율로 〈그림 5-4〉의 공식에 의해 추정한다.

$$P_{G_R} = (\frac{W}{Q-1})/N$$

P_{G_R}: 문항추측도
W: 문항의 답을 맞히지 못한 피험자 수
Q: 답지 수
N: 총 피험자 수

그림 5-4. **문항추측도 계산공식**

(4) 문항교정난이도

문항난이도는 총 피험자 중 문항이 답을 맞힌 피험자의 비율이라고 하였다. 여기에는 추측하여 문항의 답을 맞힌 피험자의 비율도 포함되어 있으므로 이를 제거해야 한다. 즉, 문항난이도에서 문항을 답을 추측하여 맞힌 피험자의 비율인 문항추측도를 제거한 난이도를 문항교정난이도라고 하며, 계산공식은 〈그림 5-5〉와 같다.

$$P_C = P - P_{GR}$$

단, P_C = 문항교정난이도
P = 문항난이도
P_{GR} = 문항추측도

그림 5-5. **문항교정난이도 계산공식**

(5) 오답지매력도

선택형 문항에서 답지의 구성은 문항의 질에 큰 영향을 미칠 뿐만 아니라 고등정신 능력 측정에도 영향을 준다. 오답지의 매력도(attractiveness of distractors)란 선택형 문항의 경우 피험자가 오답지도 정답처럼 보여 선택할 가능성을 의미하며 오답지에 대한 응답비율에 의해 결정된다(박도순 외, 2007). 답지들이 그럴듯하고 매력적일 때는 문항이 어려워지고, 답지들이 매력적이지 않을 때는 5지 선다형 문항이 4지 선다형 또는 3지 선다형 문항으로 변하게 된다. 따라서 선택형 문항에서 답지에 대한 분석은 문항의 질을 향상시키는 중요한 작업이다. 오답지매력도에 대한 계산 공식은 〈그림 5-6〉과 같다.

$$P_O = \frac{1-P}{Q-1}$$

P_O: 답지 선택 확률
P: 문항난이도
Q: 보기 수

그림 5-6. **오답지매력도 계산공식**

각 오답지들이 매력적인지, 매력적이지 않은지는 각 오답지에 대한 피험자의 응답비율로 결정이 되는데, 오답지에 대한 응답비율이 오답지의 매력도 보다 높으면 매력적인 답지, 오답지의 매력도 보다 낮으면 매력적이지 않은 답지로 판단한다. 실제 응답자료를 가지고 답지들이 매력적인지 아닌지를 분석해 본 후 매력적이지 않은 답지들은 좀 더 그럴듯하고 매력적으로 수정한다면 문항의 양호도를 높일 수 있다(성태제, 2005).

2) 문항반응이론에 의한 문항분석

고전검사이론에 기초한 문항난이도, 문항변별도, 문항반응분포, 문항교정난이도 및 오답지매력도는 검사 총점에 의해 분석되고, 집단과 검사에 의해 해석이 달라지는 등의 문제점이 있다. 이 문제점을 극복하는 대안으로 제시된 이론이 문항반응이론이다. 문항반응이론은 문항이 각각 불변하는 고유한 속성을 지니고 있기 때문에 그 속성을 나타내는 문항특성곡선[5]에 근거해 문항을 분석하는 검사이론이다(서미성, 2009).

(1) 문항난이도

문항반응이론에서 문항난이도는 문항의 답을 맞힐 확률이 0.5에 해당하는 능력 수준을 의미한다. 문항반응이론에서 문항난이도는 문항특성곡선이 어디에 위치하여 기능하는가와 연관된다. 문항난이도는 일반적으로는 −2.0~+2.0 사이의 값을 갖고, 값이

---

5) 문항반응이론의 모형은 특정 문항에 대하여 피험자의 능력과 능력에 따라 문항의 정답을 맞힐 확률 간의 관계로 정의된다. 이 둘의 관계를 표현한 그래프를 문항특성곡선이라고 한다. 즉, x축은 피험자의 능력, y축은 문항의 정답을 맞힐 확률을 의미하며, 둘 사이의 관계는 로지스틱 함수로 정의된다.

해당 모형을 구성하는 모수로는 보통 세 가지가 활용되며, 각각에 대한 설명은 다음과 같다.

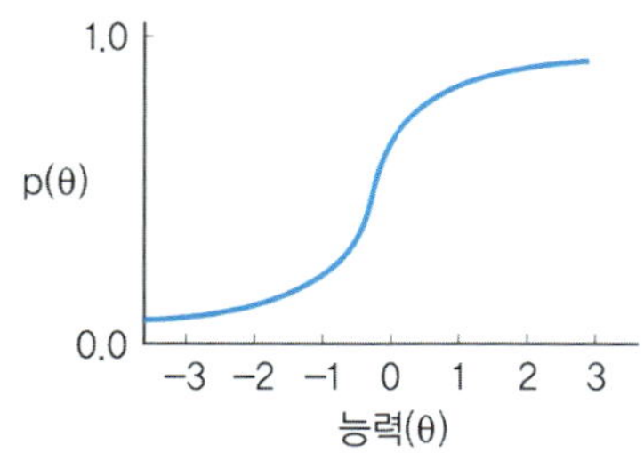

- 변별도 모수(a 모수): 개개의 문항이 검사에서 총점이 낮은 피험자와 높은 피험자를 구분해 주는 정도를 나타낸다. 문항특성곡선에서는 특정 난이도 지수(피험자의 능력 지수)에서의 기울기로 표현된다. 해당 난이도 지수 구간에서의 기울기가 더 크면, 해당 문항은 그 난이도 지수 부근에서 능력 수준이 높고 낮은 피험자들을 더 잘 구분하는 문항이라고 볼 수 있게 된다.
- 난이도 모수(b 모수): 문항이 쉽고 어려운 정도를 뜻한다. 주로는 특정 문항을 정답 할 확률이 0.5가 되는 지점에 해당하는 피험자의 능력 수준을 일반적으로 그 문항의 난이도 지수로 사용한다.
- 추측도 모수(c 모수): 문항 안에서 문항의 답을 유추할 수 있는 암시 요소가 많다면, 피험자는 문항의 정답을 확신하지 못하는 상태에서도 문항의 답을 맞힐 수 있게 된다. 이렇게 추측을 통해 정답을 맞히는 사람이 많을 경우, 해당 문항은 피험자의 능력 수준을 정확하게 파악하는 데 기여하지 못하게 된다. 따라서 추측도가 비정상적으로 높게 나오는 문항의 경우에는 해당 문항은 수정/개선하거나 삭제할 필요가 있다. 일반적인 문항의 추측도는 [1 / (답지의 수)]보다 낮은 확률을 나타낸다. 문항특성곡선에서는 특정 로지스틱 함수의 아래 구간에서 정답 할 확률이 특정 수치로 수렴하는 곳이 해당 문항의 추측도가 된다.

커질수록 어려운 문항으로 평가한다. 또한 문항반응이론에서 문항은 응답하는 피험자의 특성에 따라 변화하지 않는 고유의 특성을 가지고 있으며, 피험자의 능력 또한 어떠한 문항으로 구성되었는지에 상관없이 불변하는 특성을 가지고 있다고 전제한다. 문항난이도의 언어적 표현에 대응되는 문항난이도 지수에 대한 명확한 기준은 없지만 일반적으로 〈표 5-19〉와 같이 분류할 수 있다(성태제, 2005; Baker, 1985).

표 5-19. **문항반응이론에 따른 문항난이도**

문항난이도 지수	문항평가
−2.0 미만	매우 쉽다
−2.0 이상~−0.5 미만	쉽다
−0.5 이상~+0.5 미만	중간이다
+0.5 이상~+2.0 미만	어렵다
+2.0 이상	매우 어렵다

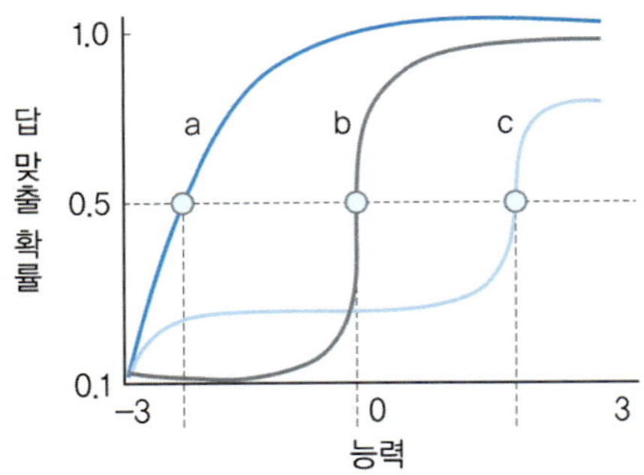

위의 그래프에서 제일 왼쪽 곡선(a)에 해당하는 문항은 답을 맞힐 확률 50% 지점이 낮은 능력수준에 위치한다. 이 문항은 능력이 낮은 학생도 50% 확률로 답을 맞히므로 난이도가 낮은 쉬운 문항이다. 이에 비해 제일 오른쪽 곡선(c)에 해당하는 문항은 답을 맞힐 확률 50% 지점이 높은 능력수준에 위치한다. 이 문항은 능력이 높은 학생이 50% 확률로 답을 맞히고, 능력이 낮은 학생은 그 이하의 확률을 가지므로 난이도가 높은 어려운 문항이다.

(2) 문항변별도

문항반응이론에서 문항변별도란 문항난이도를 나타내는 피험자의 능력 수준보다 낮은 능력의 피험자와 높은 능력의 피험자를 변별하는 정도를 나타낸다. 따라서 문항난이도를 나타내는 점에서 문항특성곡선의 기울기가 가파를수록 문항변별도가 높은 것으로 볼 수 있다. 일반적으로 문항변별도 값은 0에서 +2.0의 범위에 있고 지수가 높을수록 좋은 문항이다. 만약 문항변별도가 음수 값을 갖게 되면, 그 문항은 피험자의 능력이 높아질수록 문항의 답을 맞힐 확률이 낮아지기 때문에 문항을 검사에서 제외해야 한다. 일반적으로 정규오자이브 모형과 로지스틱 모형을 이용하여 문항변별도를 계산한다. 문항변별도의 언어적 표현에 대응하는 문항변별도 지수의 범위는 〈표 5-20〉과 같다(성태제, 2005).

표 5-20. **문항반응이론에 따른 문항변별도**

정규오자이브 모형	로지스틱 모형	언어적 표현
.00이하	.00	없다
.00 초과~.20 미만	.00 이상~.35 미만	거의 없다
.20 이상~.39 미만	.35 이상~.65 미만	낮다
.39 이상~.80 미만	.65 이상~1.35 미만	적절하다
.80 이상~1.00 미만	1.35 이상~1.70 미만	높다
1.00 이상	1.70 이상	매우 높다
+∞	+∞	완벽하다

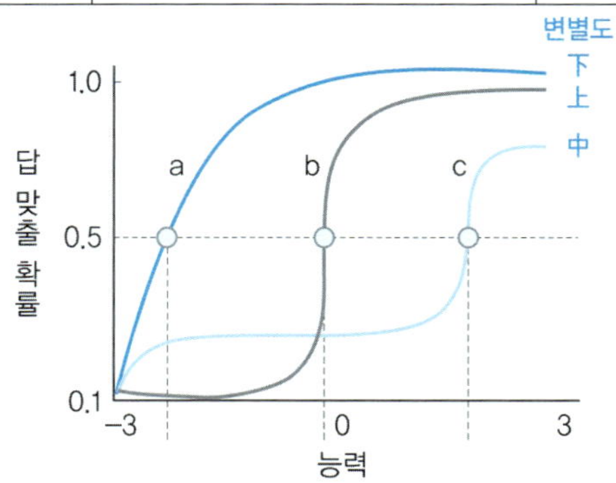

위의 그래프에서 제일 왼쪽 곡선(a)에 해당하는 문항은 답을 맞힐 확률 50% 지점의 기울기가 상대적으로 완만하다. 이에 비해 가운데 곡선(b)에 해당하는 문항은 답을 맞힐 확률 50% 지점의 기울기가 수직으로 제일 가파르다. 따라서 제일 왼쪽 곡선(a)의 문항은 변별도가 제일 낮으며, 중간 곡선(b)의 문항의 변별도가 제일 높은 문항이다.

(3) 문항추측도

문항반응이론에서 문항추측도는 실제 시험에서 능력이 전혀 없는 학생은 문항의 답을 전혀 맞히지 못해야 하는데도 추측에 의해 문항의 답을 맞힐 수 있는 경우를 말한다. 따라서 문항특성곡선에서 능력이 전혀 없는, 즉 능력이 $-\infty$에 있는 학생이 문항의 답을 맞힐 확률을 말하며, 이론적으로는 문항추측도 수치는 0이지만 실제 시험상황에서는 어느 정도의 수치가 나타날 수 있다. 일반적으로 문항추측도의 범위는 0에서 1사이이다. 문항추측도는 값이 클수록 좋지 않은 문항으로 평가한다.

3) 고전검사이론과 문항반응이론의 비교

지금까지 살펴본 문항분석이론의 고전검사이론과 문항반응이론의 분석방법, 장단점을 살펴보면 〈표 5-21〉과 같다.

표 5-21. 고전검사이론과 문항반응이론의 비교

구분	고전검사이론	문항반응이론
분석방법	• 출제된 문항의 양호도를 검증하기 위한 이론으로 시험에 적절한 난이도와 높은 변별도인 문항이 양질의 문항이라고 가정 • 피험자가 출제된 문항 중에 몇 문항을 맞추었는지, 출제된 문항에 응답한 사람 중에 몇 사람이 정답을 맞혔는지를 분석	• 피험자 집단의 특성에 관계없이 문항마다 하나의 문항특성곡선을 그리게 되어 문항특성불변성 개념을 유지 • 검사의 난이도에 관계없이 일관성 있게 피험자의 능력 추정 • 정규오자이브 모형, 로지스틱 모형
장점	• 산출방법이 간단하고 쉬움	• 정확한 측정이 가능하고 학생들의 변별이 보다 정밀 • 상황에 따라 문항의 특징이나 피험자의 능력점수가 변하지 않아 자격증 시험 등에 적절

구분	고전검사이론	문항반응이론
단점	• 문항의 고유한 특성이 피험자 집단의 특성에 의한 변화 · 피험자 능력이 검사도구의 특성에 따라 달리 추정 • 피험자들의 능력을 비교할 때, 총점에 근거하므로 정확성이 결여	• 고도의 수학적인 방법을 사용하므로 계산이 복잡하고, 산출방법이 어려움

Chapter

06

과정중심평가와 성취평가제

배울 내용

1. 과정중심평가
2. 성취평가제

학습 목표

1. 과정중심평가의 개념 및 특성을 이해하고 평가방법을 숙지한다.
2. 성취평가제의 개념 및 특성을 이해하고 평가방법을 숙지한다.

Chapter 06

과정중심평가와 성취평가제

1. 과정중심평가

과정중심평가는 암기를 통해 정답을 찾고 학습한 내용을 확인하는 기존의 시험 형태인 '결과중심평가[1]'에 대응하는 개념으로 등장하게 되었다. 본격적으로는 국가 수준의

1) 결과중심평가에서 평가자들은 학기 초에 계획된 교과 진도와 시험출제 범위 그리고 평가의 비율을 기준으로 학습자의 학습결과를 측정하는 것이 주된 목적이다. 평가자들은 평가의 근본적인 문제, 즉 '왜 평가를 해야 하는가? 평가의 목적은 무엇인가? 평가자는 시험에서 무엇을 묻고자 하는가? 학습자들은 이 시험을 통해서 무엇을 획득할 수 있는가? 평가자는 학습자의 어떤 능력을 끌어내기 위해서 어떤 평가를 하는가? 학습자들은 이 평가에서 무엇을 어떻게 반응할 것인가? 평가의 목적과 목표에 이르기 위해서 평가자는 수업과 관련하여 문제 장면을 어떻게 선정하고 어떤 문항제작절차를 따라야 하는가?' 등 수업과 평가의 목적이나 목표에 대한 질문이 과정중심평가와는 질적으로 다르다. 결과중심 평가모형은 대개 다음과 같다.

- 연간 학기별 평가를 시행할 일시와 범위를 정하여 학습자에게 공지한다.
- 일정에 따라 평가자는 정해진 범위 내에서 평가의 문제를 출제한다.
- 학습자는 정해진 시간과 장소에서 기출제된 평가를 제한된 시간 내에 실행한다.

문서인『2015 문 · 이과 통합형 교육과정 총론 주요 사항』과『2015 개정 교육과정 총론』 등의 공식 문건들에서 등장하기 시작하였고, 이후 지역교육청 수준의 업무 추진 및 다양한 보고서들에도 본격적으로 사용되었다(신혜진 외, 2017). 과정중심평가는 평가를 학습의 도구로 사용하여 학생의 학습을 돕고 교사의 수업을 개선하는 데에 활용하도록 하는 올바른 방향으로 나아가는 평가 패러다임이라고 할 수 있다(박지현 외, 2018).

1) 과정중심평가의 의미

과정중심평가는 새로운 평가 패러다임에서의 바람직한 방향을 모색하는 과정에서 생겨난 정책적 용어이며, 학교 수준에서 다루는 다양한 평가방법과 유형들을 포괄하는 용어이다(박지현 외, 2018). 구체적으로 이경화 등(2016)은 과정중심평가는 '기존의 평가에서 획기적인 변화를 도모한 것이 아니라, 기존의 수학과 교육과정에서 과정을 중시했던 것에 단지 용어를 붙인 것일 뿐'이라고 주장하였고, 기존의 평가에서 부족했던

- 평가자는 채점기준에 따라 학습자의 내용을 점검하여 잘못된 부분을 교정부호로 표시하거나 고쳐야 할 부분에 첨삭을 하여 채점을 하고 그 결과를 공지한다.

이러한 모형에서는 학습자가 자신의 생각이나 의견을 동료나 교사와 소통하고 공유할 수 없다. 평가자도 학습자가 문제나 주제에 관한 자신의 해결책을 찾고 만드는 동안 어떤 생각을 했으며, 왜 그런 결과물과 해결책이 나왔는지에 대해서는 제시된 텍스트 외에는 알 수 없고 학습자의 핵심역량을 강화하기 위해 개입할 여지도 없다.

표 6-1. 결과중심평가방법과 과정중심평가방법의 비교

구분	결과중심평가방법	과정중심평가방법
세계관	절대주의, 객관주의, 형식주의	상대주의, 주관주의, 구성주의
평가의 본질	의미발견	의미구성 및 창조
평가의 목표	목적목표평가	역량성장평가
평가의 방법	선형적 일회성	반복적 순환과정
평가의 내용	부정 오류 수정, 세부 규칙, 부분, 분절	긍정 발전 독려, 전체 전략, 맥락, 통합
평가의 형식	정확성, 형식성	탐구성, 수행성

요소들을 반대로 과정중심평가에서 강조해야 할 점으로 두고 의미를 탐색하였다. 바람직한 과정중심평가의 방향으로 세 가지를 제시하였는데, 첫 번째로는 학습으로서의 평가가 되어야 하며, 두 번째로 학생의 학습이 바람직하게 형성될 수 있는 형성평가의 성질을 가져야 한다. 세 번째로는 과정중심평가는 진정한 의미의 수행평가 및 다양한 대안적인 평가가 되어야 하며, 이 둘을 포괄할 수 있어야 하고, 단순하게 형식만 달라지는 평가를 지양해야 한다고 주장하고 있다.

이러한 의미 탐색을 바탕으로 과정중심평가를 '수업과 연동된 평가를 실행하고 그 결과를 교수·학습에 반영함으로써 학생의 학습을 돕는 평가'로 정의할 수 있다(이경화 외, 2016). 이처럼 과정중심평가는 점차적으로 그 개념이 명확하게 정의되고 있지만 박정(2017)은 여전히 현장에서는 과정중심평가 관련 용어들을 이해함에 있어서 어려움을 겪고 있으며, 용어들의 개념의 명료화 및 공유가 필요하다고 주장하고 있다.

과정중심평가의 시작점이 되었던 교육부의 문서에서는 과정중심평가는 '교육과정의 성취기준에 기반한 평가계획에 따라 교수·학습과정에서 학생의 변화와 성장에 대한 자료를 다각도로 수집하여 적절한 피드백을 제공하는 평가'라고 정의하고 있으며(한국교육과정평가원, 2017), 임은영 등(2016)는 학습과정에서 학생 간 상호작용 및 사고·행동의 변화에 대해 평가하고 학생성장을 돕도록 하는 학습지향적 평가를 과정중심평가라고 주장한다.

또한 김선희(2016)는 과정중심평가를 '학생의 학습을 돕는 것을 목적으로 수업과 연계된 평가과정을 실시하고, 학생의 학습성장 과정을 토대로 결과를 학생에게 의미 있게 피드백하는 평가'라고 정의하면서, 과정중심평가는 회기적인 평가가 아니라 학생들의 활동 결과보다는 과정에 초점을 둔 평가라고 주장하고 있다.

지금까지 다양한 관점의 정의들을 종합해 보면, 〈그림 6-1〉과 같이 과정중심평가는 평가의 올바른 패러다임을 확장시키고자 하는 것으로, 결과중심평가가 아닌 의미 있는 피드백을 통하여 학생의 성장과정을 확인하고, 교육과정과 교수·학습 및 평가가 분리되어지지 않고 통합된 평가를 실현시키고자 하는 것으로 정의할 수 있다(한국교육과정평가원, 2017).

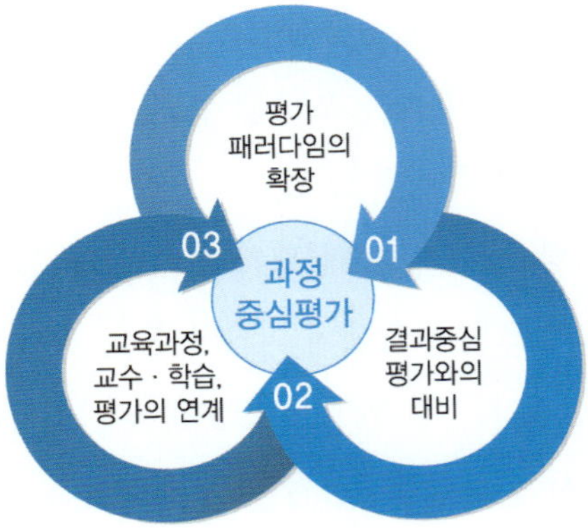

그림 6-1. **과정중심평가의 의미**

이처럼 다양한 연구들을 통하여, 그 의미를 명확하게 정립해 가고 있는 과정중심평가의 특징을 살펴보면 〈표 6-2〉와 같다(한국교육과정평가원, 2017).

표 6-2. **과정중심평가의 특징**

구분	내용
성취기준에 기반을 둔 평가	과정중심평가는 교육과정의 성취기준에 기반을 둔 평가이다.
수업 중에 이루어지는 평가	과정중심평가는 수업 중에 학생의 활동에 대한 평가로서 교수 · 학습과 연계된 평가를 지향한다.
수행과정의 평가	과정중심평가에서는 지식, 기능, 태도가 학습자에게서 어떻게 발달하고 있는지를 파악하기 위해 학습자의 수행과정을 평가대상으로 한다. 이러한 특징을 가장 많이 반영한 평가방법이 수행평가이지만 수행과정은 선택형이나 서답형으로 구성된 지필평가 형식으로도 측정이 가능하기 때문에 과정중심평가에 지필평가를 활용할 수도 있다.

구분	내용
지식, 기능, 태도를 아우르는 종합적인 평가	과정중심평가는 지식, 기능, 태도 등 인지적 영역뿐만 아니라 정의적 영역까지 포함하는 종합적인 평가이다.
다양한 평가방법의 활용	과정중심평가에서는 평가의 목적이나 내용을 고려하고 다양한 평가방법을 활용하여 학생에 대한 다양한 측면을 파악하는 것이 중요하다. 과정중심평가는 평가와 수업이 연계되고, 결과와 과정을 동시에 고려하며, 수업개선에 활용되는 등의 특징을 갖기 때문에 형성적 기능을 강하게 갖는 평가라 할 수 있지만, 이것이 진단과 총괄평가로도 쓰일 수 있는 여지를 갖는다. 학기 · 학년 · 학교급의 여러 층위의 교육기간을 상정할 경우에는 총괄평가가 장기간의 교육 프로그램의 연속선상에서 진단적 기능이나 형성적 기능을 수행할 수도 있고, 학기 중에 수행되는 진단평가나 형성평가의 결과가 학기 말의 총괄평가에 반영될 수 있다는 점에 유의해야 한다.
학습자의 발달과 성장을 위한 평가결과의 활용	학습자의 발달과 성장과정을 관찰함으로써 학습자의 부족한 점을 채워주고, 우수한 점을 심화 · 발전시킬 수 있도록 기여한다.

2) 과정중심평가의 조건과 모델

이상의 연구들에서 고찰한 과정중심평가의 의미를 바탕으로 하여, 과정중심평가를 실제로 수업에 적용을 할 때에 어떠한 방법과 절차에 따라 시행할지에 대해 살펴보면 다음과 같다.

(1) 과정중심평가의 실행을 위한 조건

이인화(2017)는 교실에서 과정중심평가의 실천을 위하여 〈표 6-2〉에서 제시된 과정중심평가의 특징을 바탕으로 다섯 가지 요인을 제시하고 있다. 첫째, 성취기준에 기반을 둔 평가이다. 평가와 학습목표는 일관되어야 하므로, 학습목표를 위한 수업의 성취기준을 명확하게 이해하고 그것을 달성할 수 있는 평가가 되어야 한다. 둘째, 수업 중에 이루어지는 평가이다. 즉, 교수와 학습이 연계된 평가를 의미하며 교실에서 수업 중에 이루어짐으로써 학습자 개인의 사회나 경제적 맥락이나 조건들이 영향을 미칠 가능성이 줄어들게 된다. 셋째, 과제수행과정의 평가가 되어야 한다. 과정중심평가에서의 '과정'을 강조하는 이유는 학습의 목표가 되는 내용들이 학습자에게 어떻게 습득되고 발달되고 있는가를 파악하기 위함이다. 따라서 과제를 수행하는 데 있어 그 과정에 집중할 수 있어야 한다. 넷째, 다양한 평가방법을 활용하도록 해야 한다. 과제의 수행을 위해서는 다양한 지식과 기능, 태도 등이 필연적으로 필요하다. 따라서 이 과정을 평가함에 있어서도 하나의 정해진 평가방법이 아닌 과제를 수행하는 과정 중에 필요한 다양한 평가방법을 사용하는 것이 효과적이다. 마지막으로는 학습자의 성장을 위하여 평가결과를 활용해야 한다는 것이다. 과정중심평가가 추구하는 '학습을 위한 평가'를 위하여 학생들을 도울 수 있는 평가가 되어야 한다는 것이다. 즉, 학생들의 부족한 점을 확인하여 피드백을 해주고, 우수한 점은 심화 및 발전시키도록 하여야 한다는 것을 강조하고 있다.

강현영 등(2018)은 과정중심평가를 위한 고려 조건으로 현재 교육과정에 대한 이해를 기반으로 한 성취기준의 교수학적 분석, 학생들의 학습상태를 알 수 있는 과제 설계, 교사와 학생 및 학생과 학생 사이의 상호작용이 활발하게 일어날 수 있는 수업 설계의 세 가지를 주장하였다. 이와 비슷한 맥락으로 이경화 등(2016) 또한 〈표 6-3〉과 같이 과정중심평가의 실행을 위한 조건을 세 가지로 주장하고 있다.

표 6-3. 과정중심평가 실행을 위한 조건

구분	내용
학생들의 학습상태를 파악할 수 있는 과제 설계	• 성취도 도달 여부의 파악보다 학생의 현재 학습상태와 사고방식을 보여 주는 역할 • 다양한 사고와 해법이 가능한 과제 · 답을 얻게 된 이유 · 다양한 전략에 초점

구분	내용
교사와 학생, 학생과 학생 간의 상호작용이 일어나는 수업 설계	• 평가는 수업의 과정에서 교사와 학생의 상호작용 속에서 이루어져야 함 • 학생의 사고과정 파악을 위한 상호작용이 중요
학생의 학습향상에 도움이 되는 적절한 피드백	• 피드백은 교사의 직접적 설명보다는 학생의 반성을 유도하는 질문 형식이 더 적합 • 학생의 수학적 사고에 주목, 이를 해석하여 적절한 피드백 제공 • 교사뿐만 아니라 동료 학생들 또한 피드백 제공 가능

첫째, 학생들의 학습상태를 파악할 수 있는 과제를 설계할 수 있어야 하는데, 결과중심평가에서 강조하는 성취도 도달 여부를 파악하는 것보다 학생의 현재 학습상태나 방식을 보여 줄 수 있는 과제가 좋은 과제이다. 또한 단순한 답을 내는 과제보다는 다양한 사고나 해결방법이 가능한 과제, 다양한 상호작용을 필요로 하는 과제가 좋은 과제라고 할 수 있다. 둘째, 수업 구성원의 다양한 상호작용이 일어나는 수업을 설계하여야 한다. 사회적 구성주의의 관점에서 평가는 학생들이 달성한 바를 확인하기보다는, 교사의 도움이나 동료와의 협동 등의 상호작용을 통하여 그들이 어떤 것을 달성하거나 혹은 달성할 준비가 되었는지를 확인하는 것이 중요하다(이봉주 외, 2010). 셋째, 과정중심평가의 실행을 위해 학생들의 학습요구에 맞는 피드백이 필요하다. 교사가 학생들에게 적절한 피드백을 통하여 학생의 생각을 설명할 수 있게 하고, 학생의 반성을 유도하면 이는 수업에 큰 도움이 될 수 있다. 그리고 피드백을 제공하는 주체는 교사만이 아닌 동료 학생들 또한 가능하며, 이는 교사가 한정된 시간 안에 모든 학생들에게 피드백을 주기에는 다소 어려운 일반적인 수업 환경에서 좋은 대안이 될 수 있다는 것이다(이경화 외, 2016).

(2) 과정중심평가 모델

앞에서 기술한 과정중심평가의 실행을 위한 세 가지의 조건이 만족되었을 때에 가능한 과정중심평가의 구체적인 실행 모델은 〈그림 6-2〉와 같다. 수업을 준비하기 전에 시작되는 교사의 활동부터 하나의 평가활동이 될 수 있으며, 이러한 입장에서 살펴본다면 과정중심평가는 수업과 연계되어 진행되어야만 하고, 수업과 평가가 자연스럽게 통합됨을 알 수 있다(이초롱, 2019).

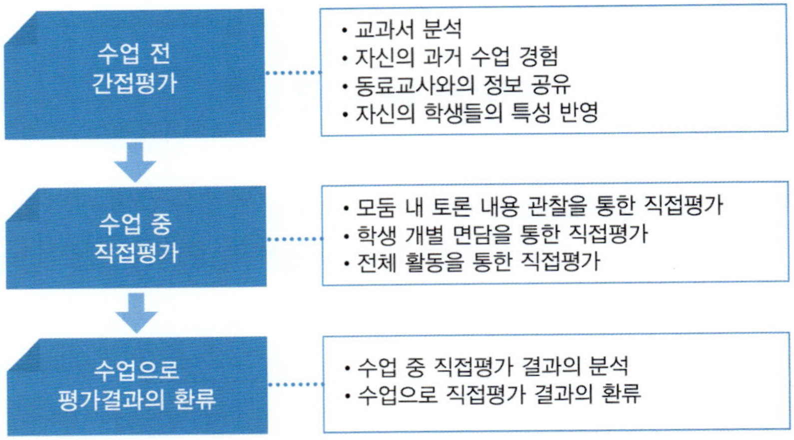

그림 6-2. **과정중심평가 모델**

먼저 수업에서 사용할 활동과 과제의 계획을 위하여 교사는 수업 전에 교과서를 분석하고, 자신의 과거 수업 경험과 동료교사와의 정보 공유를 참고하고, 가르칠 학생들만의 특성까지 고려하여 학생들의 수업활동 중 보일 사고와 처할 어려움 등을 예상하며 수업을 준비한다. 즉, 수업 전에 교사 차원에서 이루어지는 간접평가를 통해 이를 수업에 반영하는 것이라고 할 수 있다. 그리고 이를 토대로 수업을 구성하고 진행하는데, 수업 중 이루어지는 모둠 내 토론활동이나 교사와 학생의 간단한 개별적인 대화(면담), 전체 활동 등은 학생에게는 학습이지만 교사에게는 교수인 동시에 평가가 된다. 이렇게 수업 중에 시행된 수업 중 직접평가의 결과를 분석하고, 이를 다음 수업으로 결과를 환류하며 또 다음 수업의 간접평가 대상이 되어 수업으로 평가결과를 환류한다. 이러한 과정을 거쳐 수업 전 평가와 수업 중 평가가 지속적으로 상호작용하며 수업과 평가가 동시에 이루어지고 학생들의 학습향상을 돕게 된다(한국과학창의재단, 2017).

3) 과정중심평가의 방법

결과중심평가 방법의 단점과 한계에 대한 극복 운동으로 나타나기 시작한 것이 과정중심평가 방법이다. 과정중심평가는 학습과정을 거쳐서 결과물을 산출하기까지 학습자들이 수행한 인지 · 사회적 활동과정을 중시한다. 즉, 학습자에게 평가에 의한 의사소통의 목표와 목적을 이해하게 하고, 학습자로 하여금 스스로 성취기준에 도달하기 위해 전략을 꾸미고, 그 과정에서 교수 · 학습이 발생하며 수업이 학습자의 역량을 강화하는 형성적 기능을 수행한다(김성숙 외, 2015). 과정중심평가는 교수 · 학습과 평가의 과정을 단순히 오류를 제거하고 교정하는 일차적 순환과정을 반복하는 것 이상을 수행한다. 예를 들어, 학습자는 자신에게 주어진 주제나 해결해야 할 문제에 대해 분석을 하는 과정에서 그 주제나 문제에 대한 기본 지식이 충분치 않다면 배경 지식에 대한 교수 · 학습이 교실 내에서 팀동료들과 함께 이루어지고, 그 기본 지식으로 문제를 분석하고 해결책을 찾아간다. 해결책을 구안하는 과정에서도 계속해서 협업과 지원을 통해서 자신의 해결책을 서술하여 초안을 만든다. 초안을 만든 후에 팀동료 및 교사와의 토의나 토론을 거쳐서 자신의 해결안을 구체화하고 상세화한다. 이 과정에서 자신의 생각이나 해결안이 문제에 대한 해결책으로 적합하지 않다는 의견이 지배적이면 초안 자체를 전적으로 재평가하여 폐기하고 새로운 배경 지식을 규범으로 하여 또 다른 해결책을 구안한다. 상세안이 문제해결에 적합하다면 평가자의 피드백을 받아서 정교한 해결안을 만들어 간다. 그리고 해결안에 대해 평가자와 동료들과의 상호 소통적 공유를 통해서 완성하거나 실행에 옮긴다.

과정중심평가 방법은 학습자들의 필요에 따라 평가과제를 일치시키려고 하며, 현실적인 문제에 대해 실제 가능한 방식으로 학습자들의 창의적 사고 역량을 자극하고 촉진한다. 그리고 학습자가 자신의 감정이나 생각을 형식에 속박당하지 않으면서 자신의 문제를 스스로 이해하고 문제에 대한 해결안을 만드는 과정과 그 과정에서 팀동료 및 교사와 협력하는 과정에 대하여 평가하는 데 초점을 둔다. 학습자들이 해결 초안들을 고치고 다시 만들고, 또 서로 협력하면서 평가할 수 있는 충분한 과정적 평가활동의 시간을 가진다. 학습자들은 문제에 대한 풀이나 해결책을 만들어 가면서 자신이 나타내고자 하는 의도가 무엇인지 알고 있어야 하며, 자신의 의도를 더 정확하게 표현하기 위하여 평가의 과정마다 평가자와 동료 학습자, 양쪽으로부터 피드백을 받는 과정을 거친다.

과정중심평가 방법을 사용하는 교실에서는 학습자들 간의 개인차를 강조함과 동시에 교수·학습 활동에서 학습자들이 다양한 방식으로 문제의 해결안을 찾아가는 것을 장려하고 촉진한다. 과정중심평가 방법에서는 한 학습자가 여러 가지 문제해결안을 구안할 때에 똑같은 방식으로 평가를 진행하는 것은 아니다. 브라운(Brown, 2001)은 과정중심평가 방법에서의 평가활동은 학습자들이 아이디어를 상호 교환하도록 충분한 기회를 제공하는 것과 더불어 동료 또는 그룹별 생각하기와 동료평가의 활동을 통한 상호작용의 방법을 강조한다. 셀저(Selzer, 1984)도 과정중심평가에서 그 해결안이나 산출물이 나올 때까지의 일련의 과정을 강조한다. 과정중심평가 방법은 일반적으로 〈표 6-4〉와 같다(이초롱, 2019).

표 6-4. **과정중심평가 방법의 요소**

- 문제설정과 문제분석을 시작하기 전에 전체적이고 메타적 관점에서 상위과정과의 일관성을 확인한다.
- 교사는 학습자들에게 학습자 특유의 배경지식을 독려하며 문제해결과정 자체를 강조한다.
- 학습자는 스스로 문제를 해결하여 그 전개하는 과정을 이해한다.
- 학습자들이 학습자 특유의 배경지식을 통한 문제분석, 초기 해결책 구안, 자기환류 등에 대한 전략을 기르도록 도와준다.
- 학습자는 주어진 문제와 주제에 대하여 여러 번 분석하고 해결책을 고안할 충분한 시간을 가진다.
- 학습자는 자신의 해결안을 팀동료와 교사와 함께 논의하고 수정하는 과정을 가진다.
- 평가자는 학습자들이 의도한 해결책을 만드는 중에도 피드백을 제공한다.

2. 성취평가제

성취평가제에 대해 성태제(2011)는 준거에 비추어 학생들이 무엇에 대해 어느 정도 알고 있는지를 사정하는 체제로, 닛코(Nitko, 1980)는 학생의 성취점수를 정해진 준거에 비추어 직접적으로 해석하는 평가체제로 정의하고 있으며, 박은아 등(2013)은 성취평가제를 국가 수준의 교육과정에 근거하여 개발된 교과목별 성취기준을 토대로 교수학습 활동과 평가를 실시하고 학생들이 어느 정도 성취했는가를 A-B-C-D-E, A-B-C, 또는 P로 성적을 부여하는 제도로 정의하고 있다. 공적 문서인 교육부와 한국교육과정평가원(2013)은 성취평가제를 상대적 서열에 따라 '누가 더 잘했는지'를 평가하는 규준참조평가, 또는 상대평가가 아니라 '학생이 무엇을 어느 정도 성취하였는지'를 평가하는 준거참조평가이며, 성취평가제에서는 학생의 학업성취수준을 교육과정에 근거하여 개발된 교과목별 성취기준에 도달한 정도에 따라서 'A-B-C-D-E', 'A-B-C', 또는 'P'로 평가한다고 주장하였다. 즉, 성취평가제에서는 평가의 준거가 되는 성취기준과 성취수준을 사전에 명시하고, 명시된 근거에 따라서 교수 · 학습 활동을 전개한 후, 학생이 성취기준에 도달한 정도에 따라 성취수준을 평가한다. 또한 성취평가제는 제7차 교육과정 시기에 적용되었던 절대평가제와 학습목표에 도달한 정도를 평가한다는 점에서는 유사하지만, 성취기준과 성취수준을 사전에 명시하고 이에 근거하여 학생들의 성취정도를 평정한다는 점에서 차이가 있다.

이러한 견해들을 정리하면, 성취평가제는 교육과정에 따라 성취기준을 개발하고 성취기준에 도달한 정도에 따른 성취수준을 설정하여 학생들에게 학습과 평가의 근거와 방법 그리고 의미를 제공하는 일종의 준거를 기반으로 한 평가체제이다. 교과영역의 평가준거는 국가 교육과정에 근거하여 개발된 교과별 성취기준과 성취수준을 포함한다. 성취기준은 각 교과목에서 학생들이 학습을 통해 성취해야 할 지식, 기능, 태도의 능력과 특성을 진술한 것으로 교수 · 학습 및 평가의 내용적 근거가 되며, 성취수준은 성취기준의 도달 정도를 표시하는 것이라고 할 수 있다(김석우, 2020).

1) 성취평가제의 이해

성취평가제란 상대적 서열에 따라 '누가 더 잘했는지'를 평가하는 것이 아니라 '학생이 무엇을 어느 정도 성취하였는지'를 평가하는 제도로, 교육과정에 근거하여 개발된 교과목별 성취기준에 도달한 정도로 학생의 학업 성취 수준을 평가하는 제도이다(한국교육과정평가원, 2012). 즉, 교육과정, 교수 · 학습과의 긴밀한 연계 속에서 이루어지는 평가이다. 성취평가제 도입은 학생들 간 상대적 서열 중심의 규준참조평가에서, 학생들이 성취해야 할 목표 중심의 준거참조평가로의 전환을 의미한다. 현재 고등학교에서 실시되고 있는 석차 9등급의 상대평가를 교육목표의 달성 수준을 강조하는 성취평가로 대체하고, 중학교의 경우는 성취평가를 강화하고 있다.

성취평가제는 국가 교육과정에 근거하여 개발된 교과목별 성취기준 · 성취수준에 따라 학생의 학업성취수준을 평가한다. 학생들이 학습해야 할 성취기준을 중심으로 수업을 진행한 다음, 가르친 내용 지식과 기능의 습득 정도를 평가한다. 준거참조평가로서의 성취평가의 특징은 〈표 6-5〉, 성취평가의 기본 방향은 〈표 6-6〉, 성취평가와 상대평가와의 비교는 〈표 6-7〉과 같다(김수나, 2012; 한국교육과정평가원, 2012).

표 6-5. 준거참조평가로서의 성취평가의 특징

- 미리 선정된 수행준거에 따라 평가하고 그 결과를 해석한다.
- 수행준거는 교육목표를 뜻하며, 성취목표가 평가의 근거가 된다.
- 구체적인 교육목표(준거)에 근거하여 검사 문항을 제작 · 평가한다.
- 준거는 어떤 일을 수행할 수 있다고 믿는 지식 혹은 기능 수준을 의미하며, 이에 대응하는 분할점수(cut score)을 기준으로 평가결과를 판정한다.

표 6-6. 성취평가의 기본 방향

- 교육은 본래 목표를 추구하는 인간 활동이라고 본다.
- 학생이 무엇을 성취하였는지, 설정된 목표를 달성하였는지에 관심이 있다.
- 대부분의 학생이 기대하는 성취수준에 도달할 수 있다는 신념을 갖고 있다.
- 교육평가의 기능을 교수 · 학습의 과정과 밀접한 관련 속에서 이해한다.

표 6-7. 성취평가와 상대평가와의 비교

구분	성취평가(준거참조평가)	상대평가(규준참조평가)
평가방식	• 사전에 잘 정의된 준거에 비추어 특정 영역의 성취 여부나 정도에 따라 평가함	• 개인이 얻은 점수를 비교집단의 규준에 맞추어 상대적인 서열에 의해 판단하는 평가
목적	• 학생이 무엇을 알고 무엇을 할 수 있는지에 대한 정보 제공	• 개인차 변별 및 상대적인 위치 파악

구분	성취평가(준거참조평가)	상대평가(규준참조평가)
비교 대상	• 준거와 수행	• 개인과 개인
점수 기록	• A–B–C–D–E 등	• 석차 9등급, 과목별 석차
장점 및 단점	• 내용과 과정에 대한 심층적 분석으로 교수 · 학습 개선이 용이 • 협동학습 분위기 조성 • 탐구정신의 발휘와 지적 성취 유발 통한 창의 · 인성을 위한 수업 방식의 활성화 • 경쟁을 통한 외적 동기의 유발 부족	• 상호경쟁으로 발전 유도 • 학습결과 중심으로 평가함에 따라 학습촉진 곤란 및 교수 · 학습 이론 부적절 • 집단 내 지나친 배타적 경쟁을 유발하여 인성교육에 부적절 • 학생들 간의 협동학습을 통한 나눔과 배려 학습경험 저해 • 교육의 질적 수준 분석이 어려움

2) 성취평가제의 구성요소

(1) 성취기준

① 성취기준의 의미

성취기준은 각 교과목에서 학생들이 학습을 통해 성취해야 할 지식, 기능, 태도의 능력과 특성을 진술한 것으로 교수 · 학습 및 평가의 실질적인 근거가 된다. 성취기준은 교사가 무엇을 가르치고 평가해야 하는지, 학생이 무엇을 공부하고 성취해야 하는지에 관한 실질적인 지침이 된다. 다시 말해 성취기준이란 국가 교육과정에 제시되어 있는 과목별 목표와 내용이 뜻하는 바를 구체적으로 한정하고 그 내용을 어느 정도의 범위와 깊이로 다루어야 할지를 분명히 하며 거기에 포함된 의미를 학생들이 달성해야 할 능력과 특성의 형태로 진술하여 교사와 학생들에게 그들이 무엇을 가르치고 무엇을 배워야 하는지를 명료하게 제시한 것이라고 할 수 있다(백순근 외, 1998). 이는 곧 “일련의 수업을 통하여 학습자가 달성해야 할 행동이나 내용"인 '수업목표'와 유사하다고 볼 수 있다. 수업목표는 수업의 내용과 대상에 따라 그 수준이 달라지며 몇 가지의 원리와 기준에 따라 설정되는데, 설정된 수업목표는 수업의 방향을 결정해 주고 수업할 내용을 선정하고 조직하는 출처이자 기준이 되며 수업의 결과를 평가하는 준거가 된다. 이러한 목표는 다른 사람들이 그 목표를 보고 그것이 무엇을 의미하는지, 그리고 학생들이 그 목표에 도달할 수 있는지에 대해 동의할 수 있을 정도로 상세화시켜야 한다(김경자, 2000). 성취기준에 대한 예시는 〈표 6-8〉과 같다(김수나, 2012; 한국교육과정평가원, 2012).

표 6-8. **성취기준 예시**

- 지형, 기후에 관한 지리적 정보를 조사하여 우리 지역의 자연적 특성을 이해한다.
- 조선 후기 문화의 새로운 변화를 사례 중심으로 파악한다.
- 함수의 개념을 이해한다.
- 물질의 상태에 따른 분자 배열의 차이를 비교할 수 있다.
- 어조나 억양을 통해 화자의 심정을 파악한다.

② 성취기준의 개발

단위 학교의 성취기준은 국가 수준에서 제공하는 성취기준을 참고하여 마련하게 된다. 단, 국가 수준에서 제공하는 성취기준을 활용할 수 없는 경우, 단위 학교가 교육과정의 교과목별 목표 및 내용을 토대로 개발하여 사용한다. 〈표 6-9〉는 성취기준을 개발할 때 고려해야 할 사항이다.

표 6-9. **성취기준의 개발 시 고려사항**

- 교과 교육과정의 내용을 근간으로 하여 무엇을 성취할 것인가를 명시하기 위해 가급적 '~할 수 있다'의 형식으로 진술함으로써 '도달점 행동'이 드러나도록 한다.
- 교육과정의 내용이 교수·학습 및 평가의 단위로 적절한지 검토하여 지나치게 포괄적이거나 상세한 경우에는 분리하거나 통합하여 재구성한다.
- 내용 성취기준이 학년이 높아 감에 따라 수준의 위계가 나타나도록 진술되었는지 검토하여 교과 내 성취기준 간의 위계가 드러나도록 진술한다.
- 교수·학습 활동의 현실적 실천가능성을 고려하여 모호하지 않고 구체적인 내용을 담고 있으면서도 어법에 맞도록 명확하게 진술한다.
- 교육과정의 내용에 비하여 학습량이 많아지거나 내용수준이 높아지지 않도록 수준과 양을 적정화하여야 한다.

(2) 성취수준

① 성취수준의 의미

성취수준은 학생들이 교과목별 성취기준에 도달한 수준을 나타내는 것으로, 성취기준에의 도달 정도를 몇 개의 수준으로 구분하고 각 수준별 학생들의 지식, 기능, 태도의 특성을 설명한 것이다. 성취수준은 과목 특성에 따라 성취기준 단위의 성취수준(상, 중, 하)과 학기 단위의 성취수준(A-B-C-D-E 등)으로 구분된다. 성취수준은 교수·학습 및 평가의 참고자료로서 수준별 수업운영이나 평가문항제작, 서술형 평가문항 및 수행평가의 채점기준 개발 시 활용할 수 있다. 성취기준 단위의 성취수준(상, 중, 하)에 대한 일반적 특성은 〈표 6-10〉, 성취기준 단위의 성취수준의 예는 〈표 6-11〉, 학기 단위의 성취수준(A-B-C-D-E)에 대한 일반적 특성은 〈표 6-12〉와 같다(김수나, 2012).

표 6-10. **성취기준 단위의 성취수준(상, 중, 하)에 대한 일반적 특성**

성취수준	내용
상	성취기준에 제시된 지식이나 기능 및 태도에 대한 이해와 수행이 우수한 수준
중	성취기준에 제시된 지식이나 기능 및 태도에 대한 이해와 수행이 보통인 수준
하	성취기준에 제시된 지식이나 기능 및 태도에 대한 이해와 수행이 미흡한 수준

표 6-11. 성취기준 단위의 성취수준[2] 의 예

성취기준	평가기준 → 성취수준		
	상	중	하
933[3]. 선진국과 개발도상국에서 나타나는 환경문제를 비교하고 사례를 통해 차이가 나타나는 이유를 파악한다.	경제 성장의 차이에 따라 서로 다른 환경문제가 나타나는 이유를 설명하고, 이와 같은 문제의 해결방안을 제시할 수 있다.	선진국과 개발도상국에서 나타나는 환경문제의 사례를 들고, 각각의 차이점을 설명할 수 있다.	선진국과 개발도상국에서 서로 다른 종류의 환경문제가 나타날 수 있음을 알 수 있다.

표 6-12. 학기 단위의 성취수준(A–B–C–D–E)에 대한 일반적 특성

성취수준	내용
A	한 학기 동안 학생들이 충실한 교수 · 학습 과정을 통해 성취하기를 기대하는 전체 성취기준에 대한 이해와 수행이 매우 우수한 수준
B	한 학기 동안 학생들이 충실한 교수 · 학습 과정을 통해 성취하기를 기대하는 전체 성취기준에 대한 이해와 수행이 우수한 수준
C	한 학기 동안 학생들이 충실한 교수 · 학습 과정을 통해 성취하기를 기대하는 전체 성취기준에 대한 이해와 수행이 보통 수준
D	한 학기 동안 학생들이 충실한 교수 · 학습 과정을 통해 성취하기를 기대하는 전체 성취기준에 대한 이해와 수행이 다소 미흡한 수준
E	한 학기 동안 학생들이 충실한 교수 · 학습 과정을 통해 성취하기를 기대하는 전체 성취기준에 대한 이해와 수행이 미흡한 수준

② 성취수준의 개발

성취중심의 학사관리로 중 · 고교의 교육력 제고를 위해 도입된 성취평가제는 학생들 간의 무한경쟁을 탈피하고, 성취수준에 적합한 다양한 학습이 가능하게 해 준다. 또한 성취평가제의 도입은 창의 · 인성을 위한 교육과정, 성취중심의 공정한 학사관리,

2) 기존에는 성취기준 단위의 성취수준은 '평가기준'이라 칭해 왔으나, 이 용어가 가리키는 내용에 더 부합하는 학문적 용어인 '성취수준'으로 명칭을 변경하였다.

3) 933의 '9'는 학년, '3'은 세 번째 영역, 즉 3단원 그 다음의 '3'은 세 번째 중 영역 3단원의 작은 (3)단원을 의미한다.

공교육 중심 입시 정착을 통해 학교교육의 경쟁력 강화를 도모하고자 한다. 성취수준의 개발 시 고려해야 할 사항은 〈표 6-13〉과 같다.

표 6-13. **성취수준 개발 시 고려해야 할 사항**

- 성취수준에 대한 일반적 정의를 바탕으로 상, 중, 하 수준의 일반적 특성과 교과별 특성을 반영하여 진술하되 성취수준을 진술할 때에 수행을 명확히 판단할 수 있는 외현적 행동동사를 사용한다.
- 각 성취수준별 전형적인 특성을 제시하며, 지식과 기능, 태도의 깊이와 범위 등에 따라 각 수준 간 위계가 드러나도록 진술한다. 성취수준 간 특성을 구분할 때 지식의 깊이, 수행의 정도 등의 관점에서 이해와 수행의 진전 정도를 표현한다.
- 교육과정에 제시된 내용에 비하여 수준이 높아지거나 학습량이 많아지지 않도록 성취수준에 대한 특성을 제시한다. 보통의 학생들이 교육과정 기준에 따라 충실히 학교교육을 받은 경우 성취수준의 '중' 이상을 획득할 것으로 가정하여 진술해야 한다.
- 학기단위의 성취수준은 한 학기 전체 성취기준을 포괄하는 수준에서 전반적인 이해와 수행 특성을 진술한다.

3) 성취평가 도구의 개발

단위 학교에서 성취평가제를 적용하여 학생들의 학업성취도를 평정하기 위한 단계는 〈표 6-14〉와 같다.

표 6-14. **성취평가제에 의한 학생평가 절차**

단계	주요활동	구체적 사항
1. 평가계획	성취기준 및 성취수준 작성	• 교과별 성취기준, 성취기준 단위의 성취수준(상, 중, 하) 작성 • 교과별 성취수준(A–B–C–D–E) 등 기술
2. 평가도구 제작 계획	이원목적 분류표 작성	• 이원목적분류표에 평가할 성취기준 및 성취수준을 제시 • 성취기준의 특성을 고려하여 평가방법 및 문항의 유형 선택 · 성취기준의 중요도 및 문항 난이도를 고려하여 배점

단계	주요활동	구체적 사항
3. 평가도구 제작	평가도구 제작	• 이원목적분류표의 출제 계획의 성취기준에 부합하는 문항 출제 • 성취수준기술 내용을 토대로 성취도를 변별할 수 있는 문항 구성 • 공동 검토를 통한 평가도구의 타당도 제고
4. 평가실시 및 결과 처리	평가실시 및 채점	• 교과별 평가계획에 부합하는 지필평가 및 수행평가 실시 • 서술형 평가와 수행평가의 채점기준을 보다 명료화하여 객관성 확보 • 서술형 평가와 수행평가의 채점기준 공개
5. 평가결과 처리	평가결과 처리	• 지필평가와 수행평가의 반영비율에 따라 성적 산출 • 교과목별 기준 성취율[4]에 따라 학생의 성취도 평정 • 학생별 성취수준에 따른 피드백

(1) 평가계획 단계

성취평가제에서는 교과 교육과정에 기반한 성취목표인 성취기준에의 도달 정도를 평가하므로, 단위 학교는 교과별 교육과정, 국가 수준에서 개발 · 보급한 성취기준 · 성취수준 자료 등을 참고하여 교과협의회를 거쳐 교과목별 평가계획을 수립하여 평가도구를 제작한다. 평가계획에는 평가의 목적, 지필평가와 수행평가 반영비율, 수행평가 계획 등의 내용을 포함하여 제시한다. 수행평가 계획에는 평가방법, 실시횟수, 평가시기, 평가방법 등을 포함한다.

(2) 평가도구 제작 단계

① 일반적 제작단계

학생들의 학업성취도를 평가하기 위하여 일반적으로 〈그림 6-3〉과 같은 절차에 의해 평가도구를 제작한다.

4) 국가수준 교육과정 목표에 달성한 정도가 90% 이상이면 A, 80% 이상~90% 미만이면 B, 70% 이상~80% 미만이면 C, 60% 이상~70% 미만이면 D, 60% 이하면 E로 정함.

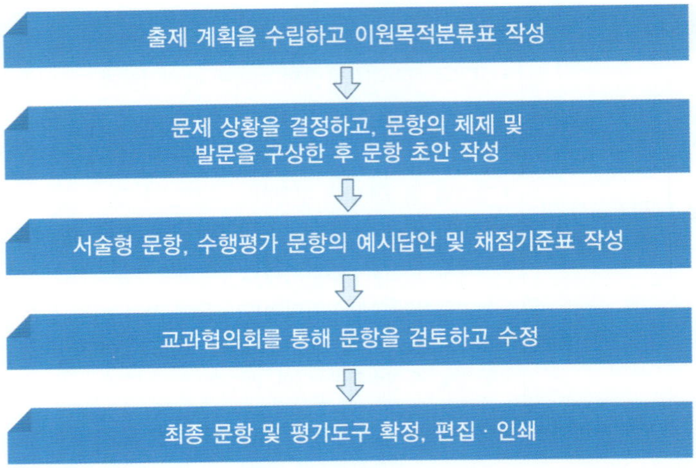

그림 6-3. **평가도구 제작 절차**

② 이원목적분류표 작성

평가계획을 토대로 평가도구를 제작하기 전에 평가도구 개발을 위한 계획서인 이원목적분류표를 미리 작성한다. 이원목적분류표는 평가내용(내용영역)과 평가영역(행동영역), 난이도, 배점, 문항유형 등이 포함되어 있다. 성취평가제는 성취기준에의 도달 정도를 평가하므로 이원목적분류표에 성취기준을 포함하여 제시한다. 이원목적분류표는 평가도구를 구성하는 개별 문항들의 제작 지침이 된다.

문항의 유형은 측정하고자 하는 능력의 특성, 제작의 용이성, 채점의 용이성과 객관성 등을 참고하여 결정한다. 평가하고자 하는 내용과 행동을 측정하기에 가장 적합한 문항 유형을 정할 때 성취기준의 행동 동사를 보면 어떤 형태의 문항이 더 적합한지 추정할 수 있다. 상대평가에서는 학생들의 서열이 잘 나타날 수 있도록 문항의 난이도를 적절하게 배합하여 평가도구를 구성하는 것이 필요하지만 성취평가제에서는 성취기준의 달성 여부를 측정할 수 있는 문항을 출제하는 것을 우선적으로 고려해야 한다.

성취기준 단위의 성취수준의 상, 중, 하가 문항의 난이도와 반드시 동일한 것은 아니다. 단순하고 지엽적인 지식을 묻는 '하' 수준에 해당하는 문항이 이해 또는 적용을 묻는 '중' 또는 '상' 수준의 문항보다 정답률이 더 낮을 수도 있기 때문이다.

③ 평가문항의 제작

문항제작의 기본방향과 평가문항 제작 시 유의사항은 〈표 6-15〉, 문항유형별 특성과 제작 원리는 〈표 6-16〉과 같다.

표 6-15. 문항제작의 기본방향과 유의사항

구분	내용
문항제작의 기본 방향	• 성취기준에 제시된 평가내용과 능력(지식, 기능, 태도)을 측정하는 데 적합한 문항을 개발하여 교수·학습 개선에 필요한 정보를 추출할 수 있도록 한다. 문항 풀이에 요구되는 능력이 측정하고자 의도하는 능력과 일치하도록 하여 문항의 타당도를 높인다. 수행평가인 경우, 성취기준과 성취기준 단위의 성취수준을 명시하여 사용할 수 있다. • 교사가 수업활동에서 가르친 성취기준의 내용과 깊이 정도를 반영하여 성취정도를 측정해야 하므로, 수업한 내용 및 활동에 기반하여 평가문항을 개발한다. 교육과정에 제시된 평가방향, 평가내용, 평가방법 등을 고려할 뿐 아니라 진행된 교수·학습 상황을 고려하여 평가방법이나 평가유형을 결정한다.
평가 문항제작 시 유의사항	학교 학생들의 특성을 고려하여 학생들에게 기대되는 성취정도를 기본으로 성취수준의 특성을 진술하고 그것에 기반하여 성취수준을 타당하게 측정하는 문항을 출제한다. 일정 기간 동안 충실히 학습한 학습자라면 무난히 풀 수 있는 문항을 제작하여 긍정적 자아개념을 형성하도록 하고, 주변 일상생활과 밀접히 관련지어 문항을 구성하여 교육내용에 대한 흥미를 유발하고, 참신한 문항을 출제하여 호기심과 도전감을 유발한다. 문항만 출제하고 예시답안 및 채점기준을 제시하지 않았을 경우 문항의 오류, 출제 의도의 반영 정도, 답안을 작성하기 위해 필요한 자료 제시 여부, 문두 제시 방향의 타당성 등의 적합성 정도를 판단하기는 어려우므로 예시답안과 채점기준을 문항 출제 과정에서부터 작성하여 문항 및 예시답안, 채점기준 등을 정교화하고 세밀히 검토하여 제시한다.

표 6-16. 문항유형별 특성과 제작 원리

구분	내용
선택형 문항	• 선택형 문항은 문항 내에 답지 중에서 하나를 고르는 문항 형태로 진위형, 연결형, 선다형 등이 있다. • 다양성과 포괄성이 있을 뿐만 아니라 피험자의 우연적 오차의 영향도 적게 받으며 주어진 시험시간에 많은 문항으로 넓은 교육내용을 대표하는 내용을 추출하여 측정하기가 쉽다. • 제한점으로는 창의성, 분석적 능력, 문제해결능력 등의 신장에 제한적이며 매력적인 오답지를 제작하기가 쉽지 않아 문항을 제작하는 데 많은 시간이 소요된다. • 선택형 문항을 제작할 때 문항은 중요한 학습내용을 포함하여야 중요한 교과내용의 인지 여부를 측정해야 교육목표의 성취수준을 파악할 수 있다. • 문항의 구조를 최대한 간결하게 제시해야 피험자에게 내용이 잘 전달되어 측정하고자 하는 것을 제대로 측정할 수 있다. • 성취평가제에서 선택형 문항을 제작할 때에는 문항 풀이에 요구되는 능력이 측정하고자 의도하는 능력과 일치하도록 하여 문항의 타당도를 높이도록 한다.
서답형 문항	• 서답형 문항은 학생이 답이라고 생각하는 내용을 단어, 구 또는 문장으로 쓰게 하는 문항형태로 단답형, 서술형, 논술형이 있다. • 절차로는 문제 상황을 결정하고 문항의 체제 및 발문을 구상하여 초안을 작성한 후 예시답안과 채점기준표를 작성한다. • 단순한 암기 위주의 지식이 아니라 고등사고능력을 측정할 수 있고 구체적인 학습결과를 측정할 수 있도록 질문을 구조화시키고 제한해야 한다. • 성취기준의 요소가 외적으로 구현될 수 있는 상황을 상정하고, 직접 수행하게 함으로써 평가를 실시하는 것이 적절하다.
수행평가 문항	• 수행평가란 교육현장에서 기존의 교육평가 체제의 새로운 대안으로서 제시되고 있는 평가로, 학생 스스로가 자신의 지식이나 기능을 나타낼 수 있도록 산출물을 만들거나, 행동으로 나타내거나, 답을 작성(구성)하도록 요구하는 평가방식이다. • 학년 초 평가계획 수립 단계에서 지필평가 및 수행평가에 알맞은 성취기준을 미리 협의하는데, 선택형, 서술형 지필평가 문항으로 측정하기 어려운 성취기준의 경우 평가계획 수립단계에서 수행평가를 고려한다. • 성취평가제의 실시에 따라 대부분의 교과에 수행평가의 평가방식이 더 확대되어야 한다. • 성취기준 및 성취수준에 입각하여 문항을 개발하며 채점 기준 또한 이와 연동하여 작성한다. 이때 문항, 과제에 대한 학생들의 수행결과에서 추정할 수 있는 성취수준을 고려하여 점수를 부여하는 것이 필요하다.

구분	내용
	• 채점기준과 더불어 성취기준 및 성취수준을 만족시키는 예시답안을 하여 채점의 용이성과 공정성을 기한다. • 진행된 교수 · 학습 상황을 고려한 평가유형인지 점검하여야 하며, 명확한 채점기준이 성취기준과 관련하여 제시되도록 하여 채점의 신뢰성을 높일 수 있다.

또한 이원목적분류표에 따라 평가도구를 개발한 후에 이원목적분류표에 명시되어 있는 대로 평가도구가 구성되어 있는지를 검토한다. 개별 문항에 대해서는 성취기준과의 관련성, 문항의 내용과 형식, 정답, 채점기준 등에 대해 검토해야 하며, 문항들로 이루어진 전체 평가도구가 성취수준기술에 설명되어 있는 학생들의 특성을 평가하기에 적합한지를 검토한다.

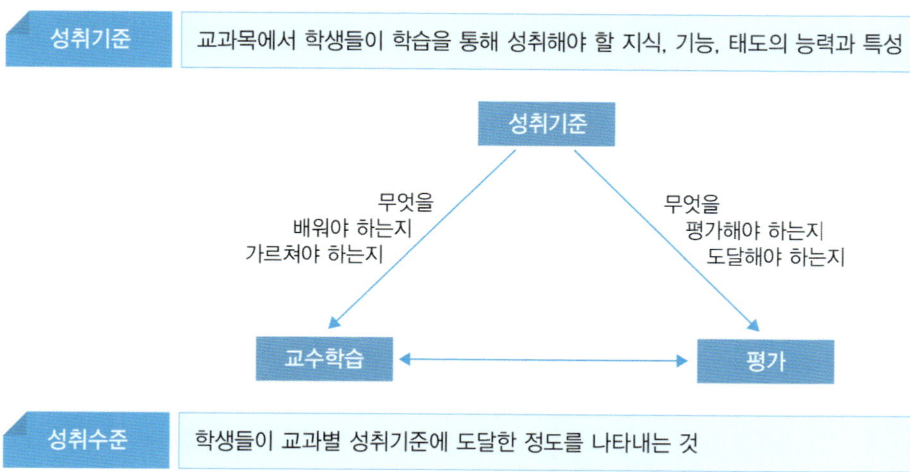

그림 6-4. **성취기준, 교수학습, 평가의 관계**

〈그림 6-4〉는 성취기준, 교수 · 학습, 평가의 관계가 서로 밀접한 관계가 있음을 나타내고 있다. 성취기준은 교수 · 학습에서 무엇을 배워야 하는지, 가르쳐야 하는지의 길잡이가 된다. 또한 평가에서는 성취기준이 무엇을 평가해야 하는지, 도달해야 하는 목표는 무엇인지를 알 수 있게 해 준다. 따라서 평가와 교수 · 학습이 성취기준을 기본 바탕으로 이루어졌으므로 평가가 교수 · 학습 내용을 반영하고 교수 · 학습이 앞으로 실시될 평가를 염두에 두고 이루어져야 한다.

Chapter

07

수행평가

배울 내용

1. 수행평가의 성격
2. 수행평가의 방법
3. 수행평가 과제의 제작
4. 수행평가의 장단점

학습 목표

1. 수행평가의 개념과 특징을 이해하고 관련 용어들을 숙지한다.
2. 수행평가 방법의 유형 및 평가 시 유의점을 숙지한다.
3. 수행평가 과제의 제작 절차를 설명할 수 있다.
4. 수행평가의 장단점을 설명할 수 있다.

Chapter

07

수행평가

1. 수행평가의 성격

1) 수행평가의 개념

넓은 의미에서 수행평가(performance assessment)는 전통적인 선다형 필답고사의 문제점을 보완하기 위해 개발된 대안적 평가(alternative assessment)방식을 포괄하는 개념이다. 여기서 수행(performance)이란 구체적 상황에서 실제로 행동하는 과정(process)이나 결과(product)를 의미한다. 수행평가는 학생들이 선다형 필답고사를 치르는 것이 아니라 실제로 수행을 하도록 요구하는 평가방식이다. 다시 말해 수행평가는 학생들이 주어진 선택지에서 정답을 고르는 것이 아니라 스스로 답을 구성하도록 하거나 행동으로 나타내도록 유도한다.

수행평가는 학습자들이 교육의 목표인 고차사고능력이나 문제해결능력 등의 습득 여부를 관찰가능한 행동이나 산출물로 보여 주도록 요청하는 평가이다. 이 점에서 수행평가는 선다형 평가에 비해 교육목표에의 도달 여부를 보다 더 직접적으로 평가한다고 볼 수 있다. 구체적으로 수행평가의 특징을 분석해 보면, 첫째, 수행평가는 학생이 문제의 정답을 선택하게 하는 것이 아니라, 자기 스스로 답을 작성(서술 혹은 구성)하거나 행동으로 나타내도록 하는 평가방식이다. 따라서 학생의 인지구조나 문제해결과정을 비교적 쉽게 파악할 수 있고, 창의성, 문제해결능력, 비판력, 판단력, 정보수집능력 및 분석력, 통합력과 같은 고등 사고기능을 파악하는 것을 중시하고 있다. 둘째, 수행평가는 교수·학습의 결과뿐만 아니라 교수·학습의 과정도 함께 중시하는 평가방식이다. 따라서 선언적 지식(내용적 지식)의 습득 수준뿐만 아니라 절차적 지식(방법적 지식)의 습득 수준을 파악하는 것을 매우 중시한다. 셋째, 수행평가는 개개인을 단위로 해서 평가하기도 하지만 집단에 대한 평가도 중시하는 평가방식이다. 따라서 학생 상호 간의 협력을 유도하며, 나아가 학생들의 사회성을 신장시키는 데 기여하게 된다. 넷째, 수행평가는 학생의 지식이나 기능이나 태도 등을 평가함에 있어서 교사의 전문적인 판단에 크게 의존하는 평가방식이다. 다섯째, 수행평가는 단편적인 영역에 대해 일회적으로 평가하기보다는 학생 개개인의 변화·발달과정을 종합적으로 평가하기 위해 전체적이면서도 지속적으로 이루어지는 것을 강조하는 평가방식이다.

2) 수행평가의 주요 특징

일반적으로 수행평가 문항이 적합한 상황은 서답형 문항의 경우와 유사하다. 특히 지적 영역의 고차적 사고능력을 평가할 경우, 학생들의 평소 일과 행동을 평가할 경우, 학생이 만들어 낸 산출물을 평가할 경우, 그리고 학습과정을 평가할 경우에 수행평가 문항을 사용해야 한다.

대안적 평가방법으로 강조되어 온 수행평가는 학습관, 학습자관, 평가형태, 평가시점, 평가내용, 평가대상 등에서 전통적인 평가방법과 다른 특징을 지니고 있다. 선택형 문항으로 제작되어 왔던 전통적인 평가방법과 그 대안으로 제기되고 있는 수행평가를 학습관과 평가관점의 측면에서 〈표 7-1〉과 같이 비교하고 있다(성태제, 1998).

표 7-1 **전통적인 평가와 대안적 평가의 비교**

유형 특징	전통적 평가	대안적 평가
학습관	• 학습결과에 관심 • 분리된 지식과 기술을 평가	• 학습과정과 결과에 관심 • 통합된 지식과 기술을 평가
학습자관	• 수동적 개체로 인식	• 능동적 주체로 인식
평가형태	• 지필검사	• 수행평가, 참평가, 포트폴리오
평가시점	• 일회적	• 지속적
평가내용	• 단일 속성	• 다원적 속성
평가대상	• 개인 평가 강조	• 집단 평가 강조(협동)

교실 수업장면에 주로 적용될 수 있는 수행평가 방법의 공통적인 주요 특징을 살펴보면 〈표 7-2〉와 같다(백순근, 1995; Office of Technology Assessment, 1992).

표 7-2. 수행평가의 공통적인 주요 특징

- 수행평가는 학생이 문제의 정답을 선택하게 하는 것이 아니라, 스스로 답을 작성하게 하는 평가방식이다.
- 수행평가는 실현하고자 하는 교육목표가 가능한 한 '실제상황하'에서 직접 달성되었는지 평가한다.
- 수행평가는 작품이나 수행행동의 질뿐만 아니라 학습과정도 함께 강조하는 평가방식이다.
- 수행평가는 단편적인 영역을 일시적으로 실시하는 평가라기보다는 학생 개개인의 변화 · 발달과정을 지속적으로 평가하는 방식이다.
- 수행평가는 개인 성적이나 개개인을 단위로 평가하기도 하지만, 집단활동을 평가하는 데 중점을 두고 있다.
- 수행평가는 다른 사람이나 집단과 비교해서 평가하는 규준지향평가라기보다는 준거에 근거하여 평가하는 준거지향평가의 형태를 취하고 있다.

3) 수행평가와 관련된 용어

수행평가는 기존의 선택형 문항을 비판하면서 시작되었다. 그래서 선택형 문항의 문제점을 보완하기 위한 대안적인 방법이 다양하게 제시되었다. 따라서 수행평가와 비슷한 의미로 사용되는 용어가 매우 많다. 수행평가와 더불어 사용되는 용어를 살펴보면 〈표 7-3〉과 같다(김찬종 외, 2001; 박도순 외, 2007).

표 7-3. 수행평가와 관련된 용어

구분	내용
대안적 평가	• 한 시대의 주류를 이루는 평가체제와 성질을 달리하는 평가체제 • 선택형 문항을 사용하는 표준화된 검사의 대안적인 평가(선택형이 아닌 서술형이나 논술형 문항 강조) • 수행평가는 대안적 평가의 한 사례임
실제적 평가	• 평가상황이 실제상황과 동일해야 함을 강조 • 자연스러운 실제상황을 중시한다는 측면에서 참평가(진정한 평가: ture assessment), 맥락지향적 평가(assessment in context), 자연주의적 평가(naturalistic assessment) • 이 방식은 수행평가 방식 중의 한 특수한 사례라고 볼 수 있음

구분	내용
직접적인 평가	• 간접적인 방법보다는 직접적인 방법을 중시 • 도덕성은 지필시험이나 구두시험보다는 학생의 행동을 관찰함으로써 평가하려고 함
실기평가	• 지필식 시험보다는 실기시험 중시 • 단순히 아는(기억하는) 것보다 실제로 할 줄 아는 것이 중요
포트폴리오 평가	• 학생의 발달과 학습에 대한 기록과 증거물들을 일정한 기간 동안 시간의 흐름에 따라 구체적인 목적을 가지고 의도적으로 모아 놓은 것을 이용한 평가 • 최종적인 결과도 중요하지만 그러한 결과를 낳게 된 과정도 중요 • 성취도 자체도 중요하지만 학생의 노력이나 향상도 중요 • 일회적이고 단절적인 평가가 아니라 지속적이면서도 통합적인 평가 중시

2. 수행평가의 방법

1) 수행평가 방법의 유형

수행평가는 선택형 문항의 대안적인 방법으로 다양하게 제시되고 있다. 즉, 평가하려고 하는 수행의 성질에 따라 과정평가와 작품(산출물)평가로, 평가과제를 제시하는 장면의 성질에 따라 모의평가와 실제장면평가로, 평가과제에서 수행을 제한하는 정도에 따라 비구조화평가와 구조화평가로 구분할 수 있다(권대훈, 2008). 또한 한국교육과정평가원(1999)에서는 수행평가의 본질을 구현하는 정도에 따라 〈표 7-4〉와 같이 구분하여 제시하고 있다.

표 7-4. 수행평가의 본질을 구현하는 정도에 따른 평가방법의 분류

수행평가 본질의 구현 정도	평가방법	비고
매우 높음 ↑	실제상황에서의 평가	널리 사용되고 있는 수행평가 방법들
	실기시험, 실험 · 실습법, 관찰법	
	면접법, 구두시험, 토론법	
	자기평가 및 동료평가 보고서법	
	포트폴리오	
	연구보고서	
	논술형	
	서술형	보통 수행평가 방법에 포함시키지 않음
	단답형	
	완성형(괄호형)	
	선다형	
	연결형(줄긋기형)	
↓ 매우 낮음	진위형(O X형)	

* 특정의 평가방법이 어떤 상황에서 어떠한 방식으로 시행되느냐에 따라 위치가 달라질 수 있음

수행평가에서는 근본적으로 학습자가 수행한 모든 자료(예: 일기장, 연습장 등)를 평가자료로 활용할 수 있다. 앞서 제시한 수행평가의 분류기준에 따라 분류하기보다는 대표적인 수행평가 방법을 나열하고 있다. 수행평가 방법을 보다 체계적으로 이해하기 위해서 나열된 수행평가 방법을 일정한 기준에 따라 범주화하려는 시도가 있어 왔다. 예를 들어, 시험이나 검사 형태로 사용 가능한 수행평가를 하나의 유목으로 묶고, 그 외의 수행평가 방법을 미시적 학습활동 과제중심의 수행평가와 거시적 장기 연구과제 중심의 수행평가로 구분한 바 있다(김찬종 외, 2001).

여기에서는 맥밀란(McMillan, 2007)이 수행과제를 산출물(product)과 기능(skill)으로 구분한 것을 참고로 하여 세 가지 유목으로 재분류하였다. 먼저 시험과 검사중심의 수행평가는 독립된 유목으로 분리하였다. 과제해결에 소요되는 시간변수와 수행과제

의 성질(산출물과 기능)을 고려하여 단시간 학습활동과 장시간 연구활동으로 구분할 수 있다. 따라서 시험과 검사 중심의 수행평가, 단시간 학습활동 기능중심의 수행평가, 그리고 장시간 연구활동 산출물중심의 수행평가로 구분하여 살펴보면 〈표 7-5〉와 같다(김진규, 2009).

표 7-5. **수행평가의 분류**

구분	항목	내용
시험과 검사 중심의 수행평가	논술형 검사	논술형 검사는 일종의 서술형 검사이기는 하지만 개인 나름의 생각이나 주장을 창의적이고 논리적이면서도 설득력 있게 조직하여 작성해야 함을 강조한다는 점에서 일반 서술형과 구별하기도 한다.
	구술시험	구술시험은 가장 오래된 수행평가의 한 형태로서 학생으로 하여금 특정 교육이나 주제에 대해서 자신의 의견이나 생각을 발표하도록 하여 학생의 준비도, 이해력, 표현력, 판단력, 의사소통능력 등을 직접 평가하기 위한 방법이다. 구술시험은 학생에게 특정 주제나 질문을 제시하고 학생으로 하여금 응답하도록 한다는 점에서 면접과 유사하지만 면접이 정의적인 영역(인성 및 태도)을 중심으로 이루어지는 평가인 반면, 구술시험은 개별적인 대면 상황뿐만 아니라 교실 수업상황에서 교사 및 학생들에게 자신의 의견이나 생각을 발표하는 것까지 포함한다.
	실기시험	실기시험은 예체능 분야에서 주로 사용되어 오던 방법으로, 최근 예체능 이외의 분야에서도 많이 시도되고 있다. 예를 들어, 말하기, 읽기, 듣기, 쓰기 등의 분야에서 직접 학생들에게 말하거나 읽거나 듣거나 쓰게 한 후에 보통 2명 이상의 교사나 채점자가 평가하는 방식이다. 수행평가에서 언급되는 실기시험과 기존의 실기시험의 가장 큰 차이점은 실기를 하는 상황의 성격이 다른 것이다. 기존의 농구 실기시험에서는 평가가 이루어지는 상황이 통제되거나 강요되는 경우가 대부분인 반면에, 수행평가의 실기시험에서는 학급 또는 학교 대항 농구시합에서(자연스러운 상황에서) 실제로 하는 것을 여러 번 관찰하여 실제 수행능력을 평가하는 것이다.
	면접시험	면접시험이란 기업이나 학교에서 신입사원이나 신입생을 선발하기 위하여 실시하는 시험이다. 기업의 면접시험은 우수인력을 모집, 선발, 확보하기 위하여 기업체 측 면접자가 지원자와 직무 관련 정보를 면대면 교환하는 것으로 정의되고 있다. 수행평가에서 사용되는 면접법은 평가자와 학생이 서로 대화를 통해서 얻고자 하는 자료나 정보를 수집하여 평가하는 방법이다.

구분	항목	내용
단시간 학습활동 기능중심의 수행평가	토론법	토론법은 특정 주제에 대해 학생들이 서로 토론하는 것을 보고 평가하는 방식이다.
	발표법	발표법(presentation)은 학생으로 하여금 특정한 주제에 대해서 자료를 수집하고 재구성한 내용을 요약한 결과를 유인물이나 다양한 매체를 통해 발표하도록 하여 학생의 준비도, 발표내용, 발표능력, 발표태도를 평가하는 방식이다.
	관찰법	과학적 탐구방법으로서의 관찰은 일정한 목적하에 감각기관을 통하여 사물 또는 그 속성을 주의 깊게 지각하는 의식활동을 의미하며 그에 관한 이론과 방법을 총칭해서 관찰법이라 부른다. 수행평가에서의 관찰평가는 학생들의 활동을 방해하지 않으면서 평가상황을 강요하지 않도록 주로 교사가 자연스럽게 관찰하는 것을 통해 이루어진다는 점을 강조하고 있다. 관찰평가는 개별 학생 단위 또는 집단 단위로 이루어진다.
	실험 · 실습법	실험 · 실습법은 어떤 과제에 대해서 학생들로 하여금 직접 실험 · 실습을 하게 한 후 실험 실습과정을 직접 관찰함과 더불어 제출된 결과보고서를 동시에 고려하여 평가하는 방법이다.
장시간 연구활동 산출물중심의 수행평가	자기평가 보고서법	자기평가보고서법이란 특정 주제나 수업영역에 대해 자기 스스로 학습과정이나 학습결과에 대한 자세한 평가보고서를 작성 · 제출하도록 하여 평가하는 것을 말한다.
	동료평가 보고서법	동료평가보고서법이란 자기평가보고서와 마찬가지로 학습과정이나 학습결과에 대해 동료 학생들이 상대방을 서로 평가하도록 하는 것이다.
	연구보고서법	연구보고서법이란 각 교과별로나 통합교과적으로 여러 가지 연구 주제 중에서 학생의 능력이나 흥미에 적합한 주제를 선택하고, 그 주제에 대해 자기 나름대로 자료를 수집하고 분석 · 종합하여 연구보고서를 작성 · 제출하도록 하여 평가하는 것이다.
	포트폴리오	참평가나 수행평가에서 새롭게 등장하고 있는 것이 포트폴리오이다. 포트폴리오는 학생의 논술문, 작품, 시험답안지 등을 일정 기간 동안 모아서 학생이 얼마나 성장하였으며, 교사의 수업이나 교육과정은 적절했는지를 평가할 수 있는 문서집을 말하는 것이다. 중 · 고등학교의 사회과에서는 논설문이 가장 대표적이라고 할 수 있지만 학생의 작품, 그림, 과제 보고서 등 어떤 것이나 그 내용이 될 수 있다. 포트폴리오의 특징으로는 시간적으로 장기간에 걸친 학생의 작품을 모아 성장 정도가 반영된다는 것, 교과서에 많이 의존하는 것보다 교과서를 기초로 하되 자유롭게 작성할 수 있다는 것, 어떤 주제에 대해서 글, 그림, 사진, 도표 등 다양한 종류의 자료를 모

구분	항목	내용
		으며 전통적인 학습에서 뒤로 처져 있는 학생들에게 능력을 발휘할 수 있는 기회가 되고, 주제에 대해서 학생의 고차사고력을 평가할 수 있다는 특징이 있다.

2) 수행평가 시 유의점

(1) 개인별 성취수준과 평가기준에 의한 평가

우선 성취기준(수준), 즉 내용 기준면에서는 교육과정의 목표 혹은 내용, 행동기준면에서는 수업의 결과로 나타나는 행동의 변화를 평가한다. 평가기준에서는 성취기준을 좀 더 구체화시켜 평가에 도입해야 될 요소와 그것의 범위 및 심화정도를 명시한다. 마지막으로 절대 기준 평가에서는 교과목의 성취기준을 근거로 설정된 평가기준에 따라 평가한다. 즉, 교육과정의 목표에 대한 성취여부가 기준이 되어야 한다.

(2) 수준별 교육과정과 평가

학생 개개인의 성취수준이 상이하다는 것을 고려하여 평가를 실시해야 하며, 모든 학생들이 기본 과정에 정해진 수준에 도달했다면 모두 그 목표를 달성한 것으로 간주해야 하고, 앞서가는 학생을 위해 심화과정의 성취여부에 대한 기준이 마련되어야 한다.

(3) 다양한 평가방법의 활용

수행평가를 실시할 때에는 타당도, 신뢰도, 객관도를 고려한 평가방법이어야 한다. 지식의 평가는 단순한 암기력보다는 사고력을 측정해야 하며, 가치 · 태도, 기능, 학습과정을 평가해야 한다. 질적 평가 방법인 관찰평가, 면접법, 작품 분석법, 상호 평가,

자기평가 등을 활용하며 문제해결능력, 의사결정능력, 지식과 관련된 가치 · 태도의 형성평가는 주관식 논술 평가나 종합 평정법(리커드 척도)을 활용한다. 또한 교사 자신을 평가해야 한다. 교수 · 학습개선을 위해서 교수 · 학습이 객관화될 수 있어야 하는데 내용분석 면에서는 교육내용을 어떻게 해석하여 수업으로 구성했는지에 관한 분석이 이루어져야 하며, 형태적 분석 면에서는 수업의 언어적 상호작용을 분석해야 한다.

(4) 종합적이고 균형 있는 평가

수행평가 시에는 지식, 기능, 가치 · 태도를 종합하는 평가가 이루어져야 한다. 첫째, 지식 영역의 평가에서는 사실적 지식 습득 여부와 함께 기본 개념 및 원리 이해 등의 평가가 이루어져야 한다. 주로 지필평가와 관찰법 등이 사용된다. 둘째, 기능 영역의 평가에서는 정보처리 기능, 의사결정능력, 탐구 기능, 집단 참여 기능 등을 평가한다. 실제 기능을 실연하는 장면을 포착하여 관찰과 같은 방법으로 평가하는 것이 바람직하며, 의사결정능력의 경우 소집단 활동 등 여러 장면에서 관찰하는 것이 바람직하다. 셋째, 교과목의 가치 · 태도 영역의 평가에서는 가치를 분석하는 측면에 중점을 두어야 하며 가치선택과정과 합리적 가치의 내면화 정도를 평가하는 데 중점을 두어야 한다. 여기서 유의할 점은, 학생들이 의식하지 못하는 가운데 관찰이 이루어지는 것이 바람직하다는 것이다. 따라서 평소의 행동을 관찰하고 체크리스트 방법 등으로 그 결과를 기록한다.

3) 평정척도를 사용한 채점

수행평가의 채점방법은 크게 보면 체크리스트법과 평정척도법의 두 가지로 나눌 수 있다. 체크리스트(checklist)법은 평가자가 평가하고자 하는 특성이 존재하는지의 여부를 살펴보는 것이다. 예를 들어, '의사결정을 하고 있는가?'라는 항목에 대하여 '그렇다' 혹은 '그렇지않다'로 존재여부를 평가한다. 평정척도법(rating scale)은 평가하고자 하는 특성의 존재 정도를 순위를 매겨서 평가하는 것이다. 또 다른 예로, '교과의 개념과 주제를 충분히 이해하여 현실문제의 해결에 응용하고 있는가?'에 대하여 아주 잘하고 있으면 3점, 부분적으로 제시하고 있으면 2점, 잘못하고 있으면 1점으로 평가하는 것이다. 사회현상의 학습에 필요한 인지적인 능력은 정도의 문제이므로 체크리스트법보다는 평정척도법이 많이 쓰인다. 3단계 평정척도의 예는 〈표 7-6〉과 같다.

표 7-6. **3단계 평정척도의 예**

구분	내용
3점	평가하고자 하는 특성이 아주 높거나, 평가가 요청하는 모든 사항을 만족시키거나, 최고의 사고력을 발휘한 경우
2점	평가하는 특성이 중간이거나, 요청 사항을 부분적으로 만족시키거나, 특성은 있으나 불명확한 경우
1점	특성의 존재가 낮거나, 특성이 피상적으로 나타나거나 부실하거나, 낮은 차원의 사고력을 보인 경우

3. 수행평가 과제의 제작

수행평가의 종류에 따라 과제를 개발하는 절차는 다르다. 수행평가 과제를 개발할 경우에 평가목적의 명시, 수행준거의 설정, 평가장면의 제시, 채점절차의 확정의 4단계로, 교실에서 교사가 수행평가를 실시할 경우에 평가목적의 명시, 활동의 선정, 준거의 설정, 채점기준의 작성 등 4단계 절차로, 그리고 수행평가 과제를 개발하는 일반적인 절차로는 〈표 7-7〉과 같이 평가실시 목적의 확인, 수행준거의 설정, 평가문제의 설계, 채점계획의 수립 및 검토와 반성의 5단계 절차로 구분할 수 있다.

표 7-7. 수행평가 과제를 개발하는 일반적인 절차

구분	내용
평가실시 목적의 확인	일반적으로 수행평가 과제를 개발하기에 앞서 평가목적을 구체적으로 서술하고, 평가대상을 상세하게 서술하고, 평가결과를 활용할 사람과 용도를 명확하게 밝혀야 한다. 평가목적은 학생의 장단점을 파악하기 위한 진단평가, 수업 진행 도중에 학생의 수업이해 정도를 확인하기 위한 형성평가, 개인의 성적에 순위나 학점을 부여하거나 자격을 부여하기 위한 총괄평가에 이르기까지 다양하다. 평가의 목적이 분명하게 규정되면 그 목적에 적절한 평가내용과 형태의 문항이 개발될 수 있다.
수행준거의 설정	평가할 수행의 유형을 선정하고, 수행준거(performance criteria)를 설정해야 한다. 수행평가에서는 실제로 성취행동이 일어나는 과정에서 행동을 관찰하거나 성취행동을 결과물을 보고 판단한다. 수행준거는 채점기준, 평정척도, 평가기준 등과 같은 일정의 채점도구를 의미한다. 이러한 수행준거는 교사들에게 학생들의 행동을 관찰하거나 채점하는 지침을 제공한다. 모든 종류의 수행평가에서는 수행준거를 분명히 제시해야 교사가 학생의 행동을 지도할 수 있고 수준을 정확하게 평가할 수 있다.
평가과제와 문제의 작성	수행평가에서 피험자의 수행을 관찰하거나 수행이 일어날 수 있는 문제상황을 구상해야 한다. 수행평가 과제는 가능한 현실 상황에서 고차적 사고과정을 측정하기 위하여 피험자의 유의미하고 진정한 수행을 나타낼 수 있어야 하고, 단순한 지식의 반복적 연습을 요구하는 것이 아니라 여러 지식의 통합을 요구하는 문제상황이어야 한다. 수행평가 과제를 선정할 때, 과제의 수업목적과 일치하는 정도, 학생이 획득해야 할 내용과 기능을 정확히 표현하는 정도, 학생들의 진전 상황과 능력을 충분히 나타낼 수 있는 정도, 실제상황과 유사한 상황에서 일어날 수 있는 정도, 학문 간 접근방법을 동원해서 해결가능성 등을 검토해야 한다. 실제 수행평가 과제는 대체로 여러 개의 개념, 원리, 문제해결과정 등으로 구성되어 있고 하나의 논제로 다룰 수 없기 때문에 여러 개의 세부 문제로 나누어 제시되고 있다. 또한 학생들이 수행평가 과제를 수행하는 데 필요한 준비물이나 다양한 자료 원천을 제시해야 한다.
채점계획의 수립	평가문제 상황이 결정되면 채점방법, 채점자, 채점결과를 기록하는 방법을 결정해야 한다. 무엇보다도 타당하고 신뢰로운 수행과제와 준거의 개발이 수행평가의 성패를 결정짓게 된다.
검토와 반성	수행평가 문항을 제작하는 각 단계별로 검토와 평가를 수시로 실시하여 수정하고 보완해야 한다. 특히 모범답안을 작성하거나 채점기준을 작성하는 과정에서 평가과제나 조건을 수정하고 보완해야 할 필요성이 있다.

4. 수행평가의 장단점

수행평가는 학습의 결과로 나타나는 단순한 지식을 평가하는 것이 아니라 고차적인 사고기능을 평가할 수 있으며, 동료 학생들과 협동학습을 통해 건전한 인간관계의 형성과 공동의 문제해결능력을 신장시키는 등과 같은 여러 가지 장점을 가지고 있다. 또한 수행평가도 여러 가지 문제점, 즉 채점의 객관성 부족, 수행평가 과제의 타당성 부족, 고비용의 문제, 공정성의 결여, 교사의 전문성 부족, 연구 개발의 낙후성, 학부모와 사회의 인식 부족 등의 문제점을 가지고 있다. 수행평가의 장단점을 구체적으로 살펴보면 〈표 7-8〉과 같다.

표 7-8. **수행평가의 장단점**

구분	내용
장점	• 인지적 능력, 정의적 특성, 심동적 특성을 모두 평가할 수 있는 총체적 접근이다. • 개방형 형태의 평가방법은 다양한 사고능력을 함양시킨다. • 수행평과는 과제의 성격상 협동학습을 유도하므로 전인교육을 도모한다. • 검사결과뿐 아니라 문제해결과정도 분석할 수 있다. • 학습동기와 흥미를 유발한다. • 행정적 기능이 강조되지 않을 때 수행평가가 실시되므로 검사불안이 적은 편이다.
단점	• 수행평가 도구 개발에 어려움이 있다. • 채점기준, 즉 점수부여 기준설정이 용이하지 않다. • 채점자 내 신뢰도와 채점자 간 신뢰도 확보에 어려움이 있다. • 시간이 많이 소요된다. • 비용이 많이 든다. • 점수결과 활용에 어려움이 있다.

Chapter

08

정의적 영역의 평가

배울 내용

1. 정의적 영역의 개념
2. 정의적 영역과 학습
3. 정의적 영역 평가의 중요성
4. 정의적 영역 평가의 예

학습 목표

1. 정의적 영역의 개념과 특성을 파악한다.
2. 정의적 영역과 학습을 설명할 수 있다.
3. 정의적 영역 평가의 중요성을 숙지한다.
4. 정의적 영역 평가의 예를 통해 평가의 내용과 과정을 익힌다.

Chapter 08

정의적 영역의 평가

정의적 영역은 학생의 학습활동을 시작하게 하고 유지시키는 데 작용하는 기본적인 모든 인성적 특성들을 의미한다. 인간의 정의적 특성(affective characteristics)은 인지적 특성(cognitive characteristics)에 대비되는 것으로서, 인간행동의 사회 · 정서적인 측면을 포괄하는 개념이다. 인간이 느끼는 다양한 감정과 이에 따르는 반응행동, 그리고 어떤 과제에 대한 흥미와 지속하려는 노력 등은 인지적인 속성만으로는 설명될 수 없다. 그러나 인간의 행동은 복합적이어서 정의적 영역과 인지적 영역이 항상 명료하게 구분되어 나타나는 것은 아니다. 왜냐하면 연구자가 어떤 관점에서 행동에 접근하는가에 따라, 그리고 어디에 초점을 두어 연구하고 평가하는가에 따라 두 영역은 구별될 수 있기 때문이다.

1. 정의적 영역의 개념

정의적 영역(affective domain)은 지칭하는 용어들이 정의성(情意性, affectivity)을 비롯하여 정의적 특성(affective characteristics), 정의적 행동(affective behavior) 등 매우 다양하게 사용되고 있는 용어 중의 하나이다(강승호 외, 2012). 이처럼 용어가 다양하게 사용되고 있는 이유 중의 하나는 인간의 정의적 특성은 타일러(1973)나 메식(Messick, 1978)이 강조한 것과 같이 인지적, 정의적, 심동적 범주 중 어느 한 범주로 완전히 분류될 수 있는 것이 아니기 때문이다. 즉, 어떤 반응이나 행동을 정의적이라고 부르는 것은 바로 그 반응이나 행동이 내포하고 있는 것 중 감정적 또는 정서적 요소만을 지적하는 것이라고 할 수 없다. 따라서 정의적 영역은 실체적인 개념이 아니라 인간에 의해서 인위적으로 구성된 개념으로 보는 것이 일반적이다(강승호 외, 2012).

정의적 특성은 대체로 정서, 흥미, 태도, 성격, 가치관, 자아개념, 동기 등을 의미하지만 정의적 영역을 어떻게 체계적으로 조직하고 정의하는가에 대해서는 상당한 견해의 차이가 있다. 예를 들어, 태도와 가치관을 거의 동의어로 간주하는 경우도 있고, 전혀 다른 개념으로 보는 견해도 있다. 또한 성격을 가장 포괄적인 개념으로 정의하고 정서나 흥미, 태도 등을 성격의 한 측면으로 간주하기도 하고, 이들을 독립된 별개의 개념으로 간주하기도 한다. 따라서 정의적 특성에 대한 이러한 개념 정의의 다양성과 분류의 차이는 정의적 특성을 측정하는 검사도구에도 그대로 반영된다.

또한 앤더슨(Anderson, 1994)은 정의적 특성이란 인간이 지니고 있는 전형적인 감정과 정서의 표현방식을 나타내는 특성 또는 특질이라고 정의하였으며, 인간의 사고나 행동이 어떤 정의적 특성으로 분류되기 위해서는 〈표 8-1〉과 같은 특징을 갖추어야 한다고 주장하고 있다(공영은, 2017).

표 8-1. **정의적 특성의 특징**

- 그 행동이나 사고가 감정이나 정서를 내포하고 있어야 한다.
- 그 행동이나 사고가 전형적이어야 한다. 사람의 감정이나 정서에는 상황이나 조건에 따라서 조금씩 바뀌는 변동성이 있는 가운데에도 비교적 일관되고 안정된 성향을 갖게 되는데, 이러한 특성을 전형성이라고 한다. 바로 이 특징에 의해서 정의적 특성과 어떤 상황에 의해 일시적으로 생기는 정의적 반응이 구별된다. 또한 바로 이 특성 때문에 인지적 검사는 최대한 자신이 할 수 있는 것을 측정하는 것인데 반해, 정의적 검사는 자신이 전형적으로 반응하거나 일반적으로 느껴 왔던 것을 측정하려는 것이라고 할 수 있다.
- 강도(强度)가 있어야 한다. 강도란 감정의 세기 또는 정도를 말한다. 예를 들어, '사랑의 감정'은 '좋아함의 감정'보다 더 강한 감정이다. 사람에 따라서 지니고 있는 감정의 세기도 다르다.
- 방향성을 지녀야 한다. 이는 감정의 정적 방향과 부적 방향을 말한다. 어떤 감정의 '좋음'과 '나쁨'을 나타내는 것이다. 대부분의 정의적 특성이 지니고 있는 감정의 강도나 방향을 하나의 연속선 위에 놓고 생각해 볼 수 있다. 연속선상의 중간 지점은 정적 방향과 부적 방향을 구분하는 지점으로 볼 수 있고, 이 중간 지점에서 떨어진 거리는 바로 감정의 강도를 나타낸다.
- 감정이 향하는 목표물, 활동 또는 아이디어의 대상이 있다. 다양한 정의적 특성 중 불안을 고려해 보면, 사람은 학교, 수학과목, 사회적인 상황 또는 수업 등에 반응을 하게 되며, 이들 각각이 불안의 대상이 될 수 있다.

〈표 8-1〉에서 언급된 다섯 가지 특징 외에도 많은 학자들의 공통된 의견은 정의적 영역은 대부분이 학습된다는 점이다. 즉, 태어날 때부터 가지게 되는 부분도 있지만 그보다는 후천적으로 학습된 결과로 형성된다는 것이 공통된 의견이다. 이러한 특징은 정의적 영역이 교육의 결과에 의해 바람직하고 올바른 방향으로 발전될 수 있는 가능성을 가지고 있는 것으로써 학교교육에 큰 의미가 있다고 볼 수 있다.

2. 정의적 영역과 학습

학교교육의 목표를 전인적인 인격의 형성으로 본다면, 현재 우리나라는 전인교육의 결과를 제대로 이끌어 내지 못하였으며, 정의적 측면에서 실패하였다고도 할 수 있다. 이처럼 정의적 영역은 학습과정에 영향을 주는 요소로써 그 중요성이 매우 크다고 할 수 있다.

우리가 인간다운 삶이 보장되는 건강한 사회를 원한다면, 정의적 특성을 평가하는 일을 소홀히 할 수는 없을 것이다. 또한 교육과정에서 준법성, 정직성, 협동성 등 정의적 특성이 교육목표로 설정되어 있다면, 그것을 가르치고 평가하는 일은 교사의 당연한 의무이다. 비록 정의적 영역의 교육이 인지적 영역의 교육만큼 교수방법이나 평가방법 면에서 개발되어 있지는 않지만 그렇다고 해서 정의적 학습목표의 평가가 경시될 수는 없다(공영은, 2017).

비네와 시몬이 공동 집필한 『아동의 지능 발달(The development of intelligence in children, 1916)』이란 책을 보면, 지능검사의 아버지라 할 수 있는 비네가 지능검사를 제작할 당시 가졌던 정의적 특성에 대한 그의 견해를 발견하고 상당한 흥미로움을 느낄 수 있다. 우선 비네는 정의적 특성은 학습을 성공적으로 하기 위해 꼭 필요한 것으로, 이러한 정의적 특성(예: 태도, 품성, 감정, 정서, 의지, 용기 등)들이 먼저 발달되어 있어야만 지적인 활동, 즉 학습을 하는 데 어려움을 겪지 않는다고 진술하였다. 또한 정의적인 특성들은 실제 학교에서 학습하는 데에도 중요한 역할을 할 뿐만 아니라, 학교를 떠난 후에도 계속적으로 중요한 역할을 한다는 것이다. 결론적으로 비네는 생활의 장은 지능의 투쟁장이라기보다는 품성의 투쟁장이기 때문에 정의적 특성의 발달은 지적 특성의 발달만큼 중요하다고 강조하였다.

표 8-2. 비네가 정의적 특성의 중요성을 강조한 이유

- 의지, 주의력, 용기, 규칙성, 연속성, 유순성 등과 같은 비인지적 특성은 학교에서의 학습을 성공적으로 이루어 내기 위해 꼭 필요하다.
- 생활의 장은 지능의 투쟁장이라기보다는 품성의 전장이기 때문에 이들 비인지적 특성들은 학교교육의 성과로서도 중요하다.

그후 60년쯤 후에 타일러(1973)는 교육에 있어서 정의적 특성의 중요성에 관한 논의에서 인간의 가치와 태도는 수단으로서도 중요함과 동시에 교육적인 목표로서도 중요하다고 하였다. 즉, 인간의 감정, 정서, 가치, 품성, 태도 등은 학교학습에 수단으로서 영향을 미침과 동시에 학교교육의 목적으로서 중요한 역할을 하고 있다는 것이다.

비네와 타일러가 언급한 정의적 영역의 중요성에 대한 인식은 블룸(1976)의 학교학습 모형에서 더욱 구체화되고 있다. 학습자는 수업이 진행되는 동안에 이미 수업 전 자신이 가지고 있던 인지적 투입 행동뿐만 아니라 정의적 투입 특성을 가지고 학습과제에 임하게 된다. 정의적 투입 특성 또는 정의적 출발점 행동은 학생이 어떠한 감정이나 느낌을 가지고 새로운 학습과제를 받아들이는가를 말하는 것으로써 흥미, 태도, 가치, 자아존중 등의 복합적인 개념으로 정의되고 있다. 어떤 학습과제에 보다 많은 흥미를 지니고 있는 학생은 그 과제의 학습이나 수업에 보다 주의를 잘 집중하고, 학습을 방해하는 행위를 적게 하며, 지구력이 더 강하고, 결과적으로 성취도가 보다 높아지는 경향이 있다. 블룸은 정의적 출발점 행동이 학습자의 학업성취도에 미치는 영향이 25% 정도가 된다고 설명한다. 이러한 맥락에서 비추어 볼 때, 정의적 영역이 중요하다는 다양한 이유 중 가장 본질적인 요인은 정의적 영역이 교육의 목적을 달성하기 위한 본질이 될 뿐만 아니라 수단으로써도 작용된다는 데 있다(강승호 외, 2012).

하나의 단위의 학습과정이 끝나거나 학생이 학교를 떠날 때 가지게 되는 정의적 특성을 정의적 성과(affective outcome)라고 한다. 이러한 정의적 학습성과가 학교학습에서 중요한 이유는 여러 학자들에 의해서 밝혀져 왔다. 클라우스마이어(Klausmeier)와 구드윈(Goodwin)(1975)도 '태도와 가치는 사람이 주어진 상황에서 어떻게 적응해야 하며 인생에 있어서 무엇을 추구해야 하는지를 결정하는 데 있어 중요하므로, 학교에서 배우는 것들 중에서 가장 중요한 성과 중의 하나이다'라고 하였다. 또한 헤즈버그(Hesburgh, 1979)는 '교육은 지적인 작업이고 끊임없는 지식의 추구이지만 인간의 가치가 없이는 사람은 영리한 존재는 될 수 있어도 완전한 인간적인 존재는 될 수 없다'고 하여 정의적 특성의 중요성을 강조하였다.

이처럼 많은 교육자와 학자들이 정의적 성과가 학교교육의 주요한 결과라는 견해를 밝혀 왔으며, 따라서 정의적 특성은 교육의 중요한 목적이 되어야 한다고 제안해 왔다. 그러나 이러한 중요성을 인식하고 있음에도 불구하고 과거의 학교교육은 정의적 영역에 대한 교육을 회피하거나 소홀히 해 왔다. 정의적 영역의 교육이 소홀해진 것은 현재 학교현장에서 사용되고 있는 평가방법이나 관행이 학생들의 정의적 성과를 제대로 평가하기에 부족하기 때문이라는 주장도 있다(강승호 외, 2012; 공영은, 2017).

3. 정의적 영역 평가의 중요성

정의적 영역의 평가가 중요함에도 불구하고 학교교육에서는 현실적으로 정의적 영역에 대한 평가가 원활히 이루어지지 않고 있다. 이는 정의적 영역 자체가 가지고 있는 개념적 모호성으로 인해 평가자체를 기피하게 되는 것이다. 이러한 현실적 어려움에도 전인교육, 창의지성교육을 지향해야 한다는 대전제를 충족시키기 위해서는 정의적 영역 교육과 이에 따르는 평가를 도외시할 수는 없다. 학교교육에서 정의적 영역의 평가를 중요시해야 하는 이유를 구체적으로 살펴보면 〈표 8-3〉과 같다(공영은, 2017; 김진규, 1987; 박도순 외, 2007; 황정규, 2004).

표 8-3. 학교교육에서 정의적 영역의 평가의 중요성

구분	내용
황정규 (2004)	• 우리의 교육이 전인교육, 인격교육, 인간교육을 지향한다면 그러한 성숙된 인격체를 구성하는 가장 핵심적인 요소 중 하나가 '정의'라는 점에서 정의적 영역의 목표가 달성되고 있는지, 성장하는 중인지 혹은 형성되고 있는지를 평가하는 일은 당연한 학교교육의 책무이다. • 학교학습 장면에서 '정의'는 추진력의 역할을 한다는 점에서 중요하다. 교육이 학생에게 지적인 성공과 실패의 연속상에서 학생의 등급이나 점수를 매겨 주는 일에 있는 것이 아니라 학생들로 하여금 긍정적인 '정의'의 형성을 도와주는 것이라면, 학교는 평가의 기능이나 기타의 노력을 통하여 학생들이 긍정적 정의를 형성하는 데 이바지해야 한다. • 학교의 교육과정, 교과서 등 학생 교육내용의 개선을 위한 의사결정에 이바지되는 정보를 얻기 위해 정의적 영역의 교육 및 평가가 필요하다.
김진규 (1987)	• 한 국가나 사회의 건전한 발전은 인간의 지적 발달에만 의존하는 것이 아니라 오히려 지적 성취를 통제할 수 있는 인간의 정의적 특성에 크게 좌우된다고 할 때, 국가 사회적 차원에서 지적 교육의 평가 못지 않게 정의적 교육이 평가가 중시되어야 한다. • 개인의 정의적 특성은 원만한 전인적 발달을 구성하는 요소로서 중요한 역할을 하고 있기 때문에 학교에서는 이를 평가할 책임이 있다. • 수업의 과정에서 정의적 특성은 학습의 촉진제 및 출발점 역할을 한다. 학습에 대한 개인의 정의적 특성이 긍정적 혹은 부정적이라는 것이 학생의 학업성취 성공과 실패를 결정짓는 중요한 요소가 된다. • 학생들에게 객관적인 정의적 특성의 정보를 제공함으로써 학습에 불필요한 문제행동을 치료하거나 교정할 수 있다고 본다. 개인의 행동발달을 평가한 자료를 학생들에게 제시하면, 학생들은 스스로 바람직한 행동발달을 위해 자신의 현재 위치를 파악하고 부족한 부분을 개선하기 위해 노력할 수 있다고 주장한다.

블룸(1976)의 학교학습 모형에 따르면, 학생의 정의적 특성은 학습과정에 미치는 영향이 매우 크다. 따라서 학생의 학습을 촉진시키기 위해서는 학생이 학습에 임하기

전에 어떤 정의적 특성을 얼마만큼 가지고 있는지 알아야 한다. 이것이 바로 정의적 영역의 진단평가로써 활용될 수 있고 이를 통해 교사나 학생은 앞으로의 학습에 대한 방향과 깊이를 설정할 수 있다.

학교수업이 인지적 영역의 목표뿐만 아니라 정의적 교육목표를 추구하면서도 정의적 영역 교육목표에 대한 평가를 무시한다면, 수업이나 교육과정이 정의적 목표를 얼마나 효과적으로 학생들에게 성취시키고 있는지를 알 수가 없다. 이렇게 일련의 교육활동이나 수업활동이 끝난 뒤에 목적으로서의 정의적 특성이 어느 정도 성취되었는가에 대한 정보를 수집하고 판단하는 것은 정의적 영역에 대한 총괄적인 평가이다. 하지만 정의적 영역 평가는 일련의 교육활동이 끝난 다음에만 실시할 수 있는 것은 아니다. 수업의 단위가 완전히 끝나기 전에 어떤 교과나 그 교과가 다루고 있는 주제에 대하여 학생이 가지고 있는 여러 가지 정의적 특성에 관한 정보를 충분히 얻는 형성평가도 가능하며, 이를 통해 학생 및 교육 프로그램 개선에 피드백을 줄 수도 있다.

1) 정의적 영역 평가 내용요소의 측면

정의적 영역 평가의 내용적 특성을 살펴보면, 학자들마다 다양한 의견이 존재하지만 일반적으로 분류되는 공통적인 특성들이 있다. 앤더슨(1994)은 학교학습 및 학교교육과 관련된 일곱 가지의 정의적 특성을 태도, 흥미, 가치, 선호, 학업적 자기존중, 통제의 소재, 불안으로 나누어 설명하고 있다. 이러한 특징을 구체적으로 살펴보면, <표 8-4>와 같다.

표 8-4. **앤더슨의 정의적 특성 일곱 가지 요소에 대한 개념적 정의**

특성	정의
태도	태도는 일반적으로 적당한 강도를 지니고 있고, 방향에 있어서는 호의적 또는 비호의적 태도를 지니며, 어떤 대상을 향해 형성되는 전형적인 감정이다. 감정과 어떤 특정한 대상 간의 결합은 학습되며, 일단 학습이 되고 나면 그 대상이 존재할 때마다 똑같은 감정을 일관성 있게 경험하게 된다.
흥미	흥미는 어떤 대상 특히 어떤 활동을 향하며, 그 방향은 흥미가 있거나 흥미가 없는 것으로 정해지고, 그 강도는 높고 낮음으로 표현된다. 태도보다 높은 강도를 지니고 있는 감정이며, 학습된 것으로 학습을 통해 조직된다.
가치	가치는 바람직해야 되는 것, 중요하거나 소중한 것 그리고 어떤 행위나 존재의 표준이 개인적으로 또는 사회적으로 받아들여질 수 있는 것 등에 대한 신념이라고 할 수 있다. 즉, 가치는 꽤 오랜 기간 동안에도 비교적 변하지 않고 지속되며, 태도나 흥미보다 잘 변하지 않고 변화시키기도 어렵다고 할 수 있다.
선호	선호는 어떤 대상물, 활동 또는 아이디어를 다른 대상물 또는 아이디어에 반(反)하여 선택하려는 경향성이다. 물론 선호는 여러 다양한 수준의 강도를 지니고 있지만 '받아들이려는'이라는 말을 사용함으로써 일반적으로 낮은 정도의 강도를 가진 감정임을 시사하고 있다.
학업적 자기존중	학업적 자기존중이란 학업적 자아개념의 평가적 요소이며, 정적 방향과 부적 방향을 지니고 있는 특성이다. 이 특성의 대상은 바로 자기 자신이고, 강도는 실제 어떤 사람이 지니고 있는 다른 여러 가지 지각과 신념 그리고 자기 자신에 대한 지각과의 관계에 따라 달라지며, 강도의 범위는 낮은 강도에서 높은 강도에 이르는 폭 넓은 범위를 가지고 있다. 그리고 학업적 자기존중은 학습되는 것으로써 학습의 많은 부분이 타인에 의한 자아의 평가로부터 생겨나는 것과 같다.
통제	통제의 소재는 어떤 개인이 자신의 행동이나 그 행동의 결과에 대한 책임을 받아들이는 정도를 말한다. 일종의 선호라고 할 수 있는데, 방향에는 외적인 방향, 내적인 방향이 있고 강도는 추정하기가 어렵다.
불안	자신의 안전에 대해 어떠한 실제적인 위협 혹은 상상적인 위협을 느끼게 될 때 생겨나는 긴장된 경험을 의미한다.

블룸(1976)은 학교학습 성과로서의 학습자의 정의적 특성을 교과 관련 정의, 학교 관련 정의, 자아 관련 정의로 분류하고 있다. 학습자 교과 관련 정의는 학생이 하나의 특정 교과를 학습하면서 경험하게 되는 성공 및 실패의 비율, 특정한 학습과제가 본인

의 장래 희망 및 목표와 관련된 정도에 대한 학생의 지각 등에 의해서 발생되는 정서이다.

학교 관련 정의는 학생이 전체 교과 학습이나 학교의 전반적인 상황에 대해 일괄적으로 가지게 되는 긍정적 혹은 부정적 정서를 의미한다.

마지막으로 학문적 자아 관련 정의는 학생이 학교학습에서 비교적 장기간에 걸친 성공과 칭찬, 실패와 비난을 통하여 형성된 자기 자신에 대한 지각을 말한다. 학교학습으로 형성된 정의가 자신의 자아에 대한 정의로 심화 및 내면화되는 것을 의미한다고 보았다(박도순 외, 2007).

브리지 등(Bridge et al., 1979)은 학교의 교육과 관련된 정의적 성과를 자아개념, 자아존중, 귀인으로 구분하였으며, 프로우와 구이다(Froh & Guida, 1980)는 이러한 구분에 정신건강이라는 특성을 추가하였다. 올포트(Allport, 1961)는 인성을 한 개인의 특징적인 행동과 사고를 결정하는 개인의 심체적인 체계의 역동적 조직으로 정의 내림으로써 인성을 어떠한 행동이나 특성의 수준을 뛰어넘어 역동적 조직의 수준에서 개념화하였다. 김진규(1987)는 행동발달을 가정과 학교, 사회 전체의 생활 장면에서 특정한 대상에 대한 개인의 정서와 감정을 수반하는 전형적인 행동 특성이 일관성 있고 바람직하게 표현되는 발달 상태라고 주장하였다(강승호 외, 2012).

정의적 영역의 교육목표와 정의적 특성 간의 관련성을 분석해 볼 수도 있다. 크라스왈 등(Krathwohl et al., 1964)은 정의적 교육목표의 분류 항목을 감수(receiving), 반응(response), 가치화(valuing), 조직화(organizaion), 인격화(characterization by a value complex)라는 5대 영역으로 나눈 다음 각 영역마다 2~3개의 하위유목을 두고 있다.

감수는 어떤 자극이나 활동을 기꺼이 받아들이고 자발적으로 주의를 기울이게 되는 것과 같은 민감성을 의미한다. 반응은 어떤 자극 또는 활동에 적극적으로 참여하고 자발적으로 반응하며 그러한 참여와 반응에서 만족감을 얻게 되는 행동을 말한다. 가치화는 특정한 대상, 활동 또는 종류의 가치를 비교하고 연관시켜 통합하는 것을 뜻한다. 조직화는 가치와의 상호관계로 결정되고 그 체계 안에서 가치의 계층 단계를 설정한다. 인격화는 개인의 행동 및 생활의 기준이 되며, 가치관으로써 지속적이고 일관성 있으며 또한 그것이 그 사람의 행동을 예측할 수 있을 정도로 확고하게 그의 인격의 일부로 내면화된 정도를 의미한다(박도순 외, 2007).

감수는 감지, 자진 감수, 선택적 관심이라는 세 개의 하위유목, 반응에는 묵종적 반응과 자진 반응이라는 두 개의 하위유목, 가치화는 가치수용, 가치선호, 가치확신이라는 세 개의 하위유목, 조직화는 가치 개념화와 가치 체계 조직이라는 두 개의 하위유목, 인격화는 일반화된 태세와 인격화라는 두 개의 하위유목으로 나누었다. 정의적 영역 교육목표와 일반적인 정의적 특성과의 관계를 표시하면 〈표 8-5〉와 같다(박도순 외, 2007).

표 8-5. 정의적 교육목표와 정의적 특성과의 관계

<table>
<tr><th></th><th colspan="2">구분</th><th colspan="5">정의적 특성</th></tr>
<tr><td rowspan="12">정의적 교육목표</td><td rowspan="3">감수(1.0)</td><td>1.1 감지</td><td rowspan="7">↑ 흥미 ↓</td><td colspan="4"></td></tr>
<tr><td>1.2 자진 감수</td><td colspan="4"></td></tr>
<tr><td>1.3 선택적 관심</td><td rowspan="5">↑ 감상 ↓</td><td colspan="3"></td></tr>
<tr><td rowspan="2">반응(2.0)</td><td>2.1 묵종적 반응</td><td colspan="3"></td></tr>
<tr><td>2.2 자진 반응</td><td rowspan="5">↑ 태도 ↓</td><td rowspan="5">↑ 가치 ↓</td><td rowspan="8">↑ 적응 ↓</td></tr>
<tr><td rowspan="3">가치화(3.0)</td><td>3.1 가치수용</td></tr>
<tr><td>3.2 가치선호</td></tr>
<tr><td>3.3 가치확신</td><td colspan="2"></td></tr>
<tr><td rowspan="2">조직화(4.0)</td><td>4.1 가치 개념화</td><td colspan="2"></td></tr>
<tr><td>4.2 가치 체계 조직</td><td colspan="4"></td></tr>
<tr><td rowspan="2">인격화(5.0)</td><td>5.1 일반화된 태세</td><td colspan="4"></td></tr>
<tr><td>5.2 인격화</td><td colspan="4"></td></tr>
</table>

2) 정의적 영역 평가방법의 측면

정의적 영역을 구성하고 있는 내용요소는 매우 다양하기 때문에 일원화된 하나의 방법으로는 평가가 불가능하다. 어떤 방법은 다른 방법에 비하여 특정한 정의적 영역을 측정하고 평가하기에 보다 적합할 수 있지만 이것이 모든 영역에 해당되는 것은 아니다. 때로는 하나의 정의적 영역을 평가하기 위하여 두 가지 이상의 방법이 실행되어야 보다 타당하고 효율적인 평가가 가능할 때도 있다.

정의적 영역 평가방법은 하나의 준거보다는 몇 가지 복합적인 기준에 의해서 분류되는 경우가 많다. 정의적 영역에 대한 정보를 수집하는 방법, 수집된 자료를 기록하는 방법, 정보를 수집하는 사람들의 여러 가지 준거를 복합적으로 사용하여 정의적 영역의 평가방법을 분류할 수 있는데, 크게 타인의 관찰에 의한 평가방법과 자기 자신에 대한 관찰결과를 스스로 보고하는 자기보고방법으로 구분할 수 있다〈표 8-6〉.

표 8-6. 정의적 영역의 평가방법

구분	항목	내용
자기 자신에 대한 평가방법	질문지법	질문지법은 정답을 기입하게 하거나 문답에 의해 반응을 수집하는 방법으로 많은 아동이나 학생들을 대상으로 짧은 시간에 일제히 실시할 수 있는 평가방법이다. 질문지법에는 자유반응형, 선택형, 체크리스트형, 유목분류형, 등위형, 평정척도형, 조합비교형 등의 다양한 형식이 있다.
	리커르트 척도법	리커르트 척도법은 각 문항에서 측정하고자 하는 정의적 특성에 대해 매우 긍정적이거나 매우 부정적인 것을 양극단으로 표현하는 평가방법이다. 각 문항에 대한 반응 선택지는 2, 3, 5, 7, 11가지로 구성될 수 있으나 주로 5가지로 나누어져 있는 선택지가 많이 사용된다.
	평정척도법	평정척도법은 피험자가 대상을 어떠한 유목이나 숫자의 연속선 위에 분류하는 측정도구로써 주로 정의적 영역의 존재 유무보다는 행동의 빈도, 정도 또는 수준을 기록하는 평가방법이다.
	의미변별 척도법	의미변별 척도법은 평가자가 측정하고자 하는 개념 또는 대상의 특성과 관련 있는 양극적인 형용사의 짝들로 구성하여 평가하는 방법이다.

구분	항목	내용
	형용사 검목표법	형용사 검목표법은 일반적인 검목표법과는 다르게 어떠한 특성이나 행동의 유무를 기록하는 것이 아니라 그러한 특성이나 행동을 서술하는 형용사를 열거한 목록이다. 형용사 검목표를 작성하려면 평정되어야 하는 대상을 기술할 수 있는 모든 서술어나 형용사를 생각하여 이를 잘 배치해야 한다.
타인의 관찰에 의한 평가방법	검목법	하나의 검목표(checklist)란 주어진 행동이 관찰되었을 때 기록자가 이를 표시할 수 있도록 한 일련의 성격특성이나 활동을 열거한 표를 통해 평가하는 방법이다. 검목법은 대부분의 교과의 학습결과를 평가하는 방법으로 사용될 수 있으며, 특히 어떤 행동의 과정과 작품의 평가 및 정의적 행동평가에 적용될 수 있다.
	평정법	평정법은 주어진 특성의 존재 유무를 따지는 것이 아니라, 그 정도나 수준을 판별하여 평가하고자 할 때 사용된다. 평정법은 관찰자의 판단에 관한 정보를 체계적으로 얻는 방법의 하나이다. 평정은 관찰 즉시 기록될 수도 있고 또는 과거의 기억된 행동들에 근거하여 평정을 하게 하는 경우도 있다.
	일화기록법	일화기록법은 한 학생의 행동에 관한 사건의 관찰기록을 통해 평가하는 방법이다. 즉, 일화기록은 한 학생의 특정한 행동이 있을 때마다 이를 상세히 기록한 종단적 관찰 기록장이다.
	면접법	면접은 다른 학생이 없는 1대 1의 상황에서 좀 더 밀접한 관계하에서 학생을 관찰할 수 있는 기회를 제공해 준다. 면접방법은 다른 평가가치보다 일반적으로 신뢰성이 떨어지며 또한 비경제적이라는 단점을 갖고 있지만, 특별한 문제를 가진 학생을 다루는 데 가장 적절한 방법이라고 할 수 있다.
사회도 측정법에 의한 평가	동료평정방법	동료 간에 의한 평정은 한 학생의 사회적 적응을 이해하는 데 중요한 보조자료가 된다. 특히 학생들의 인기, 통솔력, 집단의 권력구조 및 다른 사람에 대한 관심의 정도를 측정하고자 할 때는 교사에 의한 평정보다는 동료에 의한 평정이 보다 타당한 자료를 제공해 준다.
	추인법	각 학생에게 여러 개의 특성을 설명해 주는 일련의 진술문을 주고 각 설명에 적합한 학생의 이름(한 사람 또는 그 이상)을 적어 내도록 하는 것이다.
	지명법	어떤 특성을 설명하는 한 진술문에 맞는 사람의 이름을 선정하게 하는 대신에, 예를 들어 그가 같이 일하고 싶은 사람, 공부하고 싶은 사람, 또는 같이 앉고 싶은 사람 등의 이름을 지명하도록 하는 방법이다.
	사회도	이 방법은 그 질문에 있어서 지명법과 동일하다. 단지 지명법에 사용되는 그림을 다른 그림으로 나타낸다는 점이 다를 뿐이다. 사회도는 한 집단 내에 역동적 관계를 이해하는 데 도움이 되지만 학생수가 많을 때 이러한 사회도를 구성한다는 것은 상당히 복잡한 작업이 된다.

구분	항목	내용
	사회적 거리측정방법	사회적 거리측정방법은 주어진 일련의 질문에 대해서 한 학생이 모든 학생에게 반응할 수 있도록 하는 것이다. 즉, 이 방법은 한 학생의 주어진 집단을 어떻게 받아들이고 있느냐 뿐만 아니라, 그 집단이 그 학생을 어느 정도 인정하고 배척하느냐 하는 정도를 분석해 낼 수 있으므로 사회도 분석방법보다 더 집단의 사회적 역동성을 파악하는 데 도움이 된다.

타인의 관찰에 의한 평가방법은 관찰자가 관심의 대상을 직접 관찰함으로써 그의 특성에 관한 정보를 수집하는 방법을 의미한다. 이에 반해 자기보고방법은 관심 대상자가 직접 자기 자신의 제반 특성에 관하여 서술, 구술, 체크 등 여러 가지 방법으로 보고하는 것을 통하여 정보를 수집하는 방법이다(강승호 외, 2012).

4. 정의적 영역 평가의 예

공영은(2017)은 사회과 정의적 능력 평가 문항을 사용하여 초등 사회과 정의적 능력 평가도구 분석 연구를 실시하였는데, 그의 연구에서 사용한 정의적 영역의 평가에 대한 구체적인 예를 살펴보면 다음과 같다.

1) 사회과 정의적 능력 평가 문항 1

문항설계

문항 번호	학년 군	정의적 능력	창의지성역량	교과영역
1	3–4	공감	문화적 소양능력	사회 변화와 우리 생활

성취기준	사4084. 생산이 이루어지는 과정을 그림으로 표현하여 설명하고, 노동하는 사람들의 모습을 통해 생산활동의 중요성을 설명할 수 있다.
평가목표	생산이 이루어지는 과정에서 일어날 수 있는 상황 속에서 생산자에 대한 공감능력을 알 수 있다.
자료출처	자체제작
활용시기	수업 후

문항

※ 다음의 상황을 보고 물음에 답하여 봅시다.

1. 배추를 키웠던 농부의 마음을 잘 나타내 주는 모습에 ✔표 하시오.

① 

② 

③ 

2. 농부에게 해 주고 싶은 위로의 말을 골라 ✔표 하시오.

① 

② 

③ 

출제의도

본 문항은 생산이 이루어지는 과정에서 일어날 수 있는 상황 속에서 노동하는 사람들의 정서를 공유할 수 있는지를 알아보기 위해 두 가지 관점에서 출제되었다. 1번 문항에서는 다른 사람이 처한 상황이나 조건으로 인해 공감하는 사람에게 촉발되는 정서적 상태를 묻는 '공유된 정서(느낌)'를 확인하고자 하였고, 2번 문항에서는 상담자가 느낀 바를 내담자에게 전달해 주는 '공감의 의사소통적 요소'를 얼마나 지니고 있는지를 확인하고자 하였다. 이 두 가지 요소 외에 공감의 인지적 요소도 공감의 하위요소에 포함되나 자칫 직관적 물음이 인지적 문항으로 변질될 가능성을 염두에 두고 배제하였다.

학생반응척도

문항 번호	공감의 구성요소	선택 반응	반응 설명
1번	정서적 요소: 감정이입	①	황당한 표정은 다른 사람이 처한 상황이나 조건에 따른 정서(느낌)를 적극적으로 공유하려는 의지가 약한 편에 속함.
		②	웃는 표정은 다른 사람이 처한 상황이나 조건에 따른 정서 상태(느낌)를 이해하지 못함.
		③	위 상황에서의 걱정되고 어두운 표정은 다른 사람이 처한 상황이나 조건을 이해하고 상대방과 그 느낌을 함께 공유할 수 있음.
2번	의사소통적 요소: 느낌 전달	①	타자의 상황을 이해하였으나 사건의 원인을 타자의 부주의로 전가함으로써 공감을 나누는 의사소통능력이 떨어짐.
		②	타자에 대해 느끼고 이해한 바를 정확하고 민감하게 전달할 수 있는 의사소통적 공감능력을 지님.
		③	타자의 상황을 민감하게 받아들이거나 느낌을 적절히 전달하는 의사소통적 공감능력이 부족함.

학생지원활동

문항 번호	공감의 구성요소	학생지원활동
1번	정서적 요소: 감정이입	〈공감훈련 프로그램〉 1) 목표: 주의집중 훈련(관찰하기): 상대방에 대해 비언어적인 행동이나 표현을 보고 관찰함으로써 상대방을 공감할 수 있는 태도 형성 2) 방법 ① 그림을 보고 인물 관찰하기 ② 관찰한 내용을 바탕으로 인물의 마음 상태 추리하기

문항 번호	공감의 구성요소	학생지원활동
		③ 학습 내 친구의 모습과 행동을 관찰하여 보기 ④ 관찰한 내용을 바탕으로 친구의 마음 상태 추리하기
2번	의사소통적 요소: 느낌 전달	〈관점 수용 훈련(내용 이해 반응 훈련)〉 1) 목표: 상대방이 말한 내용에 대해 내용과 느낌을 표현하는 과정에서 타인의 관점수용 2) 방법 ① 그림 보며 일기장의 내용 읽어 주기 ② 일기 주인공의 말을 되풀이하여 말해 보기 ③ 두 사람씩 마주 앉아 한 사람이 현재의 자기 지문 말하기 ④ 상대방은 친구의 말을 듣고 친구의 기분을 생각하며 되풀이하여 말하기 ⑤ 소집단별로 모여 자기가 하고 싶은 이야기하기 ⑥ 친구들은 상대방의 이야기를 듣고 되풀이하여 대답해 주기

유의점

앞의 문항은 4학년 사회과 '생산이 이루어지는 과정'의 학습을 한 후 정의적 능력을 평가하는 것이 효율적이다. 생산자의 판로가 천재지변에 의해 피해를 본 경우 생산자가 겪을 감정을 공유해 보는 데 의의가 있다.

참고자료

- 송호연(1999). 공감훈련 프로그램이 초등학교 아동의 공감과 도움행동 향상에 미치는 효과. 한국교원대학교 대학원 석사학위논문.
- 박선희(2009). 공감의 지리교육적 의의와 수업에의 활용. 한국교원대학교 대학원 석사학위논문.

2) 사회과 정의적 능력 평가 문항 2

문항설계

문항 번호	학년 군	정의적 능력	창의지성역량	교과영역
2	3-4	사회 정의 (공감)	민주시민의식	사회 변화와 우리 생활

성취기준	사4124. 사회적 소수자에 대한 편견 및 차별 사례를 찾고 인권 보호 방법을 찾을 수 있다.
평가목표	사회적 소수자에 대한 편견을 극복하고 사회정의를 실현하기 위해 노력할 수 있다.
자료출처	자체제작
활용시기	수업 전 · 중 · 후

문항

※ 푸름초등학교 학생들은 학예회에서 노래와 춤으로 뮤지컬 「영웅」을 발표하기로 하였다. 다음을 보고 누가 주인공 역할을 맡아야 하는지 투표용지에 ✔표 하시오.

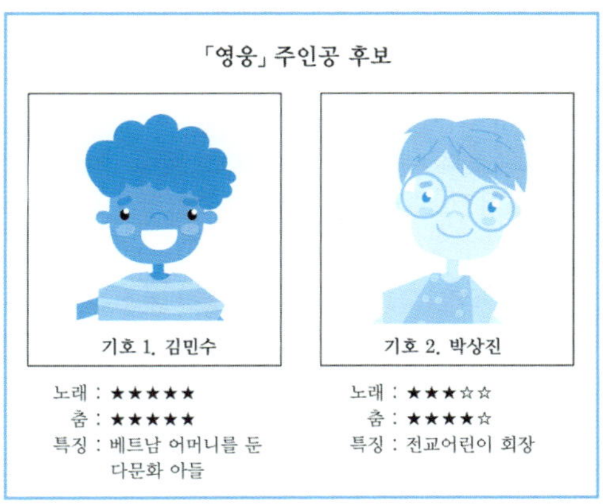

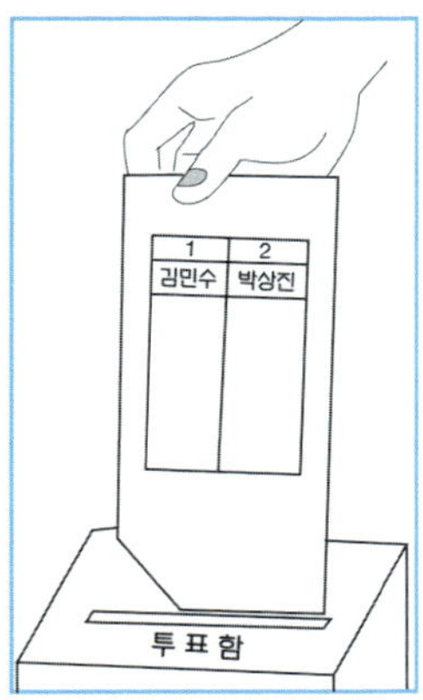

출제의도

정의사회의 조건으로 '공정과 공평'이 있다. 공정은 절차적 정의와 관련된다면 공평은 결과적 정의를 의미한다(권두언, 2011). 태생적 한계로 우수한 실력을 가진 민수가 뮤지컬 '영웅'에 선발되지 않는다면 공정(절차적 정의)에 위배된다고 볼 수 있다. 사회적 정의가 제대로 실현되는 상황이라면 공정한 기준에 의거하여 출신배경, 권력, 사회적 편견에 상관없이 노래와 춤 실력이 뛰어난 민수가 뮤지컬 '영웅'의 주인공으로 선발되어야 한다. 이러한 사회적 정의에 대한 아이들의 가치관과 태도를 알아보기 위해 이 문항은 제작되었다.

학생반응척도

반응척도	구분	학생반응척도
민수	공정형	민수를 뽑은 학생은 사회정의 실현에 대한 태도가 높고 출신 배경, 권력, 사회적 편견 등에 좌우되지 않는 학생으로 해석할 수 있다.
상진	차별형	상진을 뽑은 학생은 사회정의 실현에 대한 태도가 낮고 출신 배경, 권력, 사회적 편견 등에 좌우되는 학생으로 해석할 수 있다.

학생지원활동

구분	지원활동(환류방안)
공정형	사회적 소수자들의 권리 실현에 대한 긍정적인 가치관이 형성되어 있는 아동으로 사회정의에 대한 실천적 행동을 지속할 수 있도록 독려한다.
차별형	아동에게 인터뷰나 역할극 활동을 통하여 간접적으로 사회적 소수자의 어려움을 느껴 보게 하거나 그들의 입장을 대변해 볼 수 있는 기회를 마련한다. 이러한 활동을 통하여 사회적 소수자들에 대한 차별의 심각성을 느끼도록 하고 사회적 소수자들에 대한 올바른 가치관이 형성될 수 있도록 지원한다.

유의점

아동의 유형을 비교적 정확히 파악하기 위해서는 평상시 학습상황에서 사회적 소수자(다문화 아동, 힘이 약하고 인기가 없는 아동)에 대한 태도나 행동을 유심히 관찰해 볼 필요가 있다.

참고자료

- 다문화 지수 테스트

http://hyphen.daum.net/request/campaign/sub/multicultural.do

Chapter

09

평가도구의 양호도

배울 내용

1. 타당도
2. 신뢰도
3. 객관도
4. 실용도

학습 목표

1. 타당도의 개념과 유형의 장단점을 익히고, 향상방안을 모색해 본다.
2. 신뢰도의 개념과 유형의 장단점을 익히고, 향상방안을 모색해 본다.
3. 객관도의 개념과 유형을 파악한다.
4. 실용도의 개념과 향상방안을 모색해 본다.

Chapter

09

평가도구의 양호도

평가를 하려면 평가를 하기 위한 적절한 평가도구가 있어야 한다. 그리고 평가도구는 평가의 목적에 맞아야 하고 믿을 만한 결과를 나타내 주어야 한다. 또한 평가도구는 평가를 시행할 수 있는 현실적인 여건에 맞아야 한다. 이 중 어느 하나라도 부족하거나 적절하지 않으면 평가도구는 쓸모 없는 것이 되고 만다. 따라서 일반적으로 평가도구는 타당도, 신뢰도, 객관도 및 실용도가 높아야 한다. 먼저 〈표 9-1〉의 실험의 예를 통해 타당도과 신뢰도에 대한 개념을 생각해 보자.

표 9-1. **실험의 예**

연구 1		한 연구자가 교육평가 교과목 수업을 듣는 학생(30명)들의 평균 신장(키)을 알고 싶었다. 이를 위해 연구자는 교육평가 수업을 듣는 학생들을 일렬로 줄을 세운 다음, 국가에서 인증받은 체중계에 올라가도록 하였다. 이런 과정을 통해 30명의 몸무게를 측정하여 평균값을 구하였고, 그 결과 교육평가 수업을 듣는 학생들의 평균 신장(키)은 55kg이라는 사실을 알게 되었다.
연구 2		한 연구자가 교육평가 교과목 수업을 듣는 학생(30명)들의 평균 신장(키)을 알고 싶었다. 이를 위해 연구자는 교육평가 수업을 듣는 학생들을 일렬로 줄을 세운 다음 국가에서 인증받은 키측정 도구가 아닌 고무줄자로 키를 측정하였다. 이런 과정을 통해 30명의 키를 측정하여 평균값을 구하였고, 그 결과 교육평가 수업을 듣는 학생들의 평균 신장(키)는 155cm이라는 사실을 알게 되었다.

- 연구 1에서 연구자가 범한 문제점은 무엇이라고 생각하십니까?

- 연구 2에서 연구자가 범한 문제점은 무엇이라고 생각하십니까?

연구 1과 연구 2의 실험의 문제점을 살펴보면, 연구 1에서는 연구자가 교육평가 교과목을 수강하는 학생들의 평균 신장(키)을 알고 싶었지만 측정은 몸무게를 측정하여 결론을 냈다는 것이며, 연구 2의 문제점은 연구자가 신장(키)를 알고 싶어 신장(키)를 측정하였지만 측정도구를 고무줄자를 사용하여 신장(키)를 측정하였다는 것이다. 그럼 이런 문제점을 지니고 있는 연구 1과 연구 2에 대한 다음의 질문에 답해 보도록 하자.

- **연구 1과 연구 2는 타당하고 신뢰로운 연구라고 할 수 있는가?**

연구 1과 연구 2를 구체적으로 살펴보면, 연구 1의 경우 타당하지 않는 연구라고 할 수 있다. 왜냐하면 타당도는 '측정하고자 하는 것을 측정했는가?'에 대한 것으로 연구자가 신장(키)를 측정하고자 했지만 몸무게를 측정하였기 때문에 타당하지 않는 연구라고 할 수 있다. 이에 비해 연구 2는 연구자가 신장(키)를 측정하고자 하였고, 신장(키)를 측정하였기 때문에 타당한 연구라고 할 수 있다. 하지만 연구 2는 국가에서 인증받은 도구를 사용하지 않고, 상황에 따라 오차가 크게 발생할 수 있는 고무줄자를 사용하였기 때문에 그 결과를 믿을 수 없다는 문제점을 가진다. 이것은 신뢰도의 문제이다. 즉, 신뢰도는 측정도구의 안정성을 의미하기 때문에 연구 1는 비록 타당도는 없지만 국가에서 공인된 체중계를 사용하였기 때문에 여러 번 측정하더라도 측정값의 오차가 미비할 것으로 예상되지만 연구 2에서 사용한 고무줄자는 측정할 때마다 오차가 큰 범위로 발생할 가능성이 매우 높기 때문에 신뢰도가 떨어질 수밖에 없다.

1. 타당도

타당도(validity)는 어떤 측정으로 얻어진 자료가 가리키는 대상이 연구자가 알고자 하던 것과 일치하는 정도이다. 다시 말해 측정결과가 그것이 목표로 하는 특성을 반영하는 정도를 의미한다. 좋은 측정은 측정대상의 개념과 정확히 관련되고, 측정대상이 아닌 것과 철저히 무관하며, 외적 준거에 의해서도 잘 지지된다. 앞에서 제시된 연구에서 신장(키)을 측정하려고 의도하였다면 신장(키)을 측정하는 것을 타당도라고 할 수 있다. 다시 말해 타당도란 "자료가 측정하고자 하는 것을 제대로 측정하고 있는지", "검사에서 임상가가 필요로 하는 정보를 얻을 수 있는지"에 관한 문제이다. 예들 들어, 학교에서 실시한 지능(IQ) 검사가 알고 보니 학생들의 학업성취도를 평가였다면, 이런 검사는 타당하지 않다고 말할 수 있다.

이와 같은 타당도는 안면 타당도, 내용 타당도, 준거 관련 타당도 및 구성 타당도로 구분할 수 있다.

1) 안면 타당도

안면 타당도(face validity)는 표면(表面) 타당도라고도 하며, 특정 검사에 대한 사람들의 반응을 기초로 검사 목적 혹은 주제가 검사에 잘 반영되어 있는지 확인하는 것이다. 즉, 검사에 대해 사람들이 쉽게 알아챈다면, 안면 타당도가 높다고 할 수 있다.

측정도구가 그 주제를 잘 내포하고 있는지 확인한다는 점에서는 내용 타당도와 공통점이 있지만, 전문가가 아닌 일반인 응답자들의 시각에서 확인할 때 안면 타당도라고 부른다. 안면 타당도가 높을 경우 응답자는 이것이 자신에게 어떤 의미를 갖는지를 이해하고 더욱 성심성의껏 응답할 수 있다. 그러나 여기에는 치명적인 부작용이 있는데, 특히 심리검사의 경우, 응답자가 허위반응(faking response)과 같은 반응 패턴을 보임으로써 자기 자신을 숨기려고 할 수도 있다는 점이다. 그리고 연구자가 의도하거나 원하는 게 무엇인지 알아채고, 공연히 그것에 부합하려 하거나 혹은 거부하려 하는 패턴을 보일 수도 있다. 이 때문에 안면 타당도가 높은 것이 문제가 되는 일부 검사에서는 질문의 순서를 섞거나, 중요하지 않은 문항들을 중간중간에 끼워 넣는 식으로 연막을 친다.

다시 말해 전문가가 아닌 일반인 피검사자에게 검사를 살펴보고 그 검사가 무엇을 측정하려고 하는지를 물어보는 것이다. 이 안면 타당도는 과학적인 절차를 거치는 것이 아니기 때문에 안면 타당도가 높게 나왔다고 해서 진정한 의미의 타당도가 높다고 말할 수는 없다.

2) 내용 타당도

내용 타당도(content validity)는 측정도구가 그 구성개념의 모든 측면을 두루 잘 포괄하고 대표하는지 확인하는 방법이다. 즉, 개념적 대표성이 충분하다고 인정받을 때 내용 타당도가 높아진다. 내용 타당도는 안면 타당도 분석과는 달리 내용 타당도 분석은 전문가가 검사내용을 평가하고 좀 더 체계적인 과정을 거치게 된다. 예를 들어, 외국어 능력을 측정한다고 하면서 말하기, 듣기, 읽기, 쓰기의 네 가지 영역을 골고루 측정하지 않고 그중 일부만 측정한다면 내용 타당도가 충분하지 않다고 할 수 있다. 또한 영어회화 능력을 측정한다고 하면서 물질명사가 가산이냐 불가산이냐 하는 것만 내내 묻고 있으면 그것 역시 타당한 측정이라고 보기 어렵다. 물론 문법도 어학에서 중요한 측면이긴 하지만 결코 전부는 아니다. 교사와 영어로 대화를 하면서 자신의 근황을 잘 설명할 수 있는지, 자신의 취미생활을 소개할 수 있는지 같은 측면들을 평가하는 것이 훨씬 타당할 수 있다

내용 타당도는 일반적으로 각 전문가들로 구성된 응답자 풀에서 토의, 워크숍, 간담회, 좌담회를 거침으로써 얻어지게 된다. 이를 위한 별도의 초점집단(focus group)을 구성하는 것도 가능하다. 하지만 내용 타당도는 전반적으로 질적인 타당도 기준이기 때문에 통계적 처리를 할 방법이 없으며, 주관성이 개입될 수 있다는 한계를 갖는다.

3) 준거 관련 타당도

준거 관련 타당도(criterion-related validity)란 심리검사와 준거와의 관련성을 분석하는 것이다. 준거란 검사를 평가하기 위한 기준을 의미한다. 즉, 검사 외적 준거에 비추어 보아 결과가 유사한지 확인하는 방법으로 검사의 결과가 예측한 내용이 외적 준거에 의해 지지된다면, 준거 관련 타당도가 높다고 할 수 있다. 준거 관련 타당도는 검사 외적 준거를 통해 얻어진 자료와 측정을 통해 얻어진 자료를 상관분석함으로써 산출한다. 이 타당도는 입사면접이나 미래예측과 관련된 의사결정 등에서 유용하게 사용된다. 준거 관련 타당도에는 예언 타당도와 동시 타당도가 있다.

(1) 예언 타당도

예언 타당도(predictive validity)는 우선 검사 자료를 확보한 이후에 시간이 지남에 따라 그 예측한 바가 얼마나 현실 속의 준거에 부합하는지 확인하는 방법이다. 즉, 시간이 지나서 예측이 맞다면, 예언 타당도가 높다고 할 수 있다. 예를 들어, 〈그림 9-1〉과 같이 기존의 선발방식으로 신입사원을 모집할 시 신입사원의 적성검사(새로운 검사)를 실시한 후 6개월에서 1년이 지난 후 직무수행검사 점수를 예측하는 것이다. 그 결과

상관계수가 높게 나오면 새로운 적성검사의 예언 타당도가 높음을 의미한다.

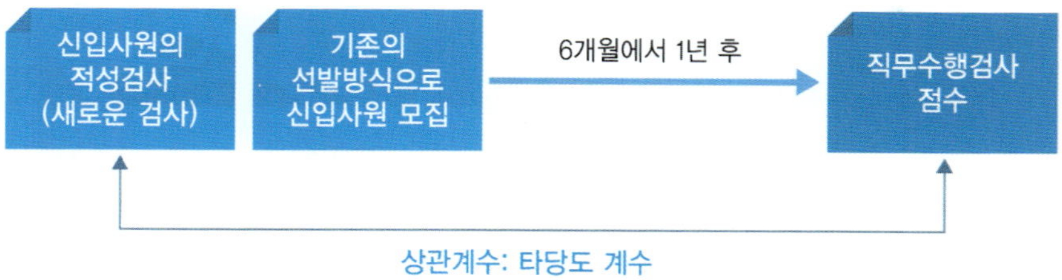

그림 9-1. **예언 타당도의 예**

다시 말해 예언 타당도는 앞으로의 미래에 벌어질 일을 이야기하는 타당도라고도 할 수 있다. 다만 이를 확인하기 위해서는 "기다려야 한다"는 현실적 제약과 부담이 따른다. 예언 타당도를 측정할 때 고려해야 할 사항은 〈표 9-2〉와 같다.

표 9-2. **예언 타당도 측정 시 고려할 점**

- 새로운 적성검사를 통해 사람을 선발하는 것이 아니라 이 검사는 그냥 점수만 알아 두고 기존의 검사를 가지고 선발해야 한다.
- 회사에 입사한 후 바로 직무수행점수를 얻어서는 안된다. 능력을 발휘하는 데는 어느 정도의 시간이 필요하기 때문이다.
- 타당도를 구하는 데 사용된 표집이 모집단을 얼마나 잘 대표하느냐의 문제이다.

(2) 동시 타당도

예언 타당도의 문제점은 오랜 시간을 기다려야 하는 것이다. 이 문제를 해결할 수 있는 것이 동시 타당도이다. 동시 타당도(concurrent validity)는 공인 타당도라고도 한다. 기존에 존재하는 외적 준거를 통한 자료와 새로 제작한 측정도구의 측정결과를 동시에 확보하여 결과가 유사한지 확인하는 방법이다. 이렇게 측정된 값이 유사하다면, 동시 타당도가 높다고 할 수 있다.

측정자료와 준거자료가 서로 같은 시점일 때 동시 타당도가 된다. 이것은 예언 타당도에 비해 더 객관적이고 양적인 타당도에 속하며, 외적 준거와 측정의 수행이 동시에 비교된다. 기존의 검사지를 개정하거나 대체할 새 검사지를 만들었을 때에도 동시 타당도를 통해서 그 타당도를 보장받을 수 있다. 물론 이 경우에는 기존의 유사한 측정이 존재하지 않을 경우에는 쓸 수 없다는 한계점을 가지고 있다.

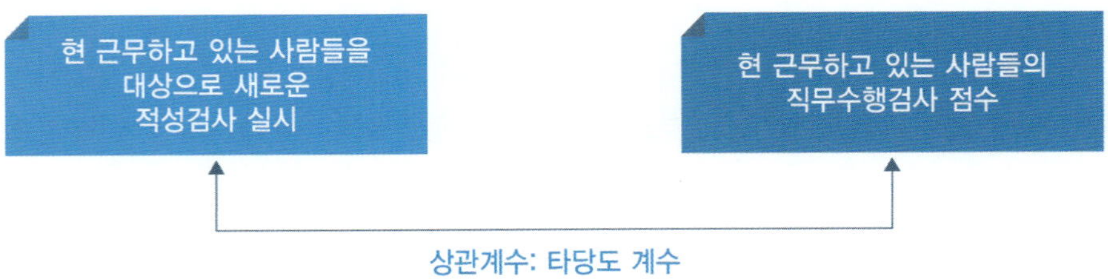

그림 9-2. **동시 타당도의 예**

동시 타당도의 장점은 오랜 시간을 기다리지 않아도 된다는 것이며, 단점으로는 응시자가 아닌 이미 선발된 사람들을 대상으로 자료를 모은다는 것이다. 즉, 모집단을 잘 대표하는 표본이 아니라는 것이다.

4) 구성 타당도

구성 타당도(construct validity)는 구성개념 타당도 또는 구인(構因) 타당도라고도 한다. 이것은 어떤 검사가 그 기저에 존재하는 이론의 구성개념(construct) 혹은 개념(concept)을 정확히 측정하고 있는지를 보는 타당도로, 측정된 결과물이 실제로 측정하고자 했던 구성개념과 얼마나 유사한지를 살펴보는 것이다.

구성 타당도의 핵심은 조작화(operationalization) 또는 조작적 정의(operational definition)라고 할 수 있다. 구성개념(construct)은 보통 추상적인 성질의 것이라 직접 관찰할 수가 없기 때문에, 이를 관찰 가능하고 측정 가능한 지표들로 환산해서 측정하게 되는데, 이러한 환산 과정이 조작화 또는 조작적 정의이다. 예를 들어, 우울(depression)이라는 추상적인 구성개념을 측정하기 위해 기존의 심리학 연구와 이론을 토대로 우울과 관련되거나 또는 우울을 구성한다고 할 수 있는 일련의 증상들과 지표들(예: 자신감 저하, 기력의 저하 등)을 측정한다. 또는 추상적인 자존감(또는 자긍심, self-esteem)을 측정하기 위해 이와 관련된 특성이라고 밝혀진 사교성이나 낙관적 태도 등을 측정한다. 그리고 창의력을 측정하기 위해 창의력이 민감성, 이해성, 도전성, 개방성, 자발성, 자신감 등의 개념들로 구성되어 있다는 조작적 정의에 근거하여 검사를 제작, 실시할 수 있다. 구성 타당도가 높음을 입증해 보일 수 있는 실험설계상의 방법 중 하나가 바로 조작 점검(manipulation checks)이다. 구성 타당도는 수렴 타당도와 변별 타당도로 구분할 수 있다.

(1) 수렴 타당도

수렴 타당도(convergent validity)는 동일한 개념을 측정하기 위한 상이한 측정방법을 동원하여 양쪽의 결과가 유사한지 확인하는 방법이다. 다시 말해 같은 것을 측정하는 도구끼리는 같은 결과를 나타내야 한다. 유사하다면, 수렴 타당도가 높다고 할 수 있다. 예를 들어, 술 취함(drunkenness)을 측정할 때 호흡측정과 혈액검사의 결과가 유사하게 나오거나, 우울(depression)을 측정할 때 설문조사와 참여관찰의 결과가 유사하게 나오거나, 지능을 측정하는 두 개의 서로 다른 지능검사의 결과 사이에 상관관계가 있다면 이 도구들의 수렴 타당도가 높다고 말할 수 있다.

수렴 타당도의 논리적 단점으로는, 정확히 어느 정도 이상의 상관계수가 나와야 비로소 타당하다고 말할 수 있을 것인지에 대한 명확한 합의가 없다는 것이다. 또한 타당도를 확인하는 과정에서 서로 간의 관찰 수준(level of observation)을 합치시키는 것에 대한 논리가 부족하다.

(2) 변별 타당도

변별 타당도(discriminant validity)는 확산 타당도(divergent validity)라고도 한다. 동일한 측정방법을 동원하였으나 상이한 개념에 대해 측정하여 양쪽의 결과가 유의하게 달라지는지 확인하는 방법이다. 다시 말해 같은 도구더라도 서로 다른 것을 측정할 때에는 다른 결과를 나타내야 한다. 만약 유의한 차이가 나타난다면, 변별 타당도가 높다고 할 수 있다. 예를 들어, 어떤 기업에서 신입 사원 모집의 목적으로 직무 적합성 검사를 실시한 결과가 지원자들의 IQ 검사 결과와 상관관계가 높게 나온다면, 이 직무 적합성 검사가 정말로 그것이 의도한 대로 직무 적합도를 측정한 것인지 아니면 IQ를 측정한 것인지 불분명해지므로 변별 타당도가 떨어진다고 할 수 있다. 마찬가지로 자아도취(narcissism)이라는 구성개념을 측정하는 검사의 결과와 이 구성개념과 유사해 보이지만 이론적으로 분명히 구분되는 자존감(self-esteem) 검사 결과 사이에 상관관계가 높게 나타난다면 자아도취 검사의 변별 타당도가 떨어진다고 할 수 있다. 또 다른 예로 극단주의를 측정하는 도구가 있다고 할 때, 해당 문항에서 권위주의 같은 엉뚱한 것을 측정하게 된다면 이 역시 변별 타당도가 떨어진다고 볼 수 있다. 이런 문항이 포착된다면 그것을 삭제하거나 아니면 일종의 더미 데이터로 취급하거나, 아예 중도주의처럼 연구대상과 정반대의 구성개념을 측정하는 문항의 결과를 가지고 역채점을 할 수도 있다.

5) 실험설계에서의 타당도

실험법에서도 타당도 개념이 활용된다. 지금까지 살펴본 타당도가 특정한 측정에 대한 것이라면, 여기서는 설계(design)의 관점에서 타당도가 논의된다. 실험의 결과 자료로 나타나는 인과관계가 어디까지 타당하다고 볼 수 있는지에 대한 논의로, 내적 타당도와 외적 타당도 두 가지가 있다. 〈표 9-3〉의 두 가지 타당도는 상충관계(trade-off)에 있어서, 어느 하나가 높아지면 필연적으로 다른 하나가 낮아질 수밖에 없다.

표 9-3. **실험설계에서의 타당도**

구분	내용
내적 타당도 (internal validity)	어떤 실험설계를 따랐을 때 나타나는 처치의 효과(treatment effect)가 정말로 처치(treatment) 때문이라고 얼마나 장담할 수 있는가에 대한 개념이다. 다시 말해 그 결과가 정말로 그 원인 때문임을 입증할 수 있는 정도를 말한다. 내적 타당도를 높이려면 외생변인(exogenous variable)의 혼입(confound)을 방지해야 한다. 가장 대표적인 내적 타당도 제고 방안이 바로 무선할당(random assignment)이며, 그 외에도 짝짓기법(matching), 블록화(blocking), 반복측정(repeated measures) 등이 있다. 공분산분석(analysis of covariance)을 활용하는 통계적 통제도 물론 가능하다.
외적 타당도 (external validity)	어떤 실험설계를 따랐을 때 처치(원인)로 인하여 나타나는 처치의 효과(결과)가 다른 조건, 다른 환경, 다른 표본, 다른 맥락, 다른 문화 속에서도 여전히 나타날 것이라고 얼마나 장담할 수 있는가에 대한 개념이다. 다시 말해 그 결과가 정말로 그 원인 때문이라는 주장을 일반화(generalize)할 수 있는 정도를 말한다. 외적 타당도를 높이려면 가능한 한 많은 변인들을 개입시킬 필요가 있으며, 실험이 현실에 부합하도록 현장감을 최대한 부여해야 한다. 내적 타당도가 변인들을 최대한 통제해야 한다면, 외적 타당도는 변인들을 최대한 풀어놓아야 하므로, 이 둘을 동시에 만족시키는 단일 실험 사례는 사실상 존재하지 않는다.

6) 타당도를 높이일 수 있는 방법

지금까지 평가도구의 타당도와 실험설계에서의 타당도에 대해 살펴보았다. 평가의 타당도는 높을수록 좋다. 그러므로 평가의 타당도를 높이기 위해서는 타당도를 저해하는 요인이 무엇인지를 알고 이에 대처하는 것이 현명하다. 따라서 〈표 9-4〉와 같은 방안들을 고려해야 한다.

표 9-4. 평가도구의 타당도를 위한 고려사항

- 평가하고자 하는 영역을 제대로 평가할 수 있는 적절한 평가방법을 채택해야 한다. 말하기 능력을 지필 검사로만 평가할 수는 없을 것이다.
- 평가내용을 적절하게 선정해야 한다. 평가문항이 교육의 목표나 내용과 일치하는지 교육 내용의 범위가 균형 있게 포함되었는지 등을 잘 고려해야 한다.
- 수험자가 어떤 이유에서건 평가에 대해 잘못 알고 있거나 불성실한 태도로 임하거나 평가의 지시문을 바르게 이해하지 못한 경우, 평가의 결과는 원래 평가가 의도한 목적과 목표를 달성할 수 없을 것이다.
- 준거 집단이 평가목적에 맞는 집단인지를 고려해야 한다. 수험자 집단에 따라 어떤 특정 수험자 집단에 대해 높은 변별도를 나타내거나 또는 반대로 아주 낮게 나타날 수 있기 때문이다.
- 평가기준 선정의 적절성으로 평가의 내용이나 방법 등이 적절하다 하더라도 평가기준 자체가 부적절하다면 그로 인해 그 평가 전체는 타당성을 잃을 수가 있다.
- 평가내용의 과대 간소화인데, 언어 능력의 구성요소는 매우 복잡하고 다양하다. 이런 언어 능력을 한 번의 평가로 충실하게 측정하기는 현실적으로 어렵다. 그렇다고 해서 그 복잡한 언어 능력을 평가의 편의를 위해 인위적으로 지나치게 간소화하여 평가의 대상으로 삼는다면 그것은 인간의 복잡한 언어 능력의 구성요소 중 상당 부분을 평가의 대상에서 제외하는 결과를 초래하게 될 것이다.
- 구인요소 선정의 적절성이다. 평가에서 측정의 대상으로 삼는 구성 요인이 처음부터 잘못 정의되었거나 부적절하게 규정되었다면 그 평가는 처음부터 타당도가 높은 평가가 될 수 없을 것이다.

2. 신뢰도

한 사람이 지능검사를 받았는데, 한번은 120, 한번은 90, 한번은 140으로 점수를 받았다면, 그 검사를 받은 사람은 심리검사가 엉터리라고 할 것이다. 이 결과를 전문적 용어로 심리검사의 신뢰도가 낮다고 표현한다. 심리검사에서 신뢰도란 검사점수가 시간의 변화에 따라 얼마나 일관성 있게 나타나는지의 정도를 의미한다. 다시 말해 검사의 신뢰도란 검사가 제대로 만들어졌는지를 판단하는 데 가장 기본이 되는 분석이다. 그러므로 검사의 신뢰도가 낮다면 검사의 타당도를 분석할 필요 없이 그 검사를 사용하지 않는 것이 바람직하다.

신뢰도에는 검사-재검사 신뢰도, 동형검사 신뢰도, 반분 신뢰도 및 내적합치성 신뢰도로 구분할 수 있다.

1) 검사-재검사 신뢰도

검사-재검사 신뢰도(test-retest reliability)는 사람들이 하나의 검사에 대해 서로 다른 시점에서 얼마나 일관성 있게 반응하는지를 알아보는 것이다.

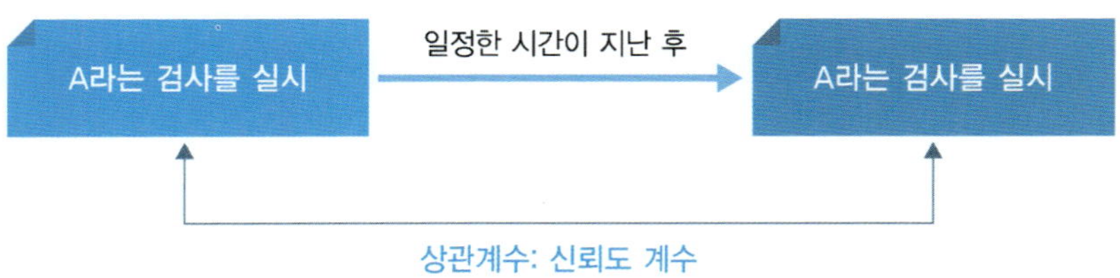

그림 9-3. **검사-재검사 신뢰도**

〈그림 9-3〉과 같이 동일한 검사를 일정한 시간적 간격을 두고 동일한 피검사자에게 두 번 실시하여 결과가 유사한지 상관분석으로 확인하는 것이다. 즉, 두 검사 점수 간의 상관을 구하면 이 계수가 바로 신뢰도 계수가 된다. 이 상황에서 검사점수의 변화에, 개인의 일시적인 기분상태, 실시상의 오류, 추측, 실수, 채점 등의 오류가 영향을 미치게 된다. 검사-재검사 신뢰도를 사용할 경우 주의할 점은 〈표 9-5〉와 같다.

표 9-5. 검사-재검사 신뢰도의 주의할 점

- 두 검사 사이의 시간 간격을 고려해야 한다. 즉, 두 검사 사이의 시간 간격이 너무 길 경우, 측정대상의 속성이나 특성이 변화될 가능성이 높다는 점이다. 예로 초등학교 저학년을 대상으로 독해력을 측정하기 위해 개발된 검사를 6개월 간격으로 실시하였을 때, 6개월 동안 아이들의 독해실력은 개인의 노력, 부모들의 노력으로 인해 개인에 따라 상당하게 차이가 날 가능성이 있다. 이런 경우 신뢰도가 낮게 나옴으로 검사의 신뢰도가 낮다고 결론짓는다.
- 반응민감성(reactivity)이다. 예로 검사를 치른 후 일부 학생들이 확실하지 않은 답을 책에서 찾아볼 수 있다. 이로 인해 그것에 대한 지식이 늘게 되고, 그것이 두 번째 시험점수에 영향을 미치게 된다. 정답이 없는 검사에서도 나타난다. 예로 불안검사를 받은 사람이 '내가 불안수준이 높지나 않을까 또는 높으면 어떻게 하지'와 같은 불필요한 생각 때문에 오히려 불안수준이 증가하여 두 번째 검사에서 불안점수가 더 높아질 가능성이 있다.
- 검사의 시간 간격이 짧다면 첫 번째 검사 때 자신이 답했던 것을 기억해서 그대로 답을 쓰는 경우가 있을 수 있다. 이러한 방법으로 처음의 검사가 재검사에 미치는 영향을 이월효과(carryover effect)라고 한다.
- 시간과 경비가 많이 든다. 동일한 검사를 실시하고 일정한 시간의 경과 후 재검사를 실시해야 하기 때문에 시간과 경비가 다른 검사에 비해 많으며, 또한 검사를 한 피검사자가 재검사를 실시하지 않을 경우 그 자료는 무의미한 자료가 되기 때문에 유의해야 한다.

검사점수가 오랜 시간이 흐른 뒤에 어떤 결과를 나타나는지를 알아보려는 경우에는 검사-재검사법이 바람직하다. 예로 새로운 선발검사를 개발할 때, 검사 개발자는 이 검사를 통해 조직에 들어온 사람이 일정한 시간이 흐른 뒤에 일을 제대로 수행할지에 가장 큰 관심을 가진다. 이런 경우에 검사-재검사법이 바람직하다.

연습효과와 성숙요인이 간섭한다는 한계점에도 불구하고, 검사-재검사 신뢰도만이 갖는 특별한 장점이 있다면, 이것이 동일한 검사를 동일한 피검사자에게 실시하는 유일한 신뢰도 측정기법이라는 것이다. 경우에 따라서는 이것을 "안정성이 높다"고 표현하는 사람들도 있다. 신뢰도가 낮게 나왔을 때 신뢰도 과소측정의 혼입요인으로 다른 검사들은 "사람이 달라서", "문항이 달라서" 등의 대안적 설명이 나올 수 있지만, 적어도 검사-재검사 신뢰도는 그런 설명은 나오지 않는다. 오직 "시간이 달라서"라는 논리만이 가능할 뿐이다. 그래서 사람이나 문항이 다를 경우 큰 문제가 되지만 시간이 다른 것이 큰 문제가 되지 않는다고 여겨지는 검사에서는 검사-재검사 신뢰도가 유용하다.

2) 동형검사 신뢰도

동형검사 신뢰도(parallel form reliability)는 복수양식법(multiple-forms technique)이라고도 한다. 한 검사의 문항들을 비교 가능한 두 가지의 버전으로 만들어서, 두 검사결과 점수가 유사한지를 상관분석으로 확인하는 방법으로, 검사 결과가 유사하다면, 동형검사 신뢰도가 높다고 할 수 있다. 다시 말해 2차 검사실시 때 동형의 검사를 실시한다는 점만 제외하고는 검사-재검사 신뢰도와 유사하다. 동형검사 신뢰도는 검사-재검사 신뢰도와 마찬가지의 제한점을 가진다.

검사-재검사법이나 동형검사는 검사의 신뢰도 추정치를 구하기 위해 모두 동일 또는 동형의 검사를 재실시해야 한다는 단점을 가지고 있다. 검사를 한 번만 해서 신뢰도를 구할 수 있다면 시간과 비용 면에서 상당한 절약을 할 수 있을 것이다. 이처럼 단 한번의 검사로 신뢰도를 구할 수 있는 것은 지금부터 살펴볼 반분 신뢰도와 내적합치성 신뢰도이다.

3) 반분 신뢰도

반분 신뢰도(split-half reliability)는 한 검사의 문항들을 반분(半分), 즉 둘로 나누어서 두 개의 버전으로 만들고, 두 검사결과 점수가 유사한지 확인하는 방법이다. 검사 결과 두 검사 점수가 유사하다면, 반분 신뢰도가 높다고 할 수 있다.

반분 신뢰도는 일반적으로 짝수 문항과 홀수 문항으로 구분한 두 세트의 측정을 비교하게 되며, 각 세트 간에 얻어진 상관계수를 이용한다. 이때 상관계수에 1을 더한 값과 2를 곱한 값을 각각 계산하여 비교하게 되는데, 상관계수가 1에 가까워질 만큼 크다면 비교 결과도 1에 가까운 큰 숫자를 산출하게 되는 반면, 상관계수가 0에 가까워질 만큼 작아진다면 비교 결과도 0에 가깝도록 작은 숫자가 산출된다. 이 논리를 따르는 것이 바로 스피어만 브라운 공식(Spearman-Brown fomula)[1)]이다.

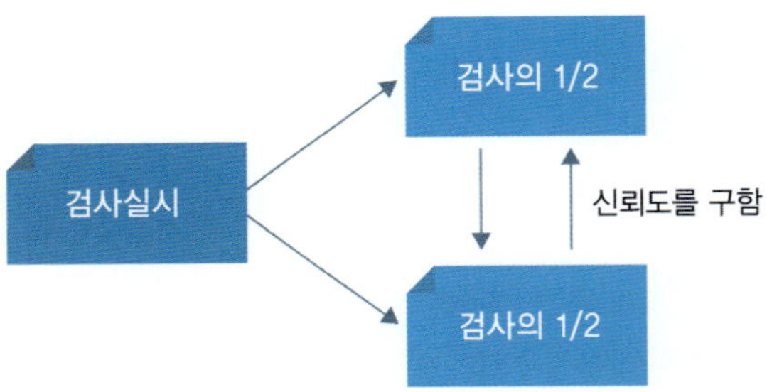

그림 9-4. **반분신뢰도**

1) 스피어만 브라운 공식(Spearman-Brown formula) 혹은 브라운 스피어만 공식은 심리측정 및 교육측정 분야에서 스피어만 브라운 예측 공식, 스피어만 브라운 예언 공식 등으로도 지칭된다. 스피어만 브라운 공식은 검사의 길이를 변경시켰을 때 검사의 신뢰도를 예측하는 공식으로 사용된다. 혹은 검사의 임의의 반분 간 상관관계에서 항목 간 신뢰도를 구하기 위한 반분 신뢰도 공식으로도 사용된다. 예측공식은 다음과 같다.

$$\rho^*_{xx'} = \frac{n\rho_{xx'}}{1+(n-1)\rho_{xx'}}$$

이 공식은 현재 검사의 n배, 즉 현재 검사와 평행(parallel)인 n개의 검사를 만들었을 때 새 검사의 신뢰도를 예측한다. 예를 들어, n=2는 현재 검사와 동일한 속성을 가진 항목을 추가하여 검사의 길이를 두 배로 늘린다는 것을 의미한다. 1보다 작은 n을 쓸 경우, 검사를 줄일 때의 효과를 예측할 수 있다.

반분 신뢰도의 경우 전체문항의 반만을 사용해서 검사의 신뢰도를 추정하기 때문에 검사의 신뢰도를 과소 추정하게 된다. 왜냐하면 검사문항이 많을수록 신뢰도는 높아지기 때문이다. 반분 신뢰도의 장점으로는 검사를 한 번 실시함으로 시간과 비용을 절약하고, 측정속성의 변화, 이월효과, 반응민감성의 문제를 극복할 수 있다는 점이며, 단점으로는 문항을 반으로 나누는 방법에 따라 신뢰도가 달라진다는 것이다. 예를 들어, 짝수와 홀수, 전반부와 후반부(피로효과, 집중력 저하), 무선으로 나눔(복잡하고 불필요한 절차)으로 인해 다른 결과를 보일 수 있다는 것이다.

4) 내적합치성 신뢰도

내적합치성 신뢰도(internal consistency reliability)는 반분신뢰도의 단점을 보완하기 위한 것이다. 문항 하나하나를 검사로 생각하면 동형법과 같은 개념으로 이해할 수 있다. 즉, 한 검사에 있는 문항 하나하나를 각각 독립된 별개의 검사로 간주하여 그들 사이의 합치성, 동질성, 일치성을 종합하여 신뢰도를 추정하는 방법이다. 각 문항에서 사람들의 점수가 일관성 있게 나타날수록 그 검사의 신뢰도는 높은 것이 된다. 예로 만약 공격성에 대한 응답자의 반응이 다음과 같다면, 이것은 신뢰도가 높다는 것을 의미한다. Cornbach alpha계수[2)]를 사용한다.

2) 크론바흐는 논문형 문항과 같이 1개의 문항이 여러 단계의 점수로 채점되는 경우에도 사용할 수 있는 일반화 계수로서 알파 계수 방법을 제안하고 있으며, 흔히는 급내 상관(intraclass correlation)이라고도 한다. 이러한 크론바흐의 알파 계수는 검사의 신뢰도 계수의 기초인 상관계수가 갖는 단점 및 호이트(Hoyt)가 제안한 변량분석의 한계를 극복하고 모든 제약으로부터 해방시키는 방법으로 제안된 가장 측정학적 결함이 적은 방법이다.

표 9-6. 내적합치성 신뢰도

	문항 1	문항 2	문항 3	문항 4	합
응답자 1	4	5	5	4	18
응답자 2	1	1	2	1	5
응답자 3	3	4	3	3	13
응답자 4	3	2	2	2	9

5) 신뢰도에 미치는 영향과 향상 방안

신뢰도는 평가의 결과가 얼마나 일정하게 나오느냐에 관한 것이다. 앞서 말한 타당도가 무엇을 측정하고 있느냐의 문제라면 신뢰도는 어떻게 측정하고 있느냐의 문제라고 할 수 있다. 평가도구가 어떤 특성을 측정할 때마다 점수가 다르게 나온다면 이 평가도구는 신뢰할 만한 도구하고 할 수 없다. 그러므로 신뢰도란 측정하려는 것을 안정성 있고 일관성 있게 그리고 오차 없이 측정하고 있는가의 문제라고 할 수 있다. 신뢰도에는 크게 두 가지가 있는데 하나는 채점자 신뢰도이고 다른 하나는 평가 자체의 신뢰도이다. 신뢰도에 미치는 영향을 〈표 9-7〉, 신뢰도를 높일 수 있는 방안은 〈표 9-8〉과 같다.

표 9-7. 신뢰도에 미치는 영향

구분	내용
개인차	개인차가 존재하지 않는다면, 모든 사람들은 동일한 검사점수를 받게 되고, 검사점수의 변량이 0이 되기 때문에 신뢰도 계수는 0.0이 된다. 반면 검사대상이 되는 집단의 개인차가 클수록 검사점수의 변량이 커지고 신뢰도 계수가 커지게 된다.
문항수	문항수가 많을수록 신뢰도계수가 높아지지만 예로, 20개의 문항이 .60일 때, 40문항은 .75, 3배로 하면 .81, 5배로 하면 .88이 된다. 그러나 시간과 비용의 효율성을 고려해야 한다.

구분	내용
검사유형	실시시간을 기준으로 속도(speed)와 역량(power)검사로 나눌 수 있다. 속도검사는 문항의 난이도는 쉬우나 문항수가 많고, 역량검사는 시간이 부족하기보다는 몰라서 풀지 못하는 것이다. 속도검사의 경우 반분신뢰를 이용해서(전반부와 후반부로 나눔) 하면 문제가 발생한다. 이런 경우 홀수/짝수로 나누는 것이 좋다.
신뢰도 추정방법	어떤 신뢰도 추정 공식을 사용하느냐에 따라서 신뢰도에 영향을 미칠 수 있다.

표 9-8. **신뢰도를 높이는 방법**

구분	내용
문항수가 많을수록 신뢰도는 증가한다.	문항수가 많으면 많을수록 우연적 오차(추측)에 의한 영향을 적게 받으므로 신뢰도가 높아진다. 그러나 문항수를 많이 할 경우 문항의 대표성이 떨어지게 되므로 신뢰도가 증가하는 만큼 타당도가 높아지지는 않는다.
문항난이도가 중간 정도인 문항이 많을수록 신뢰도는 증가한다.	한 검사 속에 어렵고 쉬운 문항이 많은 것보다는 중간 정도의 문항 난이도를 갖고 있는 문항이 많을수록 점수의 분산도를 크게 하기 때문에 검사의 신뢰도가 높아진다.
문항변별도가 높을수록 신뢰도는 증가한다.	변별도가 높은 문항을 많이 포함하고 있는 검사가 문항의 변별도가 낮은 문항을 많이 포함하고 있는 검사보다 신뢰도가 높다. 문항의 변별도가 높은 문항이 많다는 것은 그만큼 검사 점수의 분산을 크게 해 준다는 뜻이다.
문항의 범위가 좁을 때 신뢰도는 증가한다.	검사문항의 측정내용이 보다 좁은 내용일 때 신뢰도가 높아진다.
문항표본이 적절할 때 신뢰도는 증가한다.	한 검사에 포함되어 있는 문항표본이 문항 모집단을 잘 대표하도록 표집될수록 신뢰도가 높아진다.
문항이 동질적일 때 신뢰도는 증가한다.	한 검사 속에 포함된 문항들이 동질적일수록 검사내용의 의미가 분명해지며 동시에 신뢰도도 높아진다. 반면 한 검사에 이질적인 성질을 가진 문항이 섞여 있는 정도가 높을수록 신뢰도는 낮아지게 된다.
검사의 목적에 적합한 집단에 실시할 때 신뢰도는 증가한다.	한 검사의 신뢰도는 어떤 대상의 피검사집단에게 실시해서 얻은 것이냐에 따라 차이가 발생한다. 즉, 그 검사의 목적에 적합한 피검집단이 아닌 경우에는 검사점수의 변동이 커진다.
전체 학생을 대상으로 할 때 신뢰도는 증가한다.	검사를 피검집단의 어느 부분의 학생에게만 실시하는 경우, 예를 들어 상부집단 혹은 하부집단 학생에게만 실시해서 나온 신뢰도는 낮아진다. 그러므로 신뢰도를 높이기 위해서는 집단의 개인차의 범위가 커지도록 전체 학생을 대상으로 하는 것이 좋다.

구분	내용
시간제한이 없는 역량검사일 때 신뢰도는 증가한다.	검사의 속도를 강조하는 속도검사보다 누구나 능력껏 풀어 볼 수 있도록 되어 있는 역량검사가 신뢰도를 높일 수 있다.
검사환경이 일정할 때 신뢰도는 증가한다.	검사 장소의 온도, 밝기, 소음, 시간 등이 일정할수록 신뢰도가 높아지게 된다.

3. 객관도

객관도(Objectivity)는 채점자의 채점이 어느 정도 일관성이 있느냐의 정도를 밝혀 주는 것으로, '채점자 신뢰도'라고도 한다. 즉, 객관도는 검사자의 채점이 어느 정도 신뢰할 만하고 일관성이 있는가를 의미한다. 주로 채점이 객관적인 것을 말하며, 정답과 오답의 구분이 명확하고 채점이 용이한 것이 표준화 검사로서 바람직하다고 할 수 있다. 이와 같은 채점자 신뢰도는 〈표 9-9〉와 같이 채점자 간 신뢰도와 채점자 내 신뢰도로 구분할 수 있다.

표 9-9. **채점자 신뢰도의 유형**

구분	내용
채점자 간 신뢰도	한 문항에 대해 여러 사람의 채점 결과가 일치하는 정도를 의미한다.
채점자 내 신뢰도	한 채점자가 같은 문항에 대해 여러 번 채점한 결과의 일치 정도를 의미한다.

채점자 간 신뢰도(inter-rater consistency reliability)는 한 검사의 결과 프로파일을 평가함에 있어서 둘 이상의 다수의 평가자들 사이에 그 해석이나 판단이 유사한지 확인하

는 방법으로 유사하다면, 평가자 간 신뢰도가 높다고 할 수 있다. 만일 결과가 유사하지 못하다면 다음 중 한 사례일 수 있다. 그 검사를 구성하는 이론적 개념이나 배경이 모호하게 적용되었거나, 너무 광범위하게 적용되었거나, 경우에 따라서는 일부 평가자들이 잘못 이해했을 수도 있다.

평가자 A (2022.03.01.)					
Q1.	①	②	③	**④**	⑤
Q2.	①	②	③	④	**⑤**
Q3.	①	②	③	④	**⑤**
Q4.	①	②	③	**④**	⑤
Q5.	①	②	③	**④**	⑤
Q6.	①	②	**③**	④	⑤

평가자 B (2022.03.01.)					
Q1.	①	②	③	④	**⑤**
Q2.	①	②	③	④	**⑤**
Q3.	①	②	③	**④**	⑤
Q4.	①	②	③	**④**	⑤
Q5.	①	②	③	**④**	⑤
Q6.	①	②	③	**④**	⑤

그림 9-5. **채점자 간 신뢰도**

논술형 검사에서 객관도를 높일 수 있는 방안은 〈표 9-10〉, 논술형 검사에서의 문제, 모범답안 및 채점기준표 제시의 예는 〈표 9-11〉과 같다.

표 9-10. **객관도를 높일 수 있는 방법**

- 채점의 기준을 미리 정해 둔다.
- 채점의 기준을 위해 모범 답안지를 미리 만들어 둔다.
- 답안지의 내용만 보고 채점하도록 하여 편견이나 오차가 생기지 않도록 한다.
- 답안지는 학생 단위로 채점하지 말고 문항 단위로 채점한다.
- 가능하면 혼자 채점하지 말고, 여러 사람이 채점해서 평균값을 구하도록 한다.
- 문항에 따라 점수 비중을 다르게 주어야 할 경우에는 미리 계획을 세운다.

표 9-11. **논술형 검사에서의 문제, 모범답안 및 채점기준표 제시의 예**

구분	내용
문제	1. 뉴런의 구조와 기능에 대해 기술하시오(10점).
모범답안	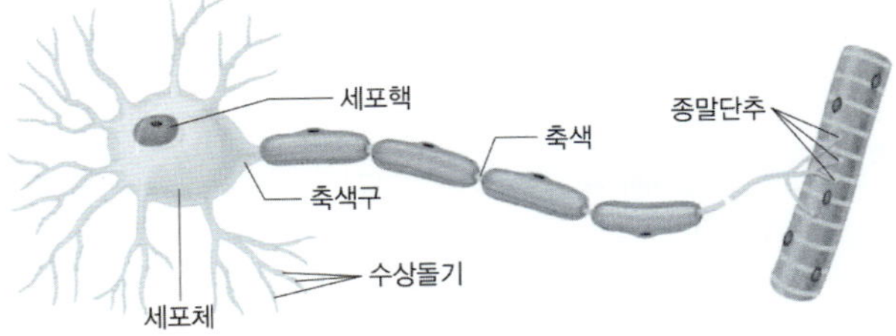 뉴런은 수상돌기(dendrite), 세포체(soma), 축색(axon), 종말단추(terminal button)로 구성되어 있다. 수상돌기는 세포체에서 뻗어 나온 여러 개의 돌기로 이루어져 있으며, 정보를 받아들이는 역할을 한다. 세포체는 일반적인 세포의 기능을 가지고 있는 부분으로 유전자 정보가 들어 있는 세포핵과 에너지를 생산하는 미토콘드리아 등이 있으며, 여러 가지의 수상돌기로부터 들어온 정보를 통합하는 기능을 한다. 수상돌기와 세포체를 통해 다음 뉴런으로 정보를 전달하는데, 이때 축색을 통해 전달하게 된다. 축색의 끝에 도착한 정보가 종말단추라는 곳에 도달하면 다음의 뉴런으로 정보를 보내게 된다. 이를 요약하면, 뉴런은 수상돌기, 세포체, 축색, 종말단추로 이루어져 있으며, 기능은 정보를 받아들이고 통합해서 다음 뉴런으로 전달하는 것이다.
채점기준표	• 뉴런의 구조인 수상돌기(dendrite), 세포체(soma), 축색(axon), 종말단추(terminal button)에 대해 기술하면 4점을 부여함. • 뉴런의 기능인 정보를 받아드리고 통합해서 다른 뉴런으로 전달한다고 기술하면 4점을 부여함. • 뉴런의 구조에 대해 그림으로 나타내면 2점을 부여함.

4. 실용도

평가도구의 실용도는 '평가를 얼마나 효과적으로 시행할 수 있는가?'에 대한 것이다. 즉, 한 평가가 실제 상황에서 효과적으로 시행될 수 있는 여건의 구비 정도를 의미한다. 평가가 실제로 시행될 수 있기 위해서는 시간, 인력, 자원 등 여러 가지 조건이 구비되어야 한다. 예를 들어, 인터뷰 평가를 하기 위해서는 자격이 있는 평가자의 확보, 적합한 장소의 확보, 수험자들을 인터뷰하는 데 걸리는 시간, 이를 위한 재정적 비용의 확보, 대기 수험자들의 관리와 같은 문제가 현실적으로 대두된다. 그러므로 어떤 평가가 아무리 타당도와 신뢰도가 높다고 하더라도 실제의 상황과 여건이 평가의 실시를 어렵게 만든다면, 그 평가는 아무 소용 없는 것이 되고 만다. 그러므로 평가가 실용도를 갖추기 위해서는 경제성이나 실시의 용이성, 채점의 용이성 등을 고려해야 한다.

표 9-12. 평가도구의 실용성을 높이는 방법

구분	내용
경제성	경제성은 평가를 제작하거나 선택할 때는 평가의 관리와 채점에 어느 정도의 시간이 걸리는지, 또한 시험지의 복사 비용, 몇 명의 시험 관리자와 채점자가 필요한지 등의 제반 비용을 고려해야 함을 말한다.
실시의 용이성	실시의 용이성이라 함은 평가를 실시하는 데 있어서 평가가 신속하고 효과적으로 수행될 수 있는지, 또 사용하기 어려운 기계적인 장치가 필요하지는 않은지 등 실시하는 데 있어서 문제점은 없는가를 고려해야 함을 의미한다.
채점의 용이성	채점의 용이성은 채점 과정이 평가의 실용도에 중요한 영향을 미치는 만큼, 특히 아주 많은 수험생을 대상으로 시험을 치를 경우 객관식 평가인지 주관식 평가인지도 고려해야 하는데, 이 경우 주관식 문항이 많으면 채점하는 데 시간이 많이 걸릴 뿐만 아니라 채점자 간 신뢰도를 확보하기도 쉽지 않다. 그러므로 주관식 평가의 경우 채점이 용이하도록 명확한 평가기준을 세우는 등 철저한 대책을 마련해야 한다.

Chapter

10

교육평가방법 및 생활기록부 작성

배울 내용

1. 교육평가방법
2. 생활기록부 작성

학습 목표

1. 교육평가방법의 유형 및 각 평가의 목적과 장단점을 숙지한다.
2. 유치원 생활기록부 작성방법을 익힌다.
3. 초 · 중 · 고 교과학습발달상황 평가관리의 구체적인 방법을 숙지한다.

Chapter 10

교육평가방법 및 생활기록부 작성

1. 교육평가방법

1) 관찰법

관찰법은 일상생활 속에서 학생이 자연스럽게 활동하는 모습을 관찰자가 본 대로 기록하는 것으로 교사가 학생의 발달특성을 올바르게 판단하여 학생의 발달에 적합하도록 교육과정을 구성하는 데 중요한 자료를 제공한다. 또한 부모에게 학생에 대한 정보를 제공하기에 용이하다. 관찰법에는 일화기록법, 행동목록법 및 평정척도법이 주로 사용된다.

(1) 일화기록법

일화기록법(anecdotal record)은 한 가지 행동이나 상황에 초점을 맞추어 관찰하고 간결한 형태로 기록하는 관찰기법이다(황해익 외, 2014). 즉, 일화기록법은 학생의 행동을 직접 관찰하여 이를 객관적으로 기술하는 관찰방법으로, 상황을 있는 그대로 기술하기 때문에 교사가 특정 학생 및 특정 행동에 관심을 가지고 초점화하여 기록할 수 있다. 일화기록법을 통해 부모나 교사가 알아야 할 학생의 발달 상황을 전달할 수 있으며, 학생의 특별한 행동을 설명해 주는 자료로 활용할 수 있다. 일화기록법은 학생이 특정 상황에서 어떤 행동을 어떻게 나타내는지 이해하고자 하는 경우에 유용하다.

일화기록법은 정해진 양식이 없지만 관찰대상, 관찰일시, 관찰장소, 관찰장면, 관찰행동 등 특정 학생의 행동을 초점화하는 데 도움을 줄 수 있는 정보를 기록해 두는 것이 좋다. 일화기록법을 활용할 때의 유의점(전남련 외, 2014)을 살펴보면 〈표 10-1〉, 일화기록법의 예는 〈표 10-2〉와 같다.

표 10-1. 일화기록법 활용 시 유의할 점

- 관찰자는 특정 사건이 발생한 즉시 기록한다. 이를 위해 관찰자는 즉시 기록할 수 있도록 필기구와 관찰지 또는 메모노트 등을 가까이에 준비해 둔다.
- 관찰기록 시 대상의 말과 행동을 구분하여 기록한다. 즉, 관찰대상의 발화는 인용부호(" ")를 사용하여 문장을 그대로 기록하고, 서술형 문장으로 해당 상황을 부연 설명한다.
- 관찰기록 시 관찰대상이 특정 학생일 경우, 이름과 생년월일, 성별을 정확히 기록한다. 또한 관찰일시, 관찰장소, 관찰장면, 관찰행동, 관찰자 등 상황적 자료를 포함하여 기록한다.
- 관찰대상 학생의 언어와 행동을 기록함과 동시에 관련 학생의 반응 및 교사의 반응도 빠짐없이 기록한다.
- 관찰대상 학생의 행동을 기술할 때 동일한 용어로 일관성 있게 기술한다.
- 일화는 반드시 일어난 순서 그대로 기록한다.
- 관찰자의 주관적 관점이나 편견을 배제하여 객관적이고 사실적으로 기록한다.

표 10-2. **일화기록법의 예**

관찰대상	박민준(남)	생년월일	2014.03.06.
관찰시간	자유선택활동 시간 (10:00~10:10)	관 찰 일	2019.09.23.
관찰행동	놀이 시 갈등상황	관 찰 자	이슬비
관찰내용	민준이는 캠코더와 빔프로젝터를 연결하여 자신의 모습을 큰 화면으로 볼 수 있게 되자 3~4명의 유아들이 자신의 몸으로 화면을 가리는 일에 재미를 느끼게 되었다. 하지만 화면을 보면서 노래를 부르며 악기 연주를 하던 동민이는 “저리 비켜! 선생님! 민준이와 친구들이 자꾸 화면을 가려요”라고 하며 불편해했다. “민준이와 친구들 다른 친구를 방해하는 행동은 좋지 않은 행동이에요”라고 말을 했지만 그런 말에는 관심이 없다는 듯 화면에 나오는 자신의 모습을 보면서 동민이에게 “이 놀이 정말로 재미있는데 같이하자!”라고 하였지만 동민이는 “싫어, 난 지금 악기 연주를 하는 것이 더 재미있어”라고 하면서 민준이와 친구들이 화면을 가리지 말라고 소리를 질렀다.		
분석 및 해석	민준이는 자신이 재미있어 하는 놀이에 대해서는 상황과 타인의 감정을 고려하지 못하는 것 같이 행동한다. 하지만 민준이를 비롯해 다른 친구들이 몸으로 그림자를 만들어 화면을 가리는 행동은 방해하는 행동이 아니라 즐거운 놀이를 하고 있는 행동처럼 보였다.		

(2) 행동목록법

행동목록법(behavior checklist)은 체크리스트라고도 불리며, 관찰하고자 하는 행동의 목록을 사전에 작성한 뒤 해당 행동의 출현 여부를 관찰하여 기록하는 기법이다. 일반적으로 행동목록은 학습목표 혹은 발달지표를 기준으로 만들어지며, 그 결과를 요약하여 교육계획 및 학생의 행동평가, 기록, 부모상담 등에 활용할 수 있다. 특히 부모상담 시 학생들이 학습하는 내용과 학생의 발달 현황을 설명할 수 있는 기초 자료로 이용할 수 있다.

행동목록법은 관찰하고자 하는 행동의 목록을 구체화하여 일정한 양식에 담아야 한다. 행동목록법에 담는 내용은 크게 두 부분으로, 첫째, 관찰대상의 성별과 연령, 생년월일과 같은 개인 정보, 관찰일시 및 관찰장면 등 상황에 대한 기록을 포함한다. 둘째,

관찰하고자 하는 영역과 구체적인 행동목록의 세부 내용을 담는다. 이때 관찰자는 특정 시점에서 관찰하고자 하는 행동의 출현 여부를 파악할 것인지 혹은 시기에 따른 변화를 알아보기 위한 것인지의 관찰목적에 따라 행동목록의 양식을 다르게 설정할 수 있다.

행동목록법의 장점은 명료하고 조작적으로 구성한 행동목록을 통해 학생를 측정할 수 있기 때문에 편리할 뿐만 아니라 효율적이며 객관적이라는 것이다. 반면 단점은 행동의 유무만을 측정하기 때문에 관찰된 행동의 세부상황과 맥락 및 측정하고자 하는 행동의 빈도나 지속 시간은 알 수 없으므로 이를 보완할 수 있는 다른 관찰방법과 병행해서 사용할 필요가 있다는 것이다. 행동목록법의 예시는 〈표 10-3〉과 같다.

표 10-3. 특정 시점의 관찰행동 출현 여부에 따른 행동목록법의 예시

관찰대상	(남 / 여)	관찰일시	
생년월일		관 찰 자	

〈관찰지침〉

다음의 행동이 관찰되면 '관찰됨', 관찰되지 않으면 '관찰 안 됨'에 ∨ 표시를 하시오.

사회적 행동	관찰됨	관찰 안 됨
1. 차례를 지켜 줄을 선다.		
2. 쓰레기를 아무 데나 버리지 않는다.		
3. 자신의 감정을 조절하여 표현한다.		
4. 물건을 소중히 다룬다.		
5. 놀이 시 규칙을 잘 지킨다.		
6. 친구들과 사이좋게 지낸다.		
7. 동 · 식물의 소중함을 알고 대한다.		
8. 스스로 할 수 있는 일은 혼자 하려고 한다.		
9. 웃어른께 예의 바르게 행동한다.		
10. 정직하여 거짓말을 하지 않는다.		

요약	
총평 및 교육계획	

(3) 평정척도법

평정척도법(rating scales)은 평정(rate)과 척도(scale)라는 용어가 합성된 것으로, 어떤 것을 평가하여 결정한다는 의미를 지닌다. 즉, 사물이나 현상 및 행동에 어떠한 가치나 특성을 할당한다는 의미이다(황해익 외, 2014). 평정척도법은 어떤 행동의 특성이나 특질에 대해 미리 정한 범주에 따라 평가하는 관찰법이다. 형식상 행동목록법과 유사한 특성을 가지지만 평정척도법은 질적인 면을 측정할 수 있다는 점에서 차이가 있다. 평정척도법은 연속성 있는 단계로 수량화된 점수 혹은 가치가 부여된 기록지에 평정한다. 이는 행동의 빈도 및 정도를 평가하는 것으로, 평가하려는 행동의 정도가 가장 낮을 때와 가장 높을 때로 연속선상에 표시하여 질적 수준까지 평가할 수 있다. 평정척도법은 평정척도의 유형에 따라 기술평정척도, 숫자평정척도, 도식평정척도로 구분할 수 있으며, 각 유형을 비교해 보면 〈표 10-4〉, 행동목록법으로 관찰할 수 없는 학생 행동의 질적인 특성을 평가하는 평정척도법의 활용은 〈표 10-5〉와 같다.

표 10-4. **평정척도법의 유형에 따른 문항 비교**

구분	정의	예
기술평정척도 (category rating scale)	기술평정척도는 행동의 특징을 질적인 차이가 있는 몇 개의 연속성 있는 단계로 나누어 간단한 단어와 문장으로 기술하고 관찰대상의 행동에 가장 근접한 내용을 관찰자가 선택하는 방법	• 친구와 협동하며 놀이하기 ( ) 친구와 협동하는 놀이를 전혀 하지 않는다. ( ) 친구와 협동하는 놀이를 하지 않는다. ( ) 친구와 협동하는 놀이를 한다. ( ) 친구와 협동하면서 놀이하기를 즐긴다. ( ) 친구와 협동하면서 놀이하기를 매우 즐긴다.
숫자평정척도 (numerical rating scale)	숫자평정척도는 평가하려는 행동 특성을 기술한 척도치에 그 정도에 따라 점수로 환산할 수 있는 숫자를 부여하여 결과의 수량화와 통계적인 분석을 가능하게 하는 방법	• 다른 사람에게 양보하기 전혀 그렇지 않다: 1 / 그렇지 않다: 2 / 보통이다: 3 / 그렇다: 4 / 매우 그렇다: 5
도식평정척도 (graphic rating scale)	도식평정척도는 기술된 유목에 관찰자의 용이한 평정을 위해 시각적인 도식을 제공하는 방법	• 규칙을 이해하고 매우 잘 지킨다. ├──┼──┼──┼──┤ 규칙을 거의 지키지 않는 편이다. • 교실 내 규칙을 잘 지키는가? ├──┼──┼──┼──┤ 전혀 그렇지 않다 / 별로 그렇지 않다 / 보통이다 / 대체로 그렇다 / 항상 그렇다

표 10-5. **3세 누리과정 유아관찰척도: 관찰기록지**

기관명		관 찰 자	
학급명		관찰기간	~
유아명(성별)	(남 / 여)	생년월일	년 월 일

※ 해당하는 칸에 V 표시 하세요.

영역	문항	수준 1	수준 2	수준 3	수준 4
신체운동·건강	1. 신체를 인식하고 움직이기				
	2. 소근육 조절하기				
	3. 신체활동에 참여하기				
	4. 공을 이용하여 신체활동 하기				
	5. 주변을 깨끗이 하기				
	6. 바른 태도로 식사하기				
	7. 하루일과에 참여하기				
	8. 안전하게 놀이하기				
의사소통	9. 낱말과 문장 듣고 이해하기				
	10. 이야기 듣고 이해하기				
	11. 바른 태도로 듣기				
	12. 느낌, 생각, 경험 말하기				
	13. 상황에 맞게 바른 태도로 말하기				
	14. 글자 읽기에 흥미 가지기				
	15. 책에 관심 가지기				
	16. 쓰기에 관심 가지기				
사회관계	17. 나에 대해 관심가지기				
	18. 나의 일 스스로 하기				
	19. 나의 감정 알기				
	20. 가족구성원에 대해 알기				

영역	문항	수준 1	수준 2	수준 3	수준 4
사회관계	21. 친구와 함께 놀이하기				
	22. 약속과 규칙 지키기				
	23. 지역사회 관심 갖고 이해하기				
	24. 우리나라 관심 갖고 이해하기				
예술경험	25. 음악적 요소 탐색하기				
	26. 다양한 미술 재료와 도구 사용하기				
	27. 노래로 표현하기				
	28. 움직임과 춤으로 표현하기				
	29. 극놀이로 표현하기				
	30. 다양한 예술 감상하기				
자연탐구	31. 탐구하는 태도 기르기				
	32. 수량 비교하기				
	33. 공간의 기초개념 형성하기				
	34. 기초적인 측정하기				
	35. 사물을 분류하기				
	36. 친숙한 물체와 물질의 특성 알아보기				
	37. 동물이나 식물 탐구하기				
	38. 자연현상 탐구하기				

출처: 서울특별시유아교육진흥원(2013). 연령별 누리과정 평가도구.

2) 면담법

면담법(interview)은 특정한 목적을 가지고 특정한 내용에 대해 면담자와 피면담자가 일정한 시간에 언어를 매개로 하여 정보를 얻거나 의사나 감정을 전달하는 방식을 의미한다. 면담법은 관찰과 달리 심층적이고 직접적인 상호작용을 통해 자료를 수집하는 조사기법으로, 대상과 일대일 혹은 포커스 그룹의 형태로 대화를 나누며 정보를 수집한다. 그 외 전화 인터뷰나 대상자로부터 직접 응답을 받아 녹취 및 기록하여 정보를 수집할 수도 있다. 면접법의 가장 대표적인 특징은 면담자, 즉 교사가 피면담자인 학생 또는 부모의 발화뿐 아니라 표정, 몸짓, 태도, 어투 같은 비언어적인 표현까지도 수집이 가능하다는 점이다.

면담법의 장 · 단점은 다음과 같다. 장점은 이해가 가능한 구어로 다양한 방식의 설명을 주고받을 수 있기 때문에 학생을 대상으로 실시할 수 있다는 것이다. 학생이 질문을 이해하지 못했거나 면담에 집중하지 못할 경우 추가 설명이나 도구들을 사용하여 설명하면 보다 정확한 응답을 얻을 수 있다. 단점은 면담자에게 고도의 기술과 훈련이 요구되며, 결과를 통계적으로 처리하여 해석하기가 어렵다는 것이다.

일반적으로 면담법을 사용할 때 면담자와 피면담자 간의 심리적 친밀감(rapport)이 형성되어야 하고, 상대방에게 책임을 돌리거나 비난하지 말아야 하며, 피면담자의 말을 끝까지 들어주어야 한다. 또한 면담 후에는 요점을 기록하거나 정리해 두어야 하며, 면담 중에 알게 된 개인적 비밀은 반드시 지켜 주어야 한다.

3) 학생의 작품분석

학생의 작품을 분석하는 것은 학생의 행동특성과 발달수준을 평가할 수 있는 중요한 방법이다. 학생의 작품에는 학생의 말을 받아 적은 글, 노래나 언어 녹음자료, 학생의 그림, 학생의 작품 사진, 학생작품의 표본 등이 포함된다. 이를 위해 정기적으로 수집해야 하며, 수집된 작품에는 날짜, 작품에 대한 학생의 설명, 학생의 태도 등을 기록해 두어야 한다.

4) 포트폴리오 평가

최근 교육현장에서는 기존의 구조화된 검사도구를 통한 평가를 지양하고 비형식적이며 대안적인 평가의 방식을 고민하면서 포트폴리오 평가의 가능성에 대해 관심이 모아지고 있다. 포트폴리오 평가를 제대로 시행하기 위해서는 포트폴리오와 포트폴리오 평가의 차이점에 대해 구분할 수 있어야 한다.

포트폴리오(portfolio)는 자료수집철, 자료묶음 등을 뜻하는 것으로, 자신의 실력을 보여 줄 수 있는 작품이나 수행의 결과들을 모아 놓은 작품집 또는 자료모음집을 말한다. 포트폴리오 평가는 이렇게 수집된 포트폴리오의 내용물을 근거로 교사가 학생의 학습과 발달상태를 평가하고, 이후 교육과정 수정 및 개발하는 데 적극적으로 활용하는 평가방법이라 할 수 있다. 즉, 시간의 흐름에 따라 나타나는 학생의 성장과 발달, 학습과정과 결과 등을 나타내는 다양한 활동결과물을 체계적으로 수집하고 조직하여, 이를 기초로 학생의 지식, 기능, 태도 등을 판단하는 평가방법이다(교육과학기술부, 보건복지부, 2013).

포트폴리오 평가는 기존의 결과중심적이고, 심리측정적인 표준화된 검사방식의 평가와 달리 학생의 성장과 발달에 대한 다양한 차원의 정보를 장기간에 걸쳐 수집하고 분석하는 것으로 과정중심적인 평가라고 할 수 있다. 이러한 포트폴리오 평가의 특징을 살펴보면 〈표 10-6〉과 같다.

표 10-6. 포트폴리오 평가의 특징

- 포트폴리오 평가는 계획, 실행, 활용에 있어 유동적이고 적응적이다. 평가과정 중에 포트폴리오에 포함되는 내용, 조직 및 활용방법 등을 학생의 연령과 발달적 수준, 현재 교사가 중점을 두고 있는 문제나 발달영역, 기관의 목적, 그 밖의 다른 요소들에 따라 언제든 변경할 수 있다.
- 포트폴리오는 학생들의 발달과 학습에 대한 다양한 자료를 수집할 수 있다. 포트폴리오에 포함되는 내용에는 학생의 그림, 언어활동 결과물, 활동장면의 사진이나 녹화영상, 선호하는 도서의 목록, 교사의 관찰기록 등이 있으며, 이러한 다양한 자료를 통해 학생의 발달과 학습에 대한 정보를 얻을 수 있다.
- 학생들이 포트폴리오 평가에 능동적으로 참여할 수 있다. 평가과정에서 학생들이 활동결과물의 수집 및 선정에 직접 참여하기 때문에 내적 동기를 유발하고, 긍정적인 자존감을 증진시킨다.
- 포트폴리오 평가는 상대적인 비교 평가가 아닌 개별적인 평가이다. 포트폴리오 평가는 학생 개개인의 성과물이 일상생활에서 지속적이고 장기적으로 수집되기 때문에 학생의 연령, 발달수준, 능력에 따른 개별화된 교육과정의 계획 및 적용이 가능하다.
- 포트폴리오 평가는 학생에 대한 다면적 평가가 가능하다. 포트폴리오 평가는 오랜 기간 동안 시간의 흐름에 따라 일어나는 자기반성과 성장 및 변화내용에 대한 결과물과 기록물들을 지속적이고 체계적으로 수집하기 때문에 정해진 준거에 따라 결과와 과정까지 종합적으로 판단할 수 있다.
- 포트폴리오 평가는 의사소통을 하는 도구가 된다. 즉, 교사의 일방적인 전달이 아닌 평가과정에 교사, 학생, 부모가 함께 참여하여 포트폴리오를 구성하기 때문에 학생의 활동결과 및 생각, 변화 등을 공유할 수 있다.

5) 교사제작검사

교사제작검사(teacher-made tests)는 말 그대로 평가의 목적에 따라 교사가 제작하는 검사를 말한다. 학생의 내재된 속성은 직접 측정이 불가능하기 때문에 간접 측정을 하기 위해 고안된 검사로 파악할 수 있다. 그중 교사제작검사는 학생의 특정한 발달속성을 측정할 수 있는 검사도구가 개발되어 있지 않은 경우, 교사가 교수적 · 진단적 · 평가적 목적으로 직접 제작하여 사용하는 검사이다. 교사제작검사의 목적은 학생의 발달현황을 정확히 판단하여 교육의 적절성과 효율성을 높이고, 또 문제가 있는 발달영역에 대한 조기진단 및 판단을 통해 이후에 일어날 수 있는 여러 가지 문제 상황을 조기에 점검하여 수정하는 데 있다(황해익 외, 2014). 교사는 이러한 검사의 목적에 기초하여 학생의 발달현황과 특정 활동, 프로그램의 효과 등에 대한 내용을 질문지 형식 또는 기호나 그림 형식으로 제작할 수 있다.

교사제작검사법 중 교육현장에서 질문지 형식 이외에 기호나 그림 형식으로 활용되고 있는 대표적인 예로 도시법(graphic method)을 들 수 있다. 도시법은 관찰의 결과를 문장이나 수량으로 기록하지 않고 교사가 특정한 기호나 그림으로 표시하는 방법이다(한국교육평가학회, 2004). 즉, 도시법에 쓰이는 기호나 그림은 교사가 고안하여 사용할 수 있으며, 다른 평가의 보조 자료로 활용되기도 한다. 도시법은 활동 중 종이와 연필만 있으면 간단하고 빠르게 수행할 수 있으며, 행동의 빈도를 양적으로 측정할 수 있다는 장점이 있다. 반면 전후 상황이 고려되지 않아 분석과 해석에 유의해야 한다. 일반적으로 도시법에 많이 쓰이는 기호와 예는 〈그림 10-1〉, 유의해야 할 점은 〈표 10-7〉과 같다(황해익 외, 2009).

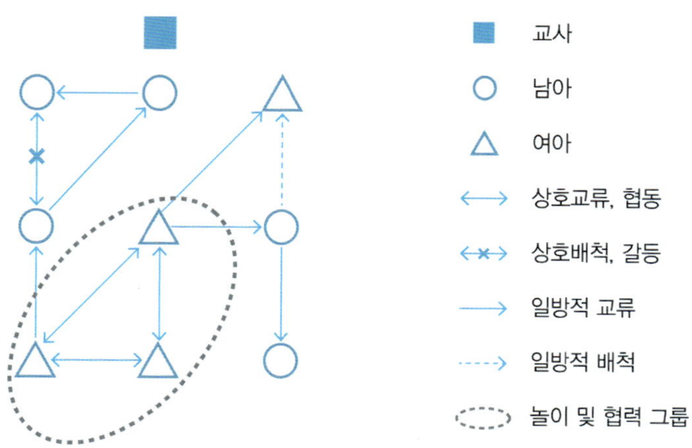

그림 10-1. **교육기관에서의 또래관계 도시법의 예**

표 10-7. **교사제작검사를 실시할 경우 유의해야 할 사항**

- 검사점수를 절대시하지 말아야 한다. 한 가지의 검사결과에 의존하여 학생의 발달상황을 단정적으로 평가해서는 안되며, 검사결과는 교사, 부모, 전문가의 의견을 보충해 주는 객관적인 자료로만 사용해야 한다.
- 기술적 목적의 검사는 일반적으로 교사가 실시할 수 있지만, 장애 등 특수한 진단 및 평가는 검사의 실시와 해석에 대한 전문적 지식을 가진 전문가와 협력하여 실시하는 것이 바람직하다.
- 교사는 학생의 검사결과를 부모에게 설명하고 함께 논의해야 한다. 검사에 대한 일반적인 정보와 함께 장점 및 한계를 설명하여 검사의 목적과 내용에 오해가 없도록 해야 한다.
- 학생을 잘 지도하기 위하여 얻은 정보를 어떻게 활용할 것인지에 대해 사전에 검토해 두어야 한다. 즉, 검사결과 점수의 높고 낮음에 따라 어떻게 지원할 것인지 고려해야 한다.

6) 표준화검사

표준화검사(standardized test)는 대상에 제한이 없이 검사의 실시와 채점, 결과의 해석이 동일하도록 모든 절차와 방법을 일정하게 만들어 놓은 검사이다. 아동 개인이 지니고 있는 신체적 · 심리적 특성의 질과 양을 측정할 목적으로 일정한 조건하에 특정한 문제나 작업을 부과하여 피검사자가 나타내는 반응을 체계적으로 관찰하는 절차를 말한다. 그러므로 표준화검사의 결과는 학생들이 지닌 발달상의 문제를 조기 발견하여 진단하고 치료한다면 정상적인 발달을 이루며 삶의 방향을 변화시킬 수 있을 것이다(이원미, 2002). 학생들을 대상으로 사회적 행동이나 태도를 분석하기 위해 만들어진 표준화검사는 학생의 사회성 발달 및 행동특징을 진단할 수 있으며, 학생의 개인차나 집단 간 차이, 사회 관련 교육과정 및 프로그램의 효과를 판단하는 방법으로도 활용할 수 있다.

진단평가를 통해 정확한 평가가 이루어지기 위해서는 평가도구들에 대한 이론적인 가정, 측정내용들과 함께 심리적 특성을 변별해 줄 수 있는 진단검사 도구들의 기능을 파악하는 것이 중요하다. 또한 검사를 통해 얻어진 결과의 신뢰성을 위해서는 검사가 표준화되어 있어야 한다. 영역별 진단도구 검사는 매우 다양하게 보고되고 있는데, 그 중 발달검사, 인지 영역 검사, 정의 영역 검사 및 신경심리 검사를 중심으로 살펴보면 〈표 10-8〉과 같다.

표 10-8. 발달 영역별 표준화된 진단 검사

구분	검사도구
발달 검사	한국 베일리 영아 발달 검사(K-BSID-II), 한국형 덴버 발달 검사 II(K-DDST-II), 한국 영유아 발달선별검사, 한국판 아동 행동척도(K-CBCL), K-SIB-R 한국판 적응행동검사
인지 영역 검사	한국 웩슬러 아동지능 검사(K-WISC-III), 한국 유아용 웩슬러 지능 검사(K-WPPSI), 카우프만 아동용 지능검사(K-ABC), 한국판 종합학습능력진단검사, 한국판 기초학습능력검사, 유아용 종합 창의성 검사(K-CCTYC)
정의 영역 검사	유아성격검사, 한국아동인성검사(KPI-C), 아동용 주제통각검사(CAT), HTP 그림검사, 동작성 가족화 검사, 벤더 게슈탈트 시지각 검사(BGT), 한국판 사회성숙도 검사
신경심리 검사	연속수행검사(CPT), TOVA, 위스콘신 카드분류검사, ADS

그러나 표준화검사의 결과가 개인의 능력이나 특징을 모두 대변해 주는 것은 아니므로, 그 사용과 해석에 있어 신중을 기해야 한다. 표준화검사의 결과는 해당 개인을 이해하려는 하나의 참고 자료임을 명심해야 하고, 한 가지 검사만으로 의사결정을 하기보다는 다양한 측정도구를 사용하는 것이 바람직하다(신명희 외, 2016).

(1) 발달검사

① 한국 베일리 영아 발달 검사(K-BSID-II)

BSID(Bayley Scale of Infant Development) 검사는 2~30개월 영아들의 발달 정도를 평가하고 정상 발달에서의 이탈여부 및 이탈정도를 파악하기 위하여 베일리(Bayley)와 동료들에 의해 개발되었으며, 우리나라에서도 이에 대한 표준화가 이루어져 사용되고 있다(박주영, 2010). K-BSID-III는 생후 16일에서 42개월 된 영유아의 발달적 기능을 평가하는 도구로 인지척도(cognitive scale), 언어척도(language scale), 운동척도(motor scale), 사회-정서척도(social-emotional scale), 적응행동척도(adaptive behavior scale)의 5개 척도로 세분화하여 아동의 주요 발달 정도를 평가하도록 구성되어 있다.

② 한국형 덴버 발달 검사 II(K-DDST-II)

DDST(Denver Development Screening Test)는 생후 2주부터 6세 유아를 대상으로 발달지체 혹은 장애의 조기 발견을 목적으로 개발된 검사이다. 우리나라에서는 신희선 등(2002)이 한국형 덴버-II를 표준화하였다. 이 검사는 개인·사회발달 영역 22문항, 미세운동-적응발달 영역 27문항, 언어발달 영역 34문항, 운동발달 영역 27문항 등의 4개 영역에 110개 항목으로 구성되어 있다. 직접 관찰할 수 없는 문항은 부모의 보고에 의해 판단한다. 검사에는 평균 15~20분 정도 소요된다. 검사의 각 문항에 대하여 합격, 불합격으로 판정한 후 의문시됨, 의뢰, 검사불능, 정상의 네 범주로 최종 판정한다.

③ 한국 영유아 발달선별검사

한국 영유아 발달선별검사(Korean Developmental Screening Test for Infants & Children: K-DST)는 다양한 영역에서 습득하는 발달기술을 종합적으로 평가하여 발달의 문제가 있는 영유아를 선별하기 위한 부모보고식 검사이다. 이 발달선별검사 도구는 취학 전 연령인 6세 미만 영유아(4개월~71개월)를 대상으로 실시할 수 있다. 시간이 적게 걸리면서 부모가 쉽게 아이의 행동을 평가하여 답할 수 있는 부모 작성형 설문지 형식이며, 인쇄된 검사 용지를 사용할 수도 있으나 인터넷을 이용하여 웹상에서도 사용 가능한 발달선별 검사도구이다. 그리고 이 도구는 영유아건강검진 사업에도 사용할 수 있으며, 의료기관 진료 현장에서나 영유아들에 대한 보육시설 등에서도 영유아의 발달을 스크리닝 하려는 목적으로 쉽게 사용할 수 있도록 만들어졌다.

④ 한국판 아동 행동척도(K-CBCL)

아헨바흐(Achenbach, 1991), 아헨바흐와 에델브록(Achenbach & Edelbrock, 1983)가 제작한 CBCL은 부모 또는 아동과 함께 생활하는 어른이 아동의 문제행동과 사회적 능력을 표준화된 형태로 기록하는 행동평가 도구이다. K-CBCL(Korea-Child Behavior Checklist)은 임상장면이나 학교 등 아동 개인의 평가자료를 필요로 하는 다양한 상황에서 실제적으로 활용이 가능할 뿐 아니라 역학조사, 병인론 연구, 치료효과 연구 등 다양하게 활용될 수 있다. 즉, 평가대상이 각 평가치들에서 또래집단에 비해 얼마나 일탈되었는지, 사회능력척도와 문제행동증후군 척도의 총점이 준거집단에 비해 얼마나 일탈되어 있는가를 평가하고 그 정도가 임상범위에 있는지 혹은 정상 범위 내에 있는지를 판별하는 진단자료로서 활용될 수 있다.

⑤ K-SIB-R 한국판 적응행동검사

한국판 적응행동검사(Korean-Scales of Independent Behavior-Revised)는 표준화된 규준지향 평가도구로서 인지 및 학교생활과 관련된 발달에서의 적응 기능을 측정하며, 심층적으로 지적장애 아동의 영역별 행동 수준 및 강점과 약점에 대한 정확한 진단을 통해 구체적인 정보를 제공하고, 개별 아동의 고유한 목표 및 프로그램 목표를 설정하기 위해 개발된 검사도구이다.

(2) 인지 영역 검사

① 한국 웩슬러 아동지능 검사(K-WISC-III)

K-WISC-III(Korean Wechsler Intelligence Scale for Children-Third Edition)는 미국의 웩슬러(Wechsler)에 의해 개발된 WISC의 세 번째 개정판을 곽금주 등(2001)이 표준화한 검사이다. K-WISC-III는 13개의 소검사로 구성되며, 이 중 6개 항목은 언어적 능력을 측정

하는 언어성 검사이며, 7개 항목은 시간, 공간 능력을 측정하는 동작성 검사로 나누어진다. 언어성 검사는 추상적 대상을 처리할 수 있는 능력, 교육을 통해 받은 지식의 정도, 언어적 기억 능력, 언어 유창성 등을 측정하고, 동작성 검사는 비언어적 능력, 시지각적 능력과 운동 반응의 통합 능력, 작업 수행 속도, 구체적 상황에서의 작업 능력을 측정한다.

② 한국 유아용 웩슬러 지능 검사(K-WPPSI)

K-WPPSI(Korean-Wechsler Preschool and Primary Scale of Intelligence)는 웩슬러 지능검사로 측정하기 어려운 3~7세 유아의 지능을 측정하기 위해 개발된 검사이다. K-WPPSI는 WISC와 마찬가지로 언어성 검사와 동작성 검사로 구성되며, 12개의 하위검사로 이루어진다.

③ 카우프만 아동용 지능검사(K-ABC)

K-ABC(Korean Version of the Kaufman Assessment Battery for Children)는 미국의 카우프만 부부에 의해 개발된 지능검사를 문수백과 변창진(1997)이 한국의 정상 및 특수 아동을 대상으로 표준화한 검사이다. 전통적인 지능검사에서 문제점으로 지적된 부분을 보완하여 지능과 습득도를 함께 측정할 수 있는 도구로 개발되었으며, 비언어적 과제의 비중을 높게 두어 의사소통에 문제가 있거나 문화권이 다른 아동에게도 실시할 수 있도록 제작되었다. 신경생리학적 이론에 기반을 두고 제작되어 동시적, 순차적 문제해결과정을 측정하는 검사이다.

④ 한국판 종합학습능력진단검사

유아부터 초등학교 고학년까지 아동의 학습과 관련된 기본 능력과 성취된 학습결과를 측정하기 위해 1995년 제작된 검사이다(문용린, 1995). 10개의 검사문항으로 구성되어 있으며, 6개는 지적 능력(지각 능력, 주의 집중 능력, 기억 능력, 언어 능력, 수리 능력, 추리 능력)을 측정하고, 나머지 4개는 정의적 특성과 사회성 발달의 특징 및 수준(사회성숙도, 정서안정성, 학습긴장도, 자각된 양육태도)을 측정한다. 이 검사는 지각능력, 주의집중 수준, 기억능력, 언어능력, 수리능력 등 학습에 기초가 되는 능력의 발달 정도를 확인할 수 있는 자료로 활용될 뿐만 아니라 생활지도, 부모-자녀 관계를 이해하는 데도 도움을 받을 수 있다.

⑤ 한국판 기초학습능력검사

유아부터 초등학교 6학년까지 아동을 대상을 기초학습능력을 측정하기 위해 1989년에 개발된 검사이다(박경숙 외, 1989). 아동의 학습수준이 학년기준, 연령기준에 비추어 정상과 떨어져 있는 정도를 확인하여 향후 개인별 교육계획을 수립하기 위한 목적으로 개발되었다. 정보처리기능, 언어기능, 수기능을 측정하고, 이들 기능을 5개의 하위검사로 측정하도록 구성되어 있다.

⑥ 유아용 종합 창의성 검사(K-CCTYC)

K-CCTYC(Korean Comprehensive Creativity Test for Young Children)는 창의성의 주요 요소인 유창성, 융통성, 독창성, 상상력을 측정하는 도구(전경원, 2000)로 언어, 도형, 신체 영역에서의 창의성을 측정하기 위한 4개의 소검사로 구성되어 있다. 유창성은 특정한 상황에서 가능한 한 많은 양의 아이디어나 해결책을 산출해 내는 능력이다. 반응의 질보다는 양이 중요하므로 가능한 많은 양의 아이디어를 내는 것이 중요하다. 융통성은 고정적인 사고방식이나 시각을 변화시켜 다양하고 광범위한 아이디어나 해결책을 산출해 내는 능력이다. 문제를 해결하는 데 한 가지 방법에만 집착하지 않고

여러 가지 방법으로 접근하여 반응하려는 유연하고 융통성 있는 사고 유형이다. 독창성은 기존의 사고에서 탈피하여 참신하고 독특한 아이디어나 해결책을 산출하는 능력이고, 상상력은 과거의 경험에 기초하여 앞으로의 행동을 계획하도록 새로운 표상을 만들어 내는 능력을 말한다. 이들 네 가지 창의성 요소는 언어, 도형, 신체 영역으로 나누어 측정한다.

(3) 정의 영역 검사

① 유아성격검사

송인섭(1994)은 4세~7세 유아의 성격을 진단할 수 있는 유아성격검사를 개발하였다. 이 검사는 유아의 성격 특성을 파악하는 것과 더불어 부정적인 방향으로의 아동행동 발달 가능성 여부를 판단하여 이를 미리 예방하기 위한 목적으로 개발되었다. 검사의 내용은 5개 영역에 30개 문항으로 구성되어 있다.

② 한국아동인성검사(KPI-C)

임상 장면에서 아동의 정신과적인 문제를 선별 · 진단하고 학교 장면에서 심리적인 도움을 필요로 하는 아동들을 조기에 발견하여 도움을 주는 데 목적이 있는 검사(Korean Personality Inventory for Childern)이다. 검사는 최근 6개월 간 아동과 함께 생활한 보호자가 수행을 하며, 아동의 발달, 정서, 행동, 대인관계, 현실 접촉 등에 대해 응답하여 다차원으로 평가할 수 있다. 4개의 타당도 척도, 1개의 자아탄력성 척도, 11개의 임상척도로 구성되어 있다.

③ 아동용 주제통각검사(CAT)

CAT(Children's Apperception Test)는 3~10세를 대상으로 한 투사적 성격검사로 벨락

(Bellak)에 의해 개별화 검사로 개발된 것이다. 성인용 주제통각검사(Thematic Apperception Test: TAT)와 달리 동물들을 등장시켜 아동들이 주요 인물이나 충동에 대해 대응해 나가는 방식을 이해할 수 있도록 구성되어 있다. CAT를 통해 대인관계, 사회적 상호작용, 동일시 양식과 같이 구체적인 문제들에 대한 아동의 반응을 알 수 있으며, 반응내용을 분석하여 공포, 공격성, 애정의 원천이나 대상, 반응 기제 등에 대한 단서를 얻을 수 있다.

④ HTP 그림검사

HTP(House/Tree/Person: 집, 나무, 사람 그림검사)는 벅(Buck, 1948)이 인간의 심리 상태에 대한 정보를 알기 위해 집, 나무 그리고 사람을 하나로 묶어서 검사로 제작한 것이다. 이후 해머(Hammer, 1958)에 의해서 임상적 적용이 확대되었다. HTP는 일종의 투사적 성격검사로서 평가자의 지시에 따라 아동이 흰 종이 위에 집과 나무와 사람을 그리게 되며, 그 그림에 대하여 솔직하고 자유롭게 설명하게 된다. 이 검사는 친숙한 소재를 통해 아동의 생각이나 내부의 욕구 상태, 자아개념, 부모와의 관계나 가족관계, 현재 보이는 정서적 상태 등에 대하여 알아볼 수 있다는 장점이 있다.

⑤ 동작성 가족화 검사

번스와 카우프만(Burns & Kaufman, 1970)은 아동에게 그의 가족구성원이 뭔가를 하고 있는 장면을 그리도록 요구하는 동작성 가족화 검사(Kinetic Family Drawing: KFD)를 창안하였다. K-F-D는 흰 종이 위에 가족들이 무엇인가를 하는 활동들을 그리게 되는 투사검사의 일종으로 가족관계에서의 문제나 역동에 대하여 알아볼 수 있다. 특히 피검자가 가족관계에서 느끼는 자신의 위치나 가족들에 대한 감정상태 등에 대해 알 수 있다는 장점을 가지고 있는 검사이다.

⑥ 벤더 게슈탈트 시지각 검사(BGT)

BGT(Bender Gestalt Test for Young Children) 검사는 형태심리학의 원리에서 발달된 검사로서 성인들의 정신병과 기질적인 문제를 탐색하기 위해 실시되어 왔으나 최근 아동용 신경심리평가 도구 중 하나로 주로 선별(screening)검사로 사용된다. 이 검사는 9개의 기하학적 도형을 하나씩 보여 주면서 그리게 하는 것으로, 점으로 구성된 선과 원, 교차하는 2개의 곡선 등으로 구성되어 있다. 현재는 뇌손상이나 시각 운동 협응에 대한 평가 그리고 지각적 성숙뿐만 아니라 정서적 혼란이나 성격 특성의 평가 및 아동의 학업성취에 대한 예측이나 대략적인 지능 추정을 위한 목적으로도 사용되고 있다.

⑦ 로샤 잉크반점 검사

로샤검사는 스위스 정신의학자 헤르만 로르샤흐(Hermann Rorschach)가 1921년 출판한 『심리진단』에서 소개되었다. 그는 잉크를 종이에 떨어뜨리고 접었다 폈을 때 나타나는 좌우대칭의 형태들을 수천 장 제작하여 정신과에 입원한 환자들에게 보여 주었고 증상 내지 진단범주에 따라 다른 반응들을 보이는 카드들을 채택하고 그러한 판별을 해 주지 못하는 카드들은 버리는 과정을 통하여 그는 마지막으로 10장의 카드를 선정하였다. 카드들에는 흑백도 있고 여러 색이 들어간 것도 있다. 프로이트(Freud)의 이론을 잘 알고 있었던 그는 잉크반점 검사에서 나온 자료가 무의식을 이해하는 데 도움을 준다고 보았다. 이 검사는 임상적 진단도구로서의 유용성뿐만 아니라 개인의 성격이나 습관, 반응양식과 같은 많은 정보를 줄 수 있고 아동의 성격검사도구로서 지각–인지적인 과제로 주어질 때의 반응행동과 아동의 환상을 자극하는 과제로 주어질 때의 반응 내용에는 아동의 사고양상과 성격의 구조와 역동, 행동양상이 반영된다고 보아진다. 로르샤흐의 사망 이후 벡(Beck), 허츠(Hertz), 클로퍼(Klopfer), 피오트로브스키(Piotrowski),

라포트 셰퍼(Rapaport-Schafer) 등의 계속된 연구로 다섯 가지의 로샤 체계가 완성되었다. 다양한 관점의 연구결과들은 1969년 엑스너(Exner)에 의해 통합되고 표준화된 종합체계로 발전하였다.

⑧ 주제통각검사(TAT)

TAT는 욕구와 압력의 결합인 주제를 측정하기 위해 머레이와 모건(Murray & Morgan, 1935)이 개발한 투사검사이다. 검사에 사용되는 도판은 1936년 하버드 대학의 Psychological Clinic에서 소개된 도판이 1943년까지 3회 개정되면서 머레이에 의해 31매로 표준화되었고 검사요강이 출판되었다. TAT의 도구는 사람이 나오는 장면들의 그림들이다. 인물들은 성별, 나이가 분명치 않으며, 표정도 보는 사람에 따라 여러 의미로 해석될 수 있다. 배경도 모호하여 매우 다양하게 지각, 해석된다. 피험자는 각 카드에 그려진 장면에 대해 이야기를 만든다. 그림에서 무슨 일이 일어나고 있으며, 인물들은 무슨 생각을 하며, 어떻게 해서 이 장면에 오게 되었고, 앞으로 어떻게 될지를 이야기하는 것이다. 어떤 카드들은 여자에게만 제시되고, 어떤 카드들은 남자에게만 제시되며, 남녀공용의 카드들도 있다. 검사에서 표현된 내용은 무의식적 동기를 드러내 주며 나아가 피험자들의 행동과도 관계된다고 가정한다.

⑨ 한국판 사회성숙도 검사

바인랜드 사회성숙척도(Vineland Social Maturity Scale)를 1985년에 한국에서 표준화하였고(김승국, 김옥기, 1985), 1995년에 개정되었다. 0세에서 30세까지의 사회적 능력을 평가하기 위해 6개의 하위검사에 117개 문항으로 구성되어 있으며, 연령에 따라 적용되는 문항이 달라진다.

(4) 신경심리검사

① 연속수행검사(CPT)

지속적 주의력은 상대적으로 긴 시간 동안 특정 과제 수행을 위해 주의집중을 유지하는 능력으로 정의된다. 이러한 지속적 주의력 연구에 가장 널리 사용되는 실험과제는 연속수행검사(Continuous Performance Task: CPT)이다. 지속적 주의력을 측정하기 위하여 제작된 프로그램은 X-CPT(표적자극과 방해자극 모두 알파벳으로 구성되어 있으며, 알파벳 X에 대해 반응을 하도록 하는 방법)와 같은 유형의 검사이다.

② TOVA

TOVA(Test of Variables of Attention)는 주의력결핍 과잉행동장애를 가진 아동과 성인의 진단 및 약물효과를 평가하기 위해 제작된 일종의 연속수행검사(CPT)이다. TOVA는 컴퓨터를 사용하여 실시하는 표준화된 검사로서, 목표자극은 배경이 되는 직사각형 내부의 위쪽에 정사각형이 위치해 있는 것인데, 피검자는 목표자극이 나타날 때마다 반응을 하도록 지시를 받는다. 전체 수행시간은 약 20~40분이며, TOVA 결과를 통하여 아동의 부주의성, 충동성, 과제에 대한 정보처리 속도, 주의력의 비일관성의 심한 정도를 알 수 있다. 즉, 아동의 연령과 약물복용 여부에 따른 다양한 기준에 따라 주의력결핍 과잉행동장애의 여부를 결정하게 된다.

③ 위스콘신 카드분류검사

WCST(Wisconsin Card Sorting Test) 검사의 목적은 전두엽의 실행기능을 측정하는 검사이다. 이를 위해 필요한 재료는 4개의 자극카드 세트와 64개의 반응카드 세트(2벌) 그리고 기록지이다. 실시하는 방법은 한 개의 빨간색 삼각형, 두 개의 초록색 별, 세 개의 노란색 십자가, 네 개의 청색 원이 그려진 4개의 자극카드를 피험자 앞에 일렬로 놓고 피험자로 하여금 검사자가 정해진 기준에 따라 반응카드 더미를 배열하도록 요구하는 것이다. 피험자의 과제는 각각의 반응카드 64개를 하나씩 4장의 반응카드 앞에 놓는 것이다. 반응카드들을 어디에 놓아야 하는지는 피검자가 스스로 판단해야만 하고 검사자는 놓은 위치가 맞았는지 틀렸는지에 대한 정보만 준다. 분류기준은 색깔, 모양, 수이며, 피험자가 10장의 카드를 연속적으로 올바르게 놓으면 분류기준이 바뀐다. 검사는 6번의 성공적인 범주(색깔, 모양, 수가 각각 2번)가 완료될 때까지 또는 128장의 카드 모두가 분류될 때까지 계속한다.

④ ADS

주의력 장애 진단 시스템은 아동의 주의력 문제를 진단하는 전산화된 도구이다. ADS(ADHD Diagnostic System)는 주의력 평가를 위해 사용할 수 있는 객관화되고 표준화된 연속수행검사로서 시각 버전과 청각 버전으로 구성된 비언어적 검사이다. 일정한 간격으로 자극과 비자극이 혼합되어 제시되고 피검자는 자극에 대해서만 반응하여야 한다. 시각자극과 청각자극에 대하여 각각 15분간 검사하게 된다. 단 5세는 5분, 6세는 10분이다.

7) 정신생리학적 검사

최근의 발달학자들은 아이들의 지각, 인지 그리고 정서반응의 생물학적 기초를 조사하기 위하여 생리적 반응과 행동 사이의 관계를 측정하는 정신생리학적 방법(psychophysiological method)을 사용하여 왔다. 정신생리학적 방법은 사건을 언어적으로 보고할 수 없거나 걸음마기 영유아의 정신적, 정서적 경험을 해석하는 데 유용하다. 예를 들어, 주의집중하는 동안에는 심장박동이 느려진다든가 괴로운 경험일 때는 심장박동이 증가한다든가 등 특정의 정서표현을 연구하기 위해 사용된다. 그리고 뇌의 전기적 활동을 기록하는 뇌파기록장치(electroencephalogram: EEG)를 이용하여 개인의 각성상태에 따라 뇌파의 움직임이 달라지는 것을 알 수 있다. 또한 뇌 활동의 3차원 그림을 제공하는 기능적 자기공명영상(functional magnetic resonance imaging: fMRI)을 통해 대뇌의 어떤 영역이 기억과 관련되어 있는지를 파악할 수 있다〈그림 10-2〉.

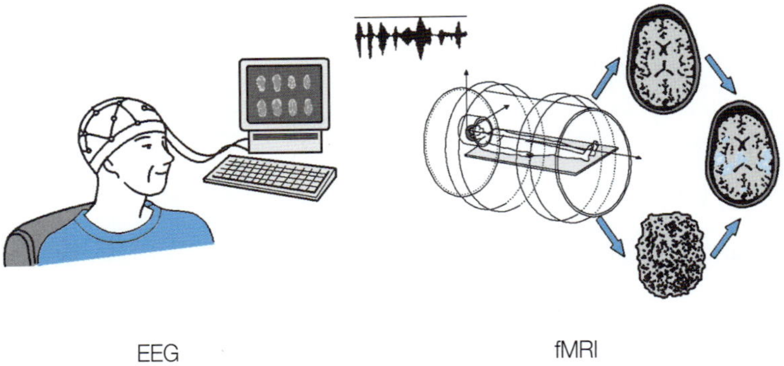

그림 10-2. 뇌파기록장치와 기능적 자기공명영상

출처: 신명희 외(2016). 유아발달. 학지사.

생리적 심리측정법(psychophysiological method)은 지각능력이나 인지, 정서적 반응의 기초가 되는 생물적인 특성을 밝히기 위해 생리적 반응과정과 행동 간의 관계를 측정하는 방법으로, 심리 상태와 아주 민감한 심박률, 혈압, 호흡, 눈동자의 동공 팽창, 스트레스 호르몬 수준 등 자율신경계의 활동을 사용한다. 이 외에도 뇌파기록법이나 두뇌의 활동에 따른 두뇌 혈류의 변화를 컴퓨터로 영상화하는 기능적 자기공명 영상법도 사용된다. 그러나 생리적 심리측정법은 실제적 활용방법에서 전문적인 기술과 훈련이 필요하며 해석도 어렵다는 한계점을 지니고 있다.

2. 생활기록부 작성

1) 유치원 생활기록부

(1) 기본 성격

유치원 생활기록부란 유아가 유치원 생활을 하며 나타난 신체운동·건강, 의사소통, 사회관계, 예술경험, 자연탐구 5개 영역의 발달상황의 변화 및 인적사항, 학적사항, 출결상황을 총체적으로 기록한 문서이다. 이러한 생활기록부는 당해 연도 담임교사가 유아를 효율적으로 지도하는 데 도움을 줄 뿐만 아니라 다음 연도에 담임을 맡게 될 교사가 유아의 지도계획을 수립하는 데 기초자료로 활용된다. 특히 유치원 생활기록부는 만5세 유아가 유치원을 졸업함과 동시에 해당 초등학교로 송부하기 때문에 생활기록부를 기록할 때에는 매우 정확하고 신중하게 기재해야 한다. 예를 들어, 5개 영역의 발달 상황에 대한 내용을 애매하게 기재하거나 교사의 주관적 견해가 기술된 경우에는 다음 연도 담임교사에게 선입견을 가지게 할 뿐만 아니라 유아의 지도에 혼란을 가중시킨다. 따라서 유치원 생활기록부 작성 및 관리지침의 구체적인 작성방법을 살펴볼 필요가 있다(권성민 외, 2022).

(2) 작성 방법

표 10-9. **유치원 생활기록부 양식**

[별지 제1호 서식]

유치원 생활기록부

구분 \ 연령	3세	4세	5세		사진 (3.5cm×4.5cm)
수료 · 졸업대장번호	20 –	20 –	20 –		
반					
담임 성명					

1. 인적사항

성명		성별		생년월일	
주소					

	구분 \ 관계	부	모
가족 상황	성명		
	생년월일		

2. 학적사항

연령 \ 구분		특기사항
20 . . .	유치원 세 입학	
	※ 이하 빈칸은 학적 변동에 따라 추가 가능	
졸업 후의 상황		

3. 출결상황

구분 / 연령	수업일수	출석일수	결석일수	특기사항
3세				
4세				
5세				

4. 신체발달상황

구분 / 연령	검사일	키(cm)	몸무게(kg)
3세	20 . . .		
4세	20 . . .		
5세	20 . . .		

5. 건강검진

구분 / 연령	검사일	검진기관	특기사항
3세	20 . . .		
4세	20 . . .		
5세	20 . . .		

6. 유아발달상황(성명:)

연령	발달상황
3세	
4세	
5세	

① 수료 · 졸업대장번호/반/성명/사진

- 수료 · 졸업대장번호란에는 만3세~만6세 유아가 수료 · 졸업할 경우 아라비아 숫자로 수료 · 졸업학년도 및 수료 · 졸업대장번호를 입력한다.
- 사진란에는 상반신 칼라 사진(3×4)을 입력한다.
- 반란에는 반명을 입력한다.
- 담임 성명란에는 담임교사의 성명을 입력한다.

② 인적사항

- 성명은 한글로 입력한다. 다만 부득이한 경우 해당국 언어로 입력할 수 있다.
- 성별은 남, 여로 입력한다.
- 생년월일은 주민등록등본상의 생년월일을 입력한다.
- 주소는 입학 당시의 주소와 변경된 주소를 차례로 입력하고, 졸업 당시의 주소를 최종적으로 입력한다.
- 가족상황란에는 부모(보호자)의 성명, 생년월일을 입력한다.
- 특기사항란에는 유아 이해에 도움이 될 수 있는 내용이 있는 경우 보호자의 동의를 받아 입력한다.
- 인적사항은 입학 또는 전입 후 1개월 이내에 작성한다.

③ 학적사항

- 입학의 경우 연월일, 원명, 연령을 입력한다.
- 전입, 전출, 퇴학, 수료, 졸업의 경우 연월일, 원명, 연령을 기재한다.
- 특기사항란에는 특기할 만한 사유를 입력한다.
- 입학 또는 전입 후 1개월 이내에 작성한다.
- 졸업 후의 상황란에는 진학한 학교 등 유아의 진로상황을 입력한다.

④ 출결상황

- 출결상황은 각 항목에 따라 아라비아 숫자로 입력한다.
- 수업일수는 「유아교육법 시행령」 제12조의 규정에 의하여 원장이 정한 총 출석해야 할 일수를 입력한다.
- 출석일수는 출석한 일수를 입력한다.
- 결석일수는 결석한 일수를 입력한다.
- 특기사항란에는 일주일 이상 장기 결석한 경우, 사유 등을 간략하게 입력한다.

⑤ 신체발달상황

- 신체발달상황은 해당 학기(1, 2학기)에 실시한 후 일주일 이내에 기재하고, 나머지 항목은 2학기 말에 기재한다.
- 검사일은 아라비아 숫자로 입력한다.
- 특기사항란에는 유아의 신체가 학습활동에 영향을 미치는 내용이 있는 경우 보호자의 동의를 받아 입력한다.

⑥ 유아발달상황

- 유치원 교육과정에 제시된 신체운동·건강, 의사소통, 사회관계, 예술경험, 자연탐구 5개 영역의 발달상황에 대한 관찰 결과를 구체적인 문장으로 입력하며, 문장의 끝맺음은 '~함', '~임' 등으로 통일하여 입력한다.
- 기술내용은 유치원 교육과정에 제시된 세부 내용을 준거로 입력하고, '종합발달상황'란에는 유아의 발달상황에 대한 종합적 평가를 간략하게 입력한다.

⑦ 생활기록부의 정정

- 매 학년이 종료된 이후에는 당해 학년도 이전의 유치원 생활기록부 입력자료에 대한 정정은 원칙적으로 금지한다.

- 만약 정정이 불가피한 경우에는 반드시 정정내용에 관한 증빙자료를 첨부하여 유치원 생활기록부 정정대장의 결재 절차에 따라 정정 처리를 해야 한다. 정정 대장의 결재절차는 담임교사 → 원감 → 원장 순으로 한다. 이때 정정은 정정사유가 발견된 당해 연도의 담임교사가 정정한다.
- 정정에 필요한 증빙자료는 스캔하여 결재 시 붙임문서로 첨부하고, 원본은 정정대장에 철하여 보관한다.
- 정정을 위한 입력이 완료되면 전산자료를 출력하여 그 출력물과 증빙자료의 내용과 대조하고 확인하는 절차를 거친다.
- 정정대장 작성 시 정정 사항의 오류내용, 정정내용, 정정사유는 간략하고 누구나 알 수 있도록 구체적으로 입력한다.
- 유치원 생활기록부 정정대장은 유치원장의 결재를 받아야 한다.

유치원 생활기록부 정정대장

번호	정정 연월일	정정 대상자		정정 사항				증빙자료		비고		
		연령 (수료 · 졸업 대장 번호)	성명	항목	오류 내용 (정정 전)	정정 내용 (정정 후)	정정사유	제목	문서번호 (등록일자)	담임	원감	원장
2014-1	2014. 04.21.	만 5세 (2013-25)	홍수지	인적 사항	모 성명 (김지운)	김지원	입력오류	주민 등록 등본	1 (2014.04.21.)			
2014-2	2014. 05.12.	만 4세 (2013-28)	김만두	인적 사항	유아 성명 (김만두)	김호준	개명 (2013.05.01. 서울법원 개명허가)	주민 등록 등본	2 (2014.05.12.)			
2014-3	2014. 06.17.	만 3세 (2013-45)	한사랑	출결 상황	결석 일수2 누락	결석일수 2 입력	출석부 확인	출석부	3 (2014.06.17.)			

☞ 출석부인 경우 출석부 사본에 원본대조필 후 정정대장에 철하여 보관한다.

그림 10-3. **생활기록부 정정대장 예시**

출처: 교육부(2014). 유치원생활기록부 기재요령.

2) 초 · 중 · 고 교과학습발달상황의 평가관리

(1) 기본 성격

학교생활기록부는 법정 장부로서 반드시 작성해야 하는 문서인 동시에, 작성하도록 되어 있는 사항은 반드시 기록해야 하는 강제성을 가지고 있다. 학교생활기록은 크게 학교생활기록부와 학교생활세부사항기록부로 구분되어 작성하고 관리하지만 학교생활세부사항기록부는 상급학교 진학지도 및 상급학교 학생선발에 활용하기 위한 근거자료로 활용된다. 학생생활기록부는 학교생활세부사항기록부의 기록사항 중 학생의 행동특성 및 종합의견과 교육부장관이 정하는 항목에 대한 특기사항을 삭제하여 보존한다.

학교생활기록부와 학교생활세부사항기록부는 공통적으로 인적사항, 학적사항, 출결상황, 수상경력, 자격증 및 인증 취득상황, 진로지도상황, 창의적체험활동상황, 동아리활동상황, 교외체험학습상황, 교과학습발달상황 등을 포함한다. 다만 학교생활세부사항기록에는 행동특성 및 종합의견이 추가되고 교과학습발달상황에 과목별 세부능력 및 특기사항을 입력하도록 되어 있다. 또한 학생생활기록부는 준영구 보존하도록 하고 있으며, 학교생활세부사항기록부는 학생 졸업 후 5년 동안 보존하되, 고등학교는 상급학교 전형자료로 활용 가능하도록 5년을 추가 보존하여 10년간 보존하도록 하고 있다.

학생생활기록부에 작성된 결과를 학생의 교수학습 지도자료로 활용함과 동시에 학교에서 이루어지고 있는 대부분의 학생활동 결과를 입력하여 학생을 총체적으로 이해하는 자료로서 상급학교의 진학, 취업 등의 자료로 활용한다.

(2) 교과학습발달상황의 평가관리

학교생활기록부의 작성에서 공정한 학업성적 관리가 가장 어렵고 까다로운 문제이다. 따라서 각급학교는 학업성적 평가 및 관리의 객관성 · 공정성 · 투명성과 신뢰도를 높이기 위하여 학교별 각 교과협의회(학년협의회)와 학업성적관리위원회를 구성하고, 그 기능을 강화하고 있다. 학교생활기록 작성 및 관리지침에 제시된 교과학습발달상황 평가의 규정은 〈표 10-10〉과 같다(교육부, 2022).

표 10-10. **15조(교과학습발달상황)**

① 교과학습발달상황의 평가는 별표 9 '교과학습발달상황 평가 및 관리'에 따라 시행한다.
② 초등학교의 교과학습발달상황은 각 교과별 성취기준에 따른 성취수준의 특성 및 학습활동 참여도 등을 '세부능력 및 특기사항'란에 교과별로 문장으로 입력하되, 1, 2학년 '바른 생활', '슬기로운 생활', '즐거운 생활' 교과는 통합하여 입력한다.
③ 중학교는 제1항의 규정에 의하여 시행한 평가에 따라 '교과', '과목', '원점수/과목평균', '성취도(수강자수)'를 산출하여 각 학기말에 입력한다. 다만, 체육 · 예술(음악/미술) 교과(군)의 과목은 '교과', '과목', '성취도'를 입력한다.
④ 고등학교는 제1항의 규정에 의하여 시행한 평가에 따라 '교과', '과목', '단위수', '원점수/과목평균(표준편차)', '성취도(수강자수)', '석차등급'을 산출하여 각 학기말에 입력한다.
다만, 다음의 교과(목)는 예외로 하여 각 호의 사항을 입력한다.
1. 보통 교과 진로 선택 과목(진로 선택으로 편성된 전문 교과 포함): '교과', '과목', '단위수', '원점수/과목평균', '성취도(수강자수)', '성취도별 분포비율'
2. 보통 교과 공통 과목의 '과학탐구실험' 및 전문 교과Ⅱ, Ⅲ: '교과', '과목', '단위수', '원점수/과목평균(표준편차)', '성취도(수강자수)'
3. 보통 교과의 체육 · 예술 교과(군)의 일반 선택 과목: '교과', '과목', '단위수', '성취도'
⑤ 중 · 고등학교의 '비고'란에는 학교 간 통합 선택교과 이수, 학적변동으로 인한 이수과목 상이 등 교육과정 운영에 따른 특기사항에 관한 내용을 간략하게 입력한다.
⑥ 중 · 고등학교의 '세부능력 및 특기사항'란에는 과목별 성취기준에 따른 성취수준의 특성 및 학습활동 참여도 등을 문장으로 입력한다. 다만, 체육 · 예술 교과(군) 및 전문 교과Ⅱ의 실무과목은 다음 각 호의 사항을 입력한다.
1. 체육 · 예술 교과(군): 성취수준의 특성, 실기능력, 교과적성, 학습활동 참여도 및 태도 등
2. 전문 교과Ⅱ의 실무과목: 능력단위 기반의 과목별 학습활동 참여도 및 태도 등
3. 〈 삭 제 〉
4. 〈 삭 제 〉
⑦ 제6항에 따른 중학교의 '세부능력 및 특기사항'란에는 특기할 만한 사항이 있는 과목 및 학생에 대하여 입력하고, 고등학교는 모든 학생에 대해 입력하되 세부사항은 교육부 장관이 별도로 정한다.
⑧ 고등학교의 보통 교과 중 교양 교과는 과목명 및 이수단위를 입력하고 '성취도(수강자 수)'란과 '석

차등급'란에는 'P'를 각각 입력한다. 또한, 중학교에서도 고등학교 교양교과(환경, 보건, 진로와 직업 등) 성격의 과목을 선택하여 이수한 경우 과목명 및 이수시간을 입력하고 이수여부에 'P'를 입력한다.

⑨ 〈 삭 제 〉

⑩ 전문 교과Ⅰ 및 보통 교과[공통 과목 과학탐구실험, 진로 선택 과목(진로 선택으로 편성된 전문 교과 포함), 체육 · 예술 교과(군)의 일반 선택 과목, 교양 교과(군)의 과목 제외]는 과목 수강자수가 13명 이하인 경우 '교과', '과목', '단위수', '원점수/과목평균(표준편차)', '성취도(수강자수)'를 입력하고, '석차등급'란에는 '석차등급'이나 ' · '을 입력한다. 다만, 수강자 수가 13명 이하인 과목이 2과목 이상인 경우에 '석차등급'란에 '석차등급' 또는 ' · ' 표기 중 한 가지 방법으로 동일하게 입력한다.

⑪ 〈 삭 제 〉

⑫ 체육 · 예술계 중학교(예술체육 중점학교 포함)에서 학생이 선택 과목으로 체육계 과목 또는 음악 · 미술계 과목을 이수한 경우 '교과', '과목', '원점수/과목평균', '성취도(수강자 수)'를 입력한다.

⑬ 학생이 자유학기에 이수한 과목의 '원점수/과목평균'란은 '공란'으로 두고, '성취도(수강자 수)'란에 'P'를 입력한다. 또한, 체육 · 예술(음악/미술) 교과(군)의 과목은 '성취도'란에 'P'를 입력한다. '세부능력 및 특기사항'란에는 모든 과목에 대해 각 과목별 성취기준에 따른 성취수준의 특성, 학습활동 참여도 및 태도, 활동 내역(체육 · 예술 과목은 실기능력, 교과적성 포함) 등을 문장으로 입력한다.

⑭ 교과학습발달상황의 '세부능력 및 특기사항'은 교과담당교사가 입력한다.

⑮ 고등학교에서 학교 간 통합 선택교과로 이수한 과목[진로 선택 과목(진로 선택으로 편성된 전문 교과 포함), 체육 · 예술 교과(군)의 일반 선택 과목, 교양 교과(군)의 과목 제외]은 '교과', '과목', '단위수', '원점수/과목평균(표준편차)', '성취도(수강자수)'를 입력한다.

⑯ 학점제를 적용받는 고등학교는 제4항, 제8항, 제10항, 제15항의 '이수단위' 또는 '단위수'를 '학점수'로 본다.

⑰ 중학교에서 국가 재난에 준하는 상황으로 평가를 실시하지 않을 경우 '원점수/과목평균'란은 '공란'으로 두고, '성취도(수강자수)'란에 'P'를 입력한다. 또한, 체육 · 예술(음악/미술) 교과(군)의 과목은 '성취도'란에 'P'를 입력한다.

① 초등학교 교과학습발달상황

초등학교 교과학습발달상황에 대한 구체적인 내용은 〈표 10-11〉과 같다(교육부, 2022).

표 10-11. **제15조(교과학습발달상황)**

가. '세부능력 및 특기사항'에서는 학생들의 특성을 보다 구체적으로 기술한다. 학생들의 교과특성은 교과학습 평가 및 수업과정에서 수시 상시로 기록한 내용을 중심으로 교과의 전 영역을 종합적으로 기술한다.
나. 초등학교 1, 2학년 '바른 생활', '슬기로운 생활', '즐거운 생활' 교과는 세 교과의 성취기준을 바탕으로 학생의 성취수준에 따른 특성을 종합하여 기록하며, 특정 교과가 누락되지 않도록 유의한다.

② 중학교 교과학습발달상황

중학교 교과학습발달상황에 대한 구체적인 내용은 〈표 10-12〉와 같다(교육부, 2022).

표 10-12. **제15조(교과학습발달상황)**

가. 글로벌 지식기반사회에서 요구하는 창의 인성교육의 활성화를 위하여 교육과정을 개편하였고, 수준별 맞춤형 교육여건 조성과 함께 모든 학생의 잠재력과 소질을 최대한 발현시켜 줄 수 있는 교수 학습과 평가 제도의 확립을 위한 중등학교 학사관리 선진화 방안(2011.12.13.)에 따라 학업성취의 수준을 평가하는 성취평가제가 도입되었다.
  1) 성취평가제는 '학생이 무엇을 어느 정도 성취하였는가'라는 평가의 본래적 의미를 강조하는 평가제도이다.
  2) '성취기준'은 각 교과목에서 학생들이 학습을 통해 성취해야 할 지식, 기능, 태도의 능력과 특성을 진술한 것으로 교수 학습 및 평가의 실질적인 근거로 교사가 무엇을 가르치고 평가해야 하는지, 학생이 무엇을 공부하고 성취해야 하는지에 관한 실질적인 지침이 된다.
  3) '평가기준'은 학습 정도를 판단하기 위해 각 성취기준에 도달한 정도를 상/중/하의 세 단계로 구분하고 각 단계에 속한 학생들이 무엇을 알고 있고, 할 수 있는지를 기술한 것을 의미한다.
  4) '단원/영역별 성취수준'은 각 단원 또는 영역에 해당하는 교수 학습이 끝났을 때 학생이 성취하기를 기대하는 지식, 기능, 태도에 도달한 정도를 수준별로 '종합적'이고 '포괄적'으로 기술한 것이다.
나. 미래 지능정보 시대에 필요한 창의적 사고력을 바탕으로 새로운 가치를 창출할 수 있는 창의융합형 인재 양성을 위해, 학생의 진로 적성에 따른 과목선택권을 강화하는 등 학생 중심으로 교육과정 개편을 강조한 2015 개정 초 · 중등학교 교육과정을 고시(2015.9.)하였다.
다. 선택과목 중 고등학교 보통교과의 교양교과 성격을 지닌 과목의 이수시간은 계획된 시간으로 입력하고 이수여부는 'P'로 처리한다. 단, 전입생의 경우는 전입교의 계획된 시간으로 입력하고 이수여부는 'P'로 처리한다.
라. '세부능력 및 특기사항'에서는 학생들의 특성을 보다 구체적으로 기술한다. 학생들의 교과특성은 교사가 교과학습 평가 및 수업과정에서 수시 상시로 기록한 내용을 중심으로 교과의 전 영역을 종합적으로 기술한다.

③ 고등학교 교과학습발달상황

고등학교 교과학습발달상황에 대한 구체적인 내용은 〈표 10-13〉과 같다(교육부, 2022).

표 10-13. **제15조(교과학습발달상황)**

가. 글로벌 지식기반사회에서 요구하는 창의 인성교육의 활성화를 위하여 교육과정을 개편하였고, 수준별 맞춤형 교육여건 조성과 함께 모든 학생의 잠재력과 소질을 최대한 발현시켜 줄 수 있는 교수 학습과 평가 제도의 확립을 위한 중등학교 학사관리 선진화 방안(2011.12.13.)에 따라 학업성취의 수준을 평가하는 성취평가제가 도입되었다.

1) 성취평가제는 '학생이 무엇을 어느 정도 성취하였는가'라는 평가의 본래적 의미를 강조하는 평가제도이다.
2) '성취기준'은 각 교과목에서 학생들이 학습을 통해 성취해야 할 지식, 기능, 태도의 능력과 특성을 진술한 것으로 교수 학습 및 평가의 실질적인 근거로 교사가 무엇을 가르치고 평가해야 하는지, 학생이 무엇을 공부하고 성취해야 하는지에 관한 실질적인 지침이 된다.
3) '평가기준'은 학습 정도를 판단하기 위해 각 성취기준에 도달한 정도를 상/중/하의 세 단계로 구분하고 각 단계에 속한 학생들이 무엇을 알고 있고, 할 수 있는지를 기술한 것을 의미한다.
4) '단원/영역별 성취수준'은 각 단원 또는 영역에 해당하는 교수 학습이 끝났을 때 학생이 성취하기를 기대하는 지식, 기능, 태도에 도달한 정도를 수준별로 '종합적'이고 '포괄적'으로 기술한 것이다.

나. 보통교과는 '성취도(A-B-C-D-E)'와 '석차등급(1등급~9등급)'으로, 전문교과는 '성취도(A-B-C-D-E)'로 성적을 산출하는 것을 원칙으로 하되, 세부적인 사항은 다음을 참조한다.

〈예시〉 2015 개정 교육과정

구분			원점수/과목평균(표준편차)			성취도(수강자수)		석차등급	비고
			원점수	과목평균	표준편차	성취도	수강자수		
보통교과	공통 과목		○	○	○	5단계	○	○	• (성취도 3단계) 과학탐구실험 ※과학탐구실험은 석차등급 미산출
	일반선택과목	기초/탐구/생활·교양	○	○	○	5단계	○	○	• 교양 교과(군) 제외

		체육 · 예술	–	–	–	3단계	–	–	• 수강자수 입력하지 않음
	진로 선택 과목 ※기초/탐구/생활 · 교양/체육 · 예술		○	○	– ※성취도별 분포비를 입력	3단계	○	–	• 진로선택으로 편성된 '전문교과 Ⅰ · Ⅱ' 포함 • 교양 교과(군) 제외 • '석차등급' 및 '표준편차' 삭제, '성취도별 분포비율' 입력
	교양 교과(군)		–	–	–	P	–	P	
전문교과Ⅰ			○	○	○	5단계	○	○	• (성취도 3단계) 융합과학 탐구, 과학과제 연구, 물리학 실험, 화학 실험, 생명과학 실험, 지구과학 실험, 사회탐구 방법, 사회과제 연구
전문교과Ⅱ			○	○	○	5단계	○	–	• 석차등급은 산출하지 않음
전문교과Ⅲ			○	○	○	5단계	○	–	• 석차등급은 산출하지 않음 • 특수교육 교육과정을 운영하는 학교에 한함
보통교과 및 전문교과Ⅰ 중 수강자수 13명 이하인 과목			○	○	○	교과(군)별 3단계 또는 5단계	○	'–' 또는 '○등급'	• 보통교과 공통과목 과학탐구실험, 진로선택과목(진로선택으로 편성된 전문교과포함), 체육 · 예술 교과(군)의 일반 선택 과목, 교양 교과(군)의 과목 제외
학교 간 통합 선택교과 (공통 교육과정) 과목			○	○	○	교과(군)별 3단계 또는 5단계	○	–	• 보통교과 진로선택과목(진로선택으로 편성된 전문교과포함), 체육 · 예술 교과(군)의 일반 선택 과목, 교양 교과(군)의 과목 제외

다. 미래 지능정보 시대에 필요한 창의적 사고력을 바탕으로 새로운 가치를 창출할 수 있는 창의융합형 인재 양성을 위해, 학생의 진로 적성에 따른 과목선택권을 강화하는 등 학생 중심으로 교육과정 개편을 강조한 『2015 개정 초 · 중등학교 교육과정』을 고시(2015.9.)하였다.

1) 문 이과 구분 없이 모든 학생이 고교단계에서 배워야 할 필수적인 내용으로 '공통 과목'을 신설하였으며, 학생이 적성과 진로에 따라 맞춤형으로 교육받을 수 있도록 '선택과목'(일반선택, 진로선택)을 세분화하였다.

2) 특성화고등학교 교육과정은 전문교과Ⅱ를 전문 공통과목, 기초과목, 실무과목으로 개편하여 국가직무능력표준(NCS)과 연계를 강화하였다.

라. 특성화고등학교 산업체 현장실습, 일반고등학교 직업과정 등의 성적처리 방안은 '별표 9'의 해설

'다목 3)의 하)' 직업과정 위탁학생 성적처리 방안을 따른다.

마. '학교 간 통합 선택교과(공동교육과정)'로 이수한 과목의 '석차등급'란은 공란으로 두며, '비고'란에는 자동으로 '공동'으로 표시된다.

바. '세부능력 및 특기사항'에서는 학생들의 특성을 보다 구체적으로 기술한다. 학생들의 교과 특성은 교사가 교과학습 평가 및 수업과정에서 수시 상시로 기록한 내용을 중심으로 교과의 전 영역을 종합적으로 기술한다.

Chapter

11

교육기관의 평가

배울 내용

1. 유치원 평가
2. 학교평가

학습 목표

1. 유치원 평가의 목적과 구체적인 평가항목을 숙지한다.
2. 학교평가의 목적과 구체적인 평가항목을 숙지한다.

Chapter 11

교육기관의 평가

1. 유치원 평가

2007년 5월에 '유치원 평가 기본계획'을 수립하여 시범 평가 후 시 · 도 교육청 주관으로 제1주기 유치원 평가(2008년~2010년)가 실시되었고, 제2주기 유치원 평가(2011년~2013년), 제3주기 유치원 평가(2014년~2016년), 제4주기 유치원 평가(2017~2019년)가 3년을 주기로 실시되었다. 현재는 제5주기(2020~2022) 유치원 평가가 실시되고 있다.

1) 유치원 평가의 개념

유치원 평가는 유아교육을 위하여 법에 따라 설립 · 운영되는 기관을 대상으로 정부 차원에서의 유치원의 질적 수준을 평가하는 제도를 말한다. 다시 말해 유아교육기관 평가란 유아교육기관에서 이루어지는 유아교육의 질과 관련된 다양한 요인들을 평가함으로써 프로그램의 교육목표 수행 여부는 물론, 프로그램의 효과를 검증, 수정 · 보완이 필요한 부분에 대해 찾아내어 이를 개선해 나가는 과정이라고 말할 수 있다(교육과학기술부, 2011). 구체적으로 장명림 등(2011)은 유치원 평가는 유아교육기관으로서 유치원 운영실태를 총체적으로 점검하고, 이를 토대로 유치원의 강 · 약점을 파악하여 개선을 위한 정보를 제공하는 일련의 과정이라고 설명하고 있으며, 이승희 등(2004)은 유아교육기관의 질 향상을 위한 기관평가는 매우 중요한 과제로서, 기관의 가치를 체계적으로 조사하고 판단하기 위해 기관의 역할과 기능을 효과적으로 수행할 수 있는 기관의 종합적 능력을 평가하는 기준으로 정의하고 있다.

2) 유치원 평가의 의의

장명림 등(2001)은 유치원 평가의 의의를 다음의 다섯 가지로 제시하고 있다. 첫째, 국가 수준에서 전체 유치원의 질을 종합적으로 평가 · 점검하고 모니터링할 수 있는 질 관리 체제를 구축함으로써 유아교육 공교육화를 촉진하는 계기가 될 수 있다. 둘째, 국가 수준의 유치원 평가를 통해서 유아교육현장의 실정과 요구에 기초한 유아교육정책을 수립하기 위한 정보와 자료를 수집할 수 있다. 셋째, 국가 수준에서 실시하는 학교종합평가체제의 일관성 및 통합성을 도모할 수 있다. 넷째, 유아교육개혁안의 지속적, 효율적 추진과 교육부의 유아교육 발전 방향 모색 및 정책 입안에 필요한 구체적인 실천 과제를 도모할 수 있다. 다섯째, 교육 수요자인 학부모에게 유아교육의 방향을 제시하고, 유치원 교육 선택 및 참여 시에 필요한 공신력 있고 구체적인 자료를 제공할 수 있다. 또한 전향임(2011)은 유치원 평가는 유치원 교육의 질적 향상과 더불어 공교육화의 발판을 마련하고, 학부모의 유아교육기관 선택의 정보를 제공하며, 평가자료는 유치원 교육발전을 위한 정책수립의 기초자료로 사용될 수 있다는 점에서 의의가 있다고 주장하고 있다.

3) 유치원 평가의 목적

유치원 평가를 효과적으로 시행하기 위해서는 평가과정을 통해 성취되어야 할 평가의 목적을 명확히 제시하여야 한다. 우리나라 유치원 평가의 목적을 살펴보면, 첫째, 국가 수준의 체계적인 평가시스템 구축을 통해 학교로서 유치원의 책무성과 질적 수준을 제고하여 유아교육의 공교육화를 조기에 정착시키고자 한다. 그리고 유치원의 운영실태 진단과 개선방안 제안을 통한 책무성을 강화하고, 평가결과를 환류시킴으로써 유치원 운영의 효율성과 유아교육의 질적 수준을 제고한다. 또한 설립유형별, 지역별 유치원 교육의 차이를 줄이고, 일정 수준 이상의 질적 수준을 담보함으로써 공교육체제 내 학교로서의 기본요건을 구비한다. 둘째, 국가 정책적으로 평가 결과에 근거하여 효과적인 유아교육진흥 정책개발을 추진하기 위함이다. 2008년부터 유아교육재정의 지방 이양에 따라 국가 수준의 정책적 관리시스템이 필요하며, 평가결과에 근거하여 전국 유치원의 운영실태 파악 및 정책적 지원 우선순위 판단이 가능하다. 유치원 평가를 통한 교육과정 및 기관운영 우수사례 발굴, 확산으로 유치원의 자율적, 창의적 유아교육 활동 활성화를 이룬다. 셋째, 바람직한 유아교육 특성을 반영한 체계적 정보제공을 통하여 학부모의 기관선택을 지원하고자 한다. 초 · 중학교와 달리 기관 선택권이 주어지는 유아교육기관에 대한 정보를 제공하여 학부모의 선택을 지원하며, 올바른 유아교육에 대한 정보를 제공하여 학부모의 유치원 교육에 대한 인식 및 만족도를 제고하는 것이다.

4) 유치원 평가의 절차

유치원 평가는 자체평가로 시행하고, 3년을 단위로 실시하던 유치원 평가를 매년 시행하게 되었다. 현장방문 평가 없이 유치원 자체평가 실시 후 평가를 분석하고 결과 보고서를 작성하여 지역교육지원청으로 제출한다. 유치원 자체평가 추진 절차는 〈그림 11-1〉과 같다.

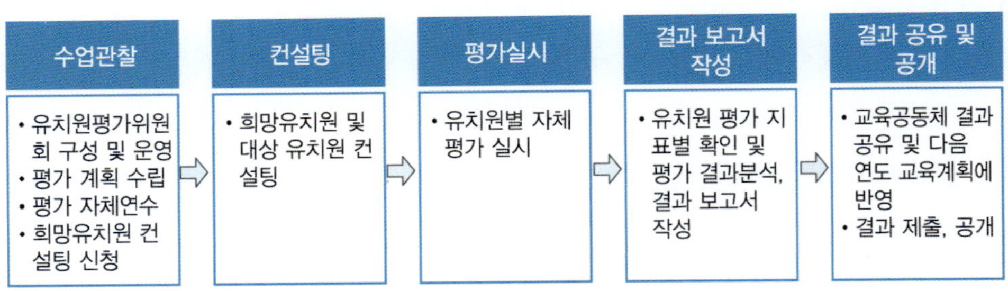

그림 11-1. **유치원 자체평가 추진 절차**

유치원 자체평가 추진 절차를 세부적으로 살펴보면 다음과 같다. 먼저 유치원 평가 준비단계에서 단위유치원은 유치원평가위원회를 교직원, 학부모 또는 외부인사 등을 포함하여 구성하되 위원의 수 등은 유치원의 여건을 고려하여 자율적으로 결정할 수 있다. 유치원평가위원회는 단독 운영하거나 통합 운영이 가능하다. 유치원 여건에 따라 유치원교육과정위원회, 유치원운영위원회 등 성격이 유사한 다른 위원회와 통합운영이 가능하며 유치원에서 자율로 결정한다. 유치원평가위원회는 유치원 평가 기본계획 수립 및 효율적 유치원 평가수행을 지원하고, 이의 신청 조정을 위한 심의위원회를 통합운영하게 된다. 유치원 평가결과 분석을 통하여 다음 연도 기본계획 수립 시 반영하는 역할을 하게 된다.

다음은 유치원평가위원회 및 유치원 구성원 전체가 평가계획을 수립한다. 유치원 자체평가 계획을 수립하면 유치원 내부결재 후 자체 보관한다. 유치원 자체평가 계획 수립 시 자체평가의 목적을 공유하고 추진 일정을 수립, 유치원 평가 추진 방법 등을 결정한다. 이때 유치원 자체평가 지표(항목)를 설정하고 평가내용에 대한 구성원들의 점검 사항 및 토의할 내용, 유치원 질적 개선에 대한 논의 등 구체적인 사항을 수립한다. 자체평가 계획을 수립하면 자체연수를 실시한다. 자체연수는 유치원 평가위원회 및 유치원 구성원 전체를 대상으로 유치원 자체 추진 또는 연수(컨설팅) 강사 초빙의 방법을 사용할 수 있다. 이때 유치원 자체평가의 가치와 내용을 공유하고 자체평가 절차 및 방법 · 내용 이해를 주요 내용으로 한다. 자체평가 준비단계에서 희망하는 유치원, 신설 유치원(건물 매입형 유치원 포함), 행복안심유치원 등은 컨설팅을 신청할 수 있다.

두 번째로 유치원 평가 컨설팅은 개별 유치원의 진단을 통한 유치원 교육력 강화를 목적으로 하고 있다. 컨설팅을 신청한 유치원과 컨설팅 지원단을 매칭하여 유치원 자체평가 실행 과정을 지원하고 자체평가에 대한 이해와 연수를 지원한다. 김소연(2016)은 유치원 평가 컨설팅을 교육청에서 운영 · 지원하는 전문장학 요원 및 컨설턴트를 연결함으로 단위 유치원이나 유치원 교사가 당면한 과제를 해결하기 위해 적극적이고 다양한 지원을 제공해 주고 돕는 체계적이고 전문적인 유치원 지원 활동이라고 주장하였다.

세 번째로 유치원 자체평가를 실시한다. 자체평가는 유치원 평가지표(항목)에 제시된 평가기준에 따라 유치원에서 자체적으로 유치원의 운영과 교육활동 전반을 점검 · 평가하는 것이다. 유치원 자체평가 지표(항목) 설정 시 평가영역-지표-항목 중 기존

지표는 유지하되 유치원의 여건을 반영하여 항목 수, 항목 내용 등은 조정 · 보완 활용이 가능하다. 건강 · 안전 영역은 학부모안심유치원(국정과제49-1) 추진과 연계 등을 위한 공통 평가항목으로 제시한 지표와 항목을 유지해야 한다. 평가항목 설정이 끝나면 자체평가 지표(항목)에 따라 유치원 자체평가 점검 및 논의를 하게 된다. 자체점검 실시 결과에 따라 구성원 간 또는 구성원 전체가 논의하고 협의하는 과정이 필요하다. 자체평가는 점검이나 양적 평가보다는 유치원의 질적 개선과 발전을 위한 교육공동체의 소통과 나눔이 중요하다. 소규모 병설유치원은 자체점검 내용에 따라 어울림학습공동체와 협력하여 소통 나눔의 기회를 갖는다. 자체평가는 학년 말 교육과정 평가회(워크숍) 등과 병행하여 실시할 수 있다. 자체평가의 흐름도는 〈그림 11-2〉와 같다.

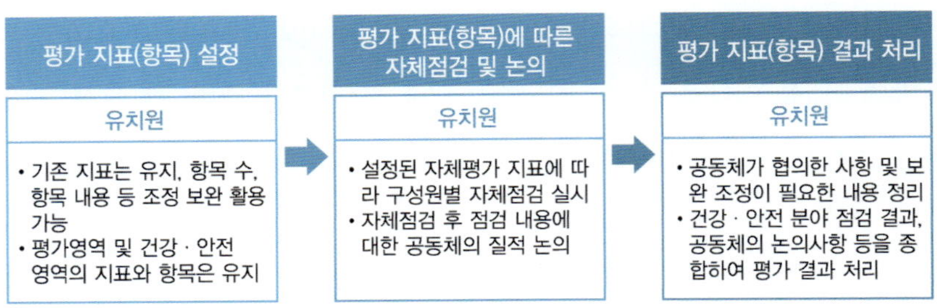

그림 11-2. **유치원 자체평가 흐름도**

네 번째로 유치원 자체평가 결과보고서를 작성한다. 자체평가 결과보고서는 교육공동체의 논의와 협의를 통한 내용을 중심으로 기술하되, 평가 담당자 1인이 형식적으로 작성하는 것을 지양한다. 자체평가 결과에 대한 원인을 분석하여 종합적인 개선 방안을 협의한다. 유치원에서 추진한 내용과 개선할 점, 다음 연도에 반영할 사항 등도 포함하여 작성한다.

마지막으로 유치원 교육공동체를 대상으로 유치원 자체평가 결과 공유 및 공개를 한다. 학부모 연수, 간담회, 교직원 연수, 교육과정 평가회 등과 병행 운영이 가능하며,

소규모 병설유치원 등은 관내 어울림학습공동체 등을 활용하여 유치원 실정에 맞게 자율로 운영한다. 평가결과 공유 및 환류, 개선방안 공동협의 등을 통해 다음 연도 유치원 교육 계획과 평가계획에 반영한다.

5) 유치원 평가의 활용

유치원 자체평가 결과는 유치원 홈페이지에 탑재하거나 홈페이지 미구축 유치원은 블로그, 밴드 등 기타 교육공동체 공유 사이트 활용하여 공개한다. 이후 4월에 정보공시 '유치원 알리미' 사이트에 탑재한다. 유치원 평가 후 결과 처리 및 활용은 결과공개 방법과 범위를 교육청에서 자체 결정하되 서열화를 지양하고 있다.

각 주기별 평가결과 및 처리 활용을 살펴보면 다음과 같다. 제1주기 평가(2008~2010)에서는 컨설팅에 역점을 두고 평가결과를 비공개 처리하여 참여 유치원의 운영 진단과 개선에 주력하였다. 유치원 평가결과는 등급화하지 않고 평가 참여에 따른 재정적, 행정적 지원방안을 수립하여 추진하는 데 기초자료로 활용되었다(교육과학기술부, 2008). 이는 평가결과를 비공개하여 유아교육의 질 제고와 경영 개선의 피드백 자료로 적극 활용하여 유치원별 교육계획 수립과 운영에 반영하고 장학지도 자료 등으로 활용하였다. 또한 우수사례를 발굴하여 우수사례 보고회 및 자체 보고회를 개최하고 우수사례를 제공한 유치원을 비공개함으로써 모든 유치원의 질적 수준을 높이기 위해 노력하였다(정현정, 2017).

제2주기 평가(2011~2013)에는 유치원 평가결과 공개 범위 및 방법을 시도교육감이 자체 결정하며 가능한 전체 또는 영역별로 구분하여 우수사례를 공개하였다. 또한 평가결과에 따라 시도교육청별 재정적, 행정적 지원방안을 수립하고 추진하여 우수 유치원의 교원에 대해 지원하고 미흡한 유치원에 대해서는 컨설팅 지원을 추진하여 우수 유치원과 미흡한 유치원을 지원하는 방안을 강구하였다(부산유아교육진흥원, 2011).

제3주기 평가(2014~2016)에서는 평가결과 공개를 통해 정부 3.0 정책실현 및 학부모의 알권리 보장과 책무성 제고를 통한 유치원 교육의 질을 제고하고 유치원의 자율적 운영실태 진단과 개선 노력을 하였다. 또한 우수 유치원의 자긍심 고취 및 유치원 간의 선의의 경쟁을 촉진하였다. 유치원 평가 총평, 영역별 소견 등 유치원에 대한 구체적이고 상세한 정보를 통해 학부모의 기관선택권 보장 및 만족도를 향상하도록 하였다(부산유아교육진흥원, 2014).

제4주기 평가(2017~2019)에서는 평가결과보고서의 영역별 소견 및 총평을 유치원 알리미에 공시하고 교육 활동 우수사례 평가결과보고서를 공유하도록 하였다. 이를 통해 유치원의 질 제고를 위한 피드백 자료로 활용하도록 하였다. 또한 유아교육계획 및 단위 유치원의 교육계획 수립을 위한 기초자료로 활용하도록 하였다(정현정, 2017).

2020년 유치원 평가에서는 유치원별 자체평가보고서 영역별 충족, 미충족으로 평정 비율(%)을 표시하고, 영역별 유치원 평가 종합의견과 다음 연도 교육계획 수립에 반영할 사항을 작성하도록 하였고, 유치원 평가결과는 유치원 홈페이지나 정보공시 '유치원 알리미' 사이트에 탑재하도록 하였다. 이를 통해 유치원 운영 전반을 점검하고 평가결과 환류를 통한 유치원 운영개선과 교육공동체의 평가 참여 확대를 통한 유치원 성장 · 발전을 도모하도록 하고 있다(경기도교육청, 2020).

6) 유치원 평가지표

유치원 평가의 내용과 관련된 법적 근거는 「유아교육법 시행령」 중 제21조(평가의 기준)[1]와 제22조(평가의 절차 등)[2]에 규정되어 있다. 2020 유치원 평가지표는 2019 개

1) 제21조(평가의 기준).

정 누리과정의 취지를 반영하고, 현장지원 중심의 유치원 평가를 위한 지표를 마련하고 있다. 2020년 유치원 평가지표별 평가내용은 〈표 11-1〉과 같다.

---

① 법 제19조 제1항에 따른 유치원 평가는 다음 각 호의 사항을 기준으로 하여 실시한다.
1. 교육과정의 편성 · 운영 및 교수 · 학습 지원
2. 방과후 과정의 편성 · 운영
3. 교원에 대한 연수 지원
4. 유아의 건강 및 안전 관리
5. 그 밖에 유치원 운영에 관한 사항으로 교육감이 필요하다고 인정하는 사항

② 법 제19조 제2항에 따른 시 · 도 교육청의 유아교육 전반에 대한 평가는 다음 각 호의 사항을 기준으로 하여 실시한다.
1. 유아교육 관련 예산의 편성 및 운용
1의2. 제17조에 따른 유아배치계획의 수립
2. 유치원의 설립 · 운영
3. 유치원 교육 지원 및 유아교육 성과
4. 유아교육 지원 기구 및 공무원 배치 현황
5. 유아 및 교원의 교육 복지
6. 그 밖에 시 · 도 교육청의 유아교육에 관한 사항으로서 교육부장관이 필요하다고 인정하는 사항

2) 제22조(평가의 절차 등)
① 교육감은 매 학년도가 시작되기 전까지 유치원 평가에 관한 기본계획을 수립하여 평가대상 유치원에 통보하여야 한다.
② 교육감은 법 제19조 제1항에 따라 유치원 운영실태 등에 대한 평가를 하는 경우 법 제19조의 2에 따른 유아교육정보시스템에 저장된 자료, 「교육관련기관의 정보공개에 관한 특례법」 제5조의 2에 따른 공시정보 등을 이용한 정량(定量)평가의 방법으로 한다. 다만, 정량평가만으로 정확한 평가가 어렵다고 인정되는 경우에는 서면평가, 설문조사, 관계자 면담 등의 방법을 이용한 정성(定性)평가의 방법을 병행할 수 있다.
③ 교육부장관은 매 학년도가 시작되기 전까지 시 · 도 교육청의 유아교육 전반에 대한 평가 기본계획을 수립하여 이를 공표하여야 한다.
④ 교육부장관은 시 · 도 교육청의 유아교육 전반에 대한 평가를 하는 경우에는 서면평가, 현장평가, 설문조사, 관계자 면담 등의 방법으로 한다.
⑤ 교육부장관 및 교육감은 법 제19조 제3항에 따라 매 학년도가 종료되기 전까지 인터넷 홈페이지 등을 통해 평가의 결과를 공개하고, 교육부장관은 교육감에게, 교육감은 해당 유치원에 각각 평가의 결과를 통보해야 한다.
⑥ 교육부장관 및 교육감은 평가를 효율적으로 하기 위하여 각각 평가위원회를 구성 · 운영할 수 있다.
⑦ 제1항부터 제6항까지에서 규정한 사항 외에 유치원 평가에 필요한 사항은 교육감이, 시 · 도 교육청 유아교육 전반에 대한 평가에 필요한 사항은 교육부장관이 정한다.

표 11-1. 유치원 평가지표별 평가내용

<table>
<tr><th rowspan="2">평가영역</th><th rowspan="2">평가지표</th><th rowspan="2">평가항목</th><th colspan="2">평정(%)</th></tr>
<tr><th>충족(Y)</th><th>미충족(N)</th></tr>
<tr><td rowspan="7">I.
교육과정
및 방과후
과정</td><td rowspan="3">1-1
유아놀이
중심 교육과정
운영</td><td>1. 국가가 제시하는 유아·놀이중심 교육과정을 기초로 하여 교육공동체 구성원이 함께 만들어 가는 교육과정을 운영하기 위해 노력한다.</td><td></td><td></td></tr>
<tr><td>2. 유아중심의 교육과정을 운영하여 유아의 행복한 배움과 성장을 지원한다.</td><td></td><td></td></tr>
<tr><td>3. 가정과 지역사회와의 협력과 참여를 통해 함께 실현해 가는 교육과정을 추구한다.</td><td></td><td></td></tr>
<tr><td rowspan="2">1-2
놀이와 쉼
중심의 방과후
과정 운영</td><td>1. 놀이와 쉼 중심을 방과후 과정 운영으로 유아의 행복감을 증진한다.</td><td></td><td></td></tr>
<tr><td>2. 방과후 과정을 위한 환경을 적절히 갖추어 유아의 발달을 지원한다.</td><td></td><td></td></tr>
<tr><td>소계</td><td>※ 평가항목의 충족·미충족 수를 입력함</td><td></td><td></td></tr>
<tr><td>평정비율</td><td>※ 평가항목의 충족·미충족 수의 비율을 입력함
(소수점 첫째 자리까지 반올림)</td><td></td><td></td></tr>
<tr><td rowspan="8">II.
교육환경
및
운영관리</td><td rowspan="2">2-1
놀이 공간의
다양성 및
적합성</td><td>1. 다양한 실내외 공간을 구성하여 유아의 놀이가 활성화되도록 돕는다.</td><td></td><td></td></tr>
<tr><td>2. 유아의 발달 수준에 적합한 실내외 시설·설비를 구성하여 유아의 주도성을 지원한다.</td><td></td><td></td></tr>
<tr><td rowspan="2">2-2
놀이 자료의
구비 및
관리</td><td>1. 다양한 놀이와 활동이 가능한 자료를 구비하여 적절히 제공한다.</td><td></td><td></td></tr>
<tr><td>2. 놀이 자료 및 비품을 보관하는 공간이 있고 체계적으로 관리한다.</td><td></td><td></td></tr>
<tr><td rowspan="2">2-3
운영관리</td><td>1. 민주적인 유치원 문화조성을 위한 운영위원회, 학부모회를 구성·운영한다.</td><td></td><td></td></tr>
<tr><td>2. 유치원 예산·회계를 체계적으로 관리한다.</td><td></td><td></td></tr>
<tr><td>소계</td><td></td><td></td><td></td></tr>
<tr><td>평정비율</td><td></td><td>%</td><td>%</td></tr>
</table>

III. 건강 · 안전 영역	3–1 안전한 시설과 쾌적한 교육환경	1. 유아를 위한 실내 · 외 공간이 청결하고 안전하게 갖추어져 있다.		
		2. 유치원의 수도시설, 전기 및 가스를 청결하고 안전하게 관리하고 점검한다.		
		3. 유아의 안전을 위해 안전시설 및 용품을 충실히 관리하고 사용법을 숙지하고 있다.		
	3–2 유아와 직원을 위한 건강 및 안전 증진	1. 질병 및 상해 관리가 적절히 이루어진다.		
		2. 유아의 안전을 위해 의약품 등을 철저하게 관리하고 있다.		
		3. 유아와 교직원의 건강 및 안전 증진을 위한 교육과 예방 관리 지침을 마련하여 실천한다.		
	3–3 건강하고 안전한 급 · 간식 환경	1. 유아의 건강과 기호를 고려한 균형 잡힌 급 · 간식 계획을 수립 · 제공하며, 식자재가 위생적으로 관리되고 있다.		
		2. 유아가 안심하고 급 · 간식을 먹을 수 있도록 조리 및 배식 과정이 안전하고 위생적이다.		
		3. 건강하고 안전한 급 · 간식 운영 및 사후 관리가 위생적으로 이루어지고 있다.		
	3–4 유아의 안전한 등 · 하원	1. 유아의 안전한 등 · 하원을 위해 안전교육을 계획하며, 지속적으로 지도하고 있다.		
		2. 통학버스를 이용하는 유아를 위해 유치원 통학버스를 지속적으로 관리하고, 안전하게 운행한다.		
	소계			
	평정비율		%	%
IV. 민주적 유치원 운영 영역	4–1 참여와 소통의 자치공동체	1. 원장은 유치원의 비전을 공유하고 민주적인 문화 조성을 위해 노력한다.		
		2. 교육공동체는 민주적인 의견수렴을 위해 노력한다.		
		3. 원장은 전문성을 갖고 교육공동체와 소통하며 교육활동을 지원하기 위해 노력한다.		

	4-2 개방과 협력의 교육공동체	1. 교직원은 유치원 운영에 협력하며, 전문성 향상을 위해 다양한 연수에 적극적으로 참여한다.		
		2. 교육과정과 방과후 과정을 담당하는 교직원은 열린 사고와 개방적 태도를 가지고 협력하며 전문성을 향상할 수 있는 기회를 갖는다.		
		3. 유치원은 유치원 교육공동체와 지역사회와의 협력을 위해 노력한다.		
	4-3 존중과 배려의 생활공동체	1. 교직원을 위한 시설 및 직무공간을 설치하여 교직원을 배려하는 환경 조성을 위해 노력한다.		
		2. 교육과정 준비를 위한 시간을 확보하여 교사가 교육활동에 전념할 수 있도록 노력하고 있다.		
		3. 교직원 처우에 대한 규정이 있으며 이에 따라 교직원을 존중하고 복지를 향상시키기 위해 노력하고 있다.		
	소계			
	평정비율		%	%

2. 학교평가

1) 학교평가의 개념과 유형

학교평가에 대한 가장 단순한 정의는 학생에 대한 평가를 학생평가라고 하듯이 '학교에 대한 평가'라고 할 수 있다. 황정규 등(1997)은 '학교평가는 개별학교를 하나의 기능적이며 역동적인 실체로 인식하고, 학교의 제반 부문이 교육적 가치를 창출, 성취,

변형하기 위해 올바른 방향으로 기능하고 있는가를 평가하는 것'이라고 규정하고 있다. 따라서 이 접근은 학교를 하나의 시스템으로 보는 입장이며 상당히 기능주의적 입장을 취하는 개념이다. 특히 교육적 가치를 누구의 입장에서 가치 있다고 할 것인지, 올바른 방향으로의 기능도 누구의 입장에서 볼 때 그러한 것인지 많은 논의를 요구하는 정의라고 할 수 있다.

이러한 학교평가에 대한 구체적인 정의를 살펴보면, 이인효 등(1998)은 '학교평가는 학교가 하나의 기관으로서 어떻게 기능하고 있으며 어떤 성과를 올리고 있는가를 총체적으로 평가하는 것'이라고 정의하고 있으며, 정수현 등(2002)은 '학교평가는 구성원 개개인이 아닌 구성원의 종합체로서 기관의 과업수행능력, 기관의 기능과 역할, 조직 구조의 타당성 및 적합성 등을 종합적으로 평가하는 기관평가로서의 성격을 지닌다'고 주장하고 있다.

2) 학교평가의 목적별 분류

학교평가의 목적별 분류를 살펴보면, 첫째, 학교의 교육 책무성을 제고하는 학교평가이다. 이 경우에는 단위 학교교육의 투입 및 과정의 질과 더불어 교육의 성과(outcomes) 또는 결과(results)가 질을 점검하는 학교단위의 학교 책무성 평가와 시 · 도별로 일정학교를 표집하여 미리 개발된 조사지에 의하여 표집학교의 교육현황을 조사분석하여 시 · 도별 학교교육 수준을 학교단위를 기준으로 비교 평가가 있으며, 국제비교를 위한 것으로 학교교육의 성과 수준을 국가 차원에서 점검하는 교육성취 수준 평가가 있다.

둘째, 학교 재구조화로 이끌어 가는 학교평가로 학교컨설팅 모형이 있다. 이 평가는 학교 또는 교육청 등 교육실시 주체의 요청에 의해 교육전문연구기관이 주관하여 실시하도록 하는 평가모형으로 한국교육개발원 학교종합평가, 충남교육청의 맞춤평가, 경북교육청의 도움평가, 전북교육청의 컨설팅 평가, 대전광역시교육청의 토픽 평가 등을 지적할 수 있다. 또한 학교 인증평가모형으로 인증평가모형은 2가지로 접근할 수 있는데, 하나는 연구 · 개발 · 보급(R & D · D)의 접근으로서, 정책적으로 도입된 실험학교에 대한 인증평가모형이다. 다른 하나는 교육취약지역에 위치한 학교나 사립학교 등 교육의 질을 공적으로 인정받기를 희망하는 학교에 대하여 인증평가를 실시하도록 하는 것인데, 이 평가도 학교 등 교육 주체의 신청에 의해 전문 교육연구기관이 주관하여 실시하도록 하는 평가모형이다. 인증평가는 장점도 있지만 피평가기관이 인증기관의 권고를 수용하지 않으면 인증평가 목적의 실현이 실패하게 되므로 인증으로 인한 강력한 긍정적인 인센티브가 주어질 필요가 있으며 초기에는 학교 책무성 평가와 연계하여 실시하고(예를 들어, 학교 책무성 평가에서 학교가 충족해야 할 교육의 투입, 과정, 결과의 질적 수준에 대한 의무기준을 적용하여 평가하고, 인증, 가인증, 인증거부, 인증취소 등 인증 등급을 부여함), 점차 다양한 형태의 인증 시스템을 확산하여 가는 것이 바람직할 수 있다.

셋째, 정보제공 모형평가이다. 한국교육개발원이 제안한 학교평가모형은 질문지에 의한 상대평가모형, 국가교육과정을 기반으로 하는 현장실사중심의 기준지향평가모형, 학교의 목표에 따라 교육활동을 평가하는 현장실사를 통해 실시하는 목표지향형 평가모형, 학교교육의 본질적 목적, 즉 학교가 학생에게 유의미한 학습경험을 제공하고 있는가를 평가하기 위해 미리 정해진 기준에 따라 평가자와 학교직원 간의 대화를 통한 정보제공형 평가모형 등 모두 네 가지이다(이인효 외, 1998). 이 중 현재 적용되고 있는 것은 정보제공모형이다. 이는 학교평가의 전 과정이 상호 대등한 관계를 형성하는 학교와 평가자 사이의 정보교류의 의미를 지니기 때문에 붙여진 명칭이다. 이 학교평가에서는 평가자로 하여금 학교상황에 대한 충분한 이해에 기초하여 학교를 평가하고 평가결과에 대한 자세한 근거를 제시하도록 요구한다. 이를 위해 학교내부 관계자들은 평가자에게 학교에 대한 자세한 정보를 제공해야만 한다. 학교내부 관계자들이 제공한 정보에 기초하여 평가자는 학교의 강점과 약점에 대하여 판단하고 그 평가결과를 학교가 이용할 수 있는 정보의 형태로 제시한다. 학교는 이 평가결과를 주체적으로 활용할 수 있도록 되어 있다.

넷째, 학교효과 모형이다. 테들리 등(Teddlie et al., 2000)은 미국과 영국의 학교효과 연구(school Effectiveness Research)는 크게 세 가지 흐름으로 이루어져 왔다고 기술하고 있다. 1966년 콜맨(Coleman)의 보고서를 시작으로 투입-산출 모형의 학교효과(school effect) 연구가 시작되었다는 것이다. 또한 효과적인 학교연구(effective school research)로 루터와 브룩오버(Rutter & Brookover) 등을 중심으로 과정을 중시하는 학교연구가 시작되었으며, 학교조직의 효과 연구(school organizational effect)로 학교의 풍토, 분위기, 조직의 특성 등을 고려한 연구로 이어져 왔다. 이러한 연구의 흐름을 볼 때 효과적인 학교연구나 학교조직의 효과 연구는 연구학교의 평가에 상당한 시사점을 제공하여 준다. 이러한 학교효과의 모형은 세 가지 유형이 있다(강태중, 1995). 즉, 투입-산출모형, 투입-과정-산출모형, 그리고 전체모형으로 나눌 수 있다. 투입-산출 모형은 학교효과란 일반적으로 학생들의 학업성취도에 미치는 상대적인 영향력을 말하는 것으로 콜맨의 연구(1966)가 대표적이다. 학교효과 전체모형을 그림으로 표현하면 〈그림 11-3〉과 같다.

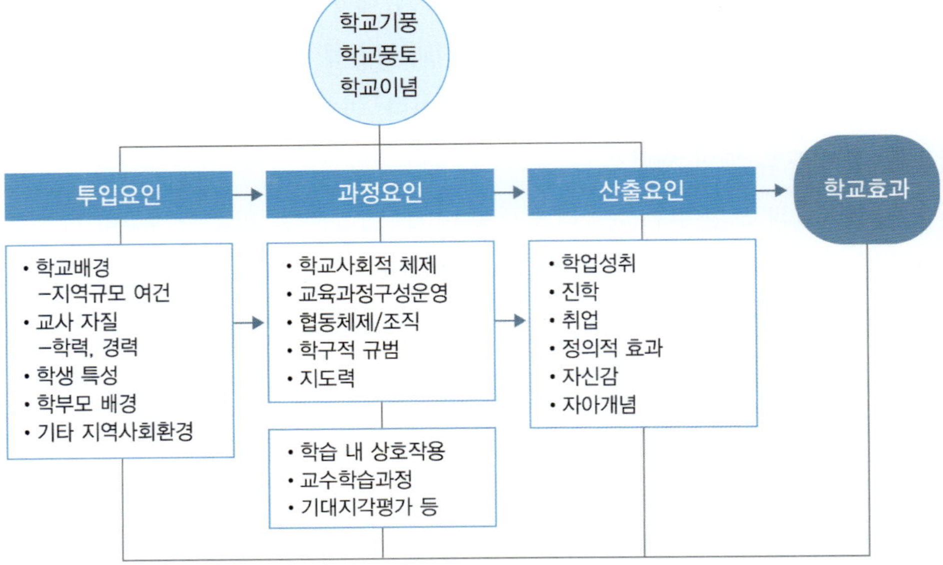

그림 11-3. **학교효과 전체모형**

학교효과성 연구결과, 좋은 학교의 조건은 조직구조와 문화, 환경, 교육과정과 교육공학적 측면에서 〈표 11-2〉와 같이 제시하고 있다.

표 11-2. **학교효과성 연구에서 제시하는 좋은 학교의 조건들**

구분	Levine과 Lezotte(1990)	Sammons 등(1995)	Cotton(1995)
목적		• 비전과 목적의 공유	• 학습목적 설정 및 조직
교육과정 및 수업 · 교육공학	• 효과적인 교수 전략 • 학생 성취 진보 정도에 대한 적절한 모니터링	• 유목적적 교수(효과적인 조직, 명확한 목표제시, 구조화, 개별화) • 학생 개인 · 학교 전체 차원의 성취 진보 정도에 대한 모니터링	• 수업 • 교사–학생 간 상호작용 • 평가(지역, 학교, 학급 등)

구분	Levine과 Lezotte(1990)	Sammons 등(1995)	Cotton(1995)
조직구조	• 탁월한 지도력 • 실제 중심의 교직원 전문성 개발 • 적극적인 학부모 참여	• 전문적 지도력 • 학습 조직-교직원 전문성 향상 노력 및 이를 위한 구성원 간 협력 • 가정-학교 간 파트너십	• 교육과정 계획 및 개발 • 학급 경영 및 조직 • 리더십과 학교 개선 • 리더십과 기획 • 전문성 개발 • 학부모-지역사회 참여 • 교육청-학교 간 상호작용
문화	• 생산적인 풍토와 문화 • 학생들의 중요한 학습기술 습득에 중점 • 학생에 대한 높은 기대	• 교수-학습에의 집중 • 학생에 대한 높은 기대 • 공식적인 제재나 벌보다는 칭찬, 상과 같은 긍정적 강화를 통한 생활지도 • 학생들 자치와 책임 중시	• 학습을 강조하는 학교의 전반적 분위기
환경		• 정돈된 분위기, 쾌적한 학습 환경	

출처: Scheerens, J., & Bosker, R. J.(1997). The Foundations of Educational Effectiveness. Great Britain: Pergamon.

3) 학교평가모형 이론

박도순 등(1985)은 학교평가모형을 일반성과 특수성을 기준으로 기본모형과 심화모형으로 분류하고 있으며, 이종승(1986), 박도순(1987), 팝햄(Popham, 1975), 링컨과 구바(Lincoln & Guba, 1989) 등도 학교평가를 다양하게 구분하고 있다. 그러나 가장 체계적인 학교평가 모형을 제시한 사람은 네보(Nevo, 1995)로, 그는 교육평가의 개념화를 위해서 여러 학자들이 제기한 주요 이슈를 평가의 정의, 평가의 대상, 정보의 유형, 평가의 준거, 평가의 기능, 평가의 고객과 청중, 평가과정, 탐구방법, 평가자 유형, 평가기준 등 10개의 차원으로 정리하여 제안한 바 있다.

네보(1995)는 학교평가를 흔히 내부평가로 이해하지만 그는 학교평가가 내부평가

(internal evalution)와 동의어도, 또 외부평가(external evalution)와 대립관계에 있는 것도 아니고, 두 종류의 평가가 서로 상보적 관계로 결합한 평가로 정의하고 있다. 구체적으로 내부평가란 내부평가자에 의한 평가로서, 대개는 어떤 교사나 교사집단, 교장과 기타 행정가, 학교가 평가를 위해서 특별히 고용한 특수 직원 등에 의해서 이루어지며, 평가결과는 학교장에게 보고된다. 외부평가는 외부평가자에 의해서 이루어지는 평가를 의미하는 것으로서, 일반적으로 교육청, 교육부, 행정부와 독립된 평가 전문기관, 또는 그들이 위촉한 전문가에 의한 평가이다. 내부평가자는 일반적으로 아마추어 평가자로서 평가의 전문성과 기술적 기능(technical skills)이 부족하고 평가의 객관성과 신임성은 떨어지지만 내부 상황에 정통하고 평가받는 사람들에게 덜 위협적이라는 장점을 가지고 있다. 외부평가자들은 그 반대의 위치에 있다.

일반적으로 내부평가는 개선을 목적으로 하는 형성적 평가에 더 적절하고 외부평가는 책무성의 확인, 개혁정책의 현장 적용, 인증을 목적으로 하는 총괄적 평가에 더 적절하다. 그러나 두 가지 평가기능은 모두 중요하기 때문에 학교평가에서 함께 이용되어야 한다. 학교평가는 기술(description)과 판단(judgment)을 모두 포함한다. 그리고 이 두 과정은 개념적으로 구분하는 것이 좋다. 학교평가란 평가대상을 기술하고 그들의 장점(merit)과 가치(worth)를 판단하기 위하여 정보를 이용하는 체계적인 활동이다. 따라서 학교평가는 학생을 포함하여 프로그램, 프로젝트, 교수자료, 교장 및 교사와 기타 학교인사, 전체로서의 학교를 모두 학교평가의 대상으로 한다. 최종 결과뿐만 아니라, 평가대상의 목적, 전략과 계획, 시행과정도 모두 조사되어야 한다. 내부평가는 외부평가를 위한 사전 조건이다. 내부평가는 형성적 평가에 적합하고 외부평가는 총괄적 평가에 더 적합하다고는 하지만 내부평가 기제가 없는 학교는 평가에 대한 적극적인 태도도 개발하기 어렵고, 외부 평가자와의 건설적인 대화를 위해 필요한 자기 확신도 부족하다고 할 수 있다.

그럴 경우 평가는 대화보다는 비난과 방어의 원천이 될 것이다. 네보는 학교평가에서의 학생평가, 교수자료평가, 학교 프로젝트와 프로그램 평가, 교사의 평가와 더불어 "전체로서의 학교"를 평가하기 위한 준거와 방법을 제시하고 있다. "전체로서의 학교평가"는 두 가지 측면에서 중요하다. 하나는 학교평가에서 그것의 총체적인 기능과 수행을 개선하기 위해서 교육과 행정활동의 전반적 리뷰가 필요하다. 다른 하나는 책무성 요구 측면으로서 학교의 장점(merit)과 학교가 그 목적과 고객의 필요를 잘 충족하고 있음을 보여 줄 필요가 있다. 네보(1995)가 제시한 6개 영역의 학교평가 지표는 〈표 11-3〉과 같다.

표 11-3. 네보(1995)가 제시한 6개 영역의 학교평가 지표들

1. 학교가 속한 지역사회와 학생의 특징	
1.1 지역사회의 성격	1.2 지역사회/학부모 참여
1.3 학생의 사회경제적 배경	1.4 학생의 능력 수준(aptitude level)
1.5 특수 교육 대상 학생	
2. 학교 비전	
2.1 학교의 목적과 목표	2.2 교육에 대한 관점(철학)
2.3 입학허가 및 학생 유치 정책	2.4 통합 정책
2.5 권위와 책임에 대한 관점	2.6 평가 정책
2.7 경영 스타일	
3. 인적자원	
3.1 교사의 자질	3.2 행정가의 자질
3.3 자원 인력의 자질	3.4 학생/교사 비율
3.5 교직원 이직율	3.6 교직원 전문성 개발과 현직 훈련
4. 물적 자원	
4.1 학교 규모	4.2 학교 예산
4.3 학급 크기	4.4 학급 당 수업 시간
4.5 교실 공간	4.6 실험실과 도서관
4.7 컴퓨터 장비	4.8 스포츠와 레크리에이션 장비
4.9 조경 등 학교 환경	

5. 교육프로그램 및 활동	
5.1 주요 교육 프로그램	5.2 선별된 질 높은 프로그램
5.3 특수 교육 대상자를 위한 프로그램	5.4 교과외 활동
5.5 부진아를 위한 과외지도 및 보충 프로그램	
5.6 혁신적인/실험적인 학교 프로젝트	5.7 국가/지역 수준의 프로젝트에의 참여
5.8 지역사회/학부모 참여 프로그램	5.9 자체평가 및 기획(planning) 활동
6. 학교 성취	
6.1 학교의 학생 유치 및 보유 능력	
6.2 국가/지역 수준시험에서의 학생 성취	
6.3 연구 프로젝트에서의 학생 성취	
6.4 학교 자체 내 평가체제에서의 학생 성취	
6.5 국가 경시 대회에서의 학생 성취	6.6 졸업생들의 성취
6.7 장학사나 평가자들의 전문적 판단	6.8 학부모 만족도
6.9 학교가 받은 상, 인증	

Chapter

12

평가결과의 처리와 보고 및 활용

배울 내용

1. 평가결과의 처리방법
2. 평가결과의 보고와 활용

학습 목표

1. 척도의 개념과 유형, 기술통계 방법 및 점수 표시 방법을 설명할 수 있다.
2. 평가결과의 보고 및 평가결과의 활용을 설명할 수 있다.

Chapter 12

평가결과의 처리와 보고 및 활용

1. 평가결과의 처리방법

1) 척도의 개념과 종류

척도(Scale)란 '사물이나 사람의 특성을 숫자로 표현하기 위해 어떤 기준으로 숫자를 부여한 것'이다. 여기서 '특성'이란, 예를 들어 성별이라면 남자–여자로 그 특성을 구분할 수 있다. 또 다른 예로 거주지라고 하면 서울–경기도–충청도–전라도–경상도 등으로 구분할 수 있다. 이렇게 '성별', '거주지'와 같이 파악하려는 대상이 가진 성질 중 하나를 특성이라고 할 수 있다.

그렇다면 성별이라는 특성을 남자–여자로 하고, 거주지를 서울–경기도–충청도–

전라도-경상도라고 구분하는 것에 그치지 않고 왜 굳이 숫자로 표현하는가? 이는 '용이한 자료의 입력과 분석'을 위해서이다. 우리가 사용하는 단어와 의미를 통계분석 프로그램은 인식하지 못한다. 따라서 성별이라면 남성은 '1', 여성은 '2'와 같이 숫자를 부여하고, 거주지라고 하면 서울은 '1', 경기도는 '2', 충청도 '3', 전라도 '4', 경상도 '5'라고 부여한 자료여야 자료입력의 기준이 통일되고 용이한 통계분석이 가능할 것이다. 이렇게 조사대상에게 숫자를 부여하는 과정을 코딩(coding) 또는 부호화라고 한다.

숫자의 본질을 구분하는 척도는 명목척도, 서열척도, 등간척도, 비율척도 네 가지 척도로 구분할 수 있다. 이 네 가지 척도의 의미와 예를 이해하는 것은 통계분석에서 매우 중요하다. 왜냐하면 분석하려는 변수가 네 가지 척도 중 무엇이냐에 따라서 적용할 분석 방법이 결정되기 때문이다. 먼저 네 가지 척도의 핵심적인 내용을 살펴보면 〈표 12-1〉과 같다.

표 12-1. **네 가지 척도의 종류와 대표적 예**

종류	정의	예	구분	분석방법
명목척도	측정대상(응답자)을 단지 분류할 목적으로 숫자를 부여한 척도	성별	범주형 자료	빈도분석
서열척도	측정대상(응답자) 간에 순서/서열적 의미(높고 낮음)가 있는 척도	학력		
등간척도	측정대상(응답자) 간에 순서뿐만 아니라 숫자의 간격이 동일하여 양적인 정도를 알 수 있는 척도	온도	연속형 자료	기술통계 분석
비율척도	등간척도와 유사하지만 0의 의미가 '실제로 없다'고 말할 수 있는 척도	소득		

일단 명목→서열→등간→비율 순으로 그 특성이 하나씩 추가된다고 생각하면 된다. 척도의 종별 주요 개념을 살펴보면 다음과 같다.

첫째, 명목척도(cominal scale)는 '귀하의 성별은 무엇입니까?'라는 질문에, ① 남성 ②

여성 등과 같이 응답자가 남자인지 여자인지를 파악하기 위한 척도를 말한다. 여기서 1번, 2번이라는 숫자는 아무런 의미가 없다. 단지 분류의 목적이다. 명명척도의 예시는 〈표 12-2〉와 같다.

표 12-2. 명명척도의 예시

Q. 귀하의 성별은 무엇입니까? ① 남성 ② 여성
1번(남)과 2번(여성의 숫자는 아무 의미가 없음. 단지 집단을 구분하기 위해 부여된 명목상의 숫자임).

둘째, 서열척도(ordinal scale)는 '귀하의 학력은 무엇입니까?'라는 질문에, ① 초졸 ② 중졸 ③ 고졸 ④ 대졸 이상 등과 같이 보기를 구성한 경우, 1번, 2번, 3번, 4번이라는 보기문항의 번호는 응답한 사람의 학력이 어디에 해당되는지를 구분하는 경우를 말한다. 예를 들어, 2번이라면 '중졸'에 해당되는 사람이다. 기본적으로 명목척도처럼 응답한 사람이 어떤 집단(학력)에 속하는지를 분류한다. 이에 더해 서열척도는 3번(고졸)은 2번(중졸)에 비해서 학력이 높다 혹은 낮다와 같은 특징이 포함된다. 이는 명목척도에는 없는 특성으로서 바로 부여된 숫자가 학력이 높고 낮음을 파악할 수 있는 것이다. 즉, 서열 혹은 순서의 의미가 있다는 것이다. 서열척도의 예시는 〈표 12-3〉과 같다.

표 12-3. 서열척도의 예시

Q. 귀하의 학력은 무엇입니까? ① 초졸 ② 중졸 ③ 고졸 ④ 대졸 이상
명목척도와 동일하게 숫자는 큰 의미가 없음. 다만 학력의 높고 낮음(1〈2〈3〈4)의 의미는 있음. 즉, 순서(서열)의 의미를 지님

셋째, 등간척도(interval scale)의 대표적인 예로는 '온도'를 들 수 있다. 만약 '어제의 온도는?'이라는 질문에 10℃, '오늘의 온도는?'이라는 질문에 20℃라고 응답했다면, 오늘의 온도(20℃)가 어제의 온도(10℃)보다 높다는 사실을 쉽게 알 수 있다. 이는 서열척도처럼 온도의 높고 낮음을 알수 있다는 것이다. 이에 더해 '오늘의 온도가 어제의 온도보다 10℃ 높다'고 온도의 단위까지 숫자로 정확하게 말할 수 있다. 앞에서 서열척도의 예로 든 학력의 경우, '고졸이 중졸보다 학력이 높다'고 말할 수 있지만, '학력이 얼마나 높다'고 숫자로 말할 수는 없다. 왜냐하면 그 차이를 숫자로 표현할 수 없기 때문이다. 등간척도는 이처럼 숫자로 높고 낮음의 정도까지 말할 수 있는 척도이다. 등간척도의 예시를 살펴보면 〈표 12-4〉와 같다.

표 12-4. 등간척도의 예시

Q. 어제와 오늘의 온도는? (　　　　　　)도 어제 온도: 10℃, 오늘 온도: 20℃
개방형의 응답에서 높음과 낮음. 그리고 어느 정도가 차이가 나는지를 숫자로 말할 수 있음. 자료의 간격이 동일한(등간) 수치의 의미를 가짐

넷째, 비율척도(ratio scale)는 기본적으로 등간척도와 동일하다. '월소득이 얼마나 되십니까?'라는 질문에 A라는 사람은 300만 원, B라는 사람은 250만 원 번다고 응답을 했다면, A는 B보다 소득을 높게 벌고(서열), 또한 50만 원 더 번다(등간)고 말할 수 있다. 다만 등간척도는 0의 의미가 사람들이 임의로 정한 숫자인 반면, 비율척도는 0의 의미가 정말 없다는 의미이다. 등간척도인 온도의 경우 0℃라면 '온도가 없다'가 아니라 '물이 얼음이 되는 온도를 0℃라고 하자'는 사람들의 약속에 의해 정해진 0이다. 이러한 0을 '임의영점'이라고 한다. 반면에 '소득이 0이다'라는 의미는 '정말로 소득이 없다'를 뜻한다. 이를 '절대영점'이라고 한다. 비율척도의 예시를 살펴보면 〈표 12-5〉와 같다.

표 12-5. **비율척도의 예시**

Q. 월소득이 얼마나 되십니까? (　　　　　　)원 A: 300만 원, B: 250만 원
등간척도와 유사하나 '0'의 의미가 정말로 없다는 의미(절대영점)를 지닌다는 점이 다름

평가과정에서 수집한 자료를 분석할 경우에 척도에 따라 통계분석방법이 달라진다는 사실에 유의해야 한다. 명명척도나 서열척도에 해당되는 자료에서는 평균과 표준편차를 구하는 것은 아무런 의미가 없다. 평균이나 표준편차를 구하려면 자료의 척도 수준이 등간척도이거나 비율척도이어야 한다. 일반적으로 등간척도와 비율척도에 해당되는 자료는 모수통계(parametric statistics)를 이용하여 분석한다. 이에 비해 명명척도나 서열척도에 해당되는 자료는 비모수통계(nonparametric statistics)를 이용하여 분석한다.

2) 기술통계 방법

수집된 자료를 처리하는 통계방법은 두 가지로 구분된다. 즉, 평가를 실시하여 얻은 자료를 정리하고 요약하여 자료의 특성을 쉽고 편리하게 서술하려는 기술통계(descriptive statistics)가 있고, 수집된 표본의 자료를 사용하여 모집단의 현상이나 특징을 추정, 예견, 일반화하려는 추리통계(inferential statistics)가 있다.

다시 말해 기술통계는 측정이나 실험에서 수집한 자료의 정리, 요약, 해석, 표현 등을 통해 자료의 특성을 규명하는 통계적 방법이다. 기술통계의 방법에는 빈도분포와 그래프, 집중경향치, 변산도 및 상관계수 등이 있다.

(1) 빈도분포와 그래프

빈도분포는 수집한 자료를 분류하거나 요약하기 위해 특성이나 크기가 유사한 자료를 순서대로 정리하여 표로 나타낸 것으로 도수분포라고도 한다. 따라서 빈도분포표(frequency table)는 적당한 크기의 급간(빈도분포에서 자료를 일정한 간격으로 나눈 구간)으로 묶어 그 점수대에 있는 점수를 받은 인원수를 헤아려 만든 표를 말한다.

빈도분포표를 시각적으로 표시한 그림이 그래프이다. 그래프는 자료가 지닌 속성을 왜곡하지 않고 독자에게 쉽고 빠르게 제시한다는 장점을 지니고 있다. 일반적으로 독립변수와 종속변수가 있는 자료를 그래프로 표시할 경우에 X축에는 독립변수를 Y축에는 종속변수를 각각 일정한 단위로 나누어 표시한다. 그래프의 종류에는 막대그래프, 히스토그램, 절선그래프 등이 있다.

표 12-6. **그래프의 종류와 특징**

구분	내용
막대그래프	변인이 질적 변인일 때, 양적 변인 중 비연속변인일 경우 빈도를 표시하기 위해 사용한다. X축은 유목(범주)을 나타내고, Y축은 빈도(또는 백분율)을 나타낸다.
히스토그램	연속변인일 경우 사용한다. 범위와 정확한계를 설정한 후, X축을 변인의 정확한계를 경계로 나누고, Y축에는 빈도를 표시한다.
절선그래프	히스토그램의 중간점에 해당되는 점을 연결한 그래프로 두 집단 이상 비교하는 데 유용하다.

그래프의 사용은 요약된 자료를 시각적으로 좀 더 쉽게 이해할 수 있는 것이 장점이지만, 똑같은 자료의 속성을 어떤 그래프를 사용하느냐에 따라 다르게 해석될 가능성이 높다는 점을 명심해야 한다. 따라서 그래프는 대개 Y축 길이는 X축 길이의 2/3~3/4 전후의 비율로 작성하는 것이 좋다. 무엇보다 자료의 특성이 사용 목적에 따라 적합한 그래프 유형을 선택하여 사용하는 것이 좋다.

(2) 집중경향치

집중경향치(central tendency)는 어떤 빈도분포에 있는 득점을 하나의 수로 설명할 수 있는 가장 대표적인 수치를 말한다. 집중경향을 나타내는 지수에는 최빈치, 중앙치 및 평균이 있으며, 각각의 특성은 〈표 12-7〉과 같다.

표 12-7. 집중경향치의 종류와 특성

구분	내용
최빈치(Mo)	최빈치는 빈도가 가장 높은 점수를 의미한다. 분포에서 가장 많은 도수를 갖는 점수이기 때문에 손쉽게 구할 수 있으며, 간단한 예비분석에 유용하다.
중앙치(Md)	중앙치는 가장 작은 수부터 가장 큰 수까지 크기에 의하여 배열하였을 때 중앙에 위치하는 사례의 값을 의미한다. 분포에 극단 점수가 있거나 편포되었을 때, 중앙치에 관심이 있을 때, 개방적 분포일 때 주로 사용한다.
평균(M)	평균은 전체 사례수의 값을 더한 다음 총 사례수로 나눈 값을 의미한다. 집중경향치 중에서 가장 흔히 사용되는 것으로 수학적 학습의 용이성이 있어 중요한 통계적 공식과 절차에 더 쉽게 적용된다. 특히 자세한 통계적 분석을 해야 할 경우에 가장 유용하게 사용된다. 그리고 평균을 사용할 때 표집 안정성도 가장 좋다.

예를 들어, 10명의 학생에게 쪽지 시험을 본 결과, 각각 10, 8, 8, 7, 6, 5, 4, 4, 4, 3점을 획득했다고 가정해 보자. 그럼 10명의 쪽지 시험의 결과에 대한 집중경향치를 구한다면, 평균은 5.8점, 중앙치는 5.5점, 최빈치는 4점이다.

(3) 변산도

변산도(variability)란 어떤 분포에서 측정치가 흩어져 있는 정도를 나타내는 지수를 의미한다. 이는 분산도라도 부르기도 하여, 자료의 집중경향치가 같다고 하더라도 자료의 분포가 넓게 또는 좁게 퍼져 있을 수 있으므로 자료의 성질을 이해하는 데 있어서 중요한 수치이다. 변산도를 나타내는 지수로는 〈표 12-8〉과 같이 범위, 표준편차, 변량 및 사분위편차가 대표적이다.

표 12-8. 변산도를 나타내는 지수

구분	내용
범위	분포의 흩어진 정도를 의미하며, 자료의 최고치에서 최저치를 뺀 구간이나 수치를 의미한다.
표준편차	편차를 자승하여 그 합을 총 사례수로 나누고 다시 루트한 값을 의미한다. 표준편차가 작으면 자료의 값이 평균을 중심으로 밀집해 있고, 표준편차가 크면 자료의 값이 평균을 중심으로 퍼져 있음을 의미한다.
변량	평균을 중심으로 자료의 값이 얼마나 흩어져 있는가를 나타낸 것이다. 즉, 편차를 모두 제곱한 후 그 수를 모두 더하여 총 사례수로 나눈 값을 의미한다.
사분위편차	자료가 흩어져 있는 상태를 나타낸 것으로 자료의 크기 순서로 배열하여 4등분 한 값을 의미한다. 사분위 간 범위가 길면 좀 더 흩어진 분포이고, 짧으면 밀집된 분포를 나타낸다.

(4) 상관계수

상관연구에서 연구자들은 두 측정이나 변인들 사이에 어떻게 서로 관련이 있는지를 수량화하여 나타내는 상관계수(correlation coefficient)를 사용함으로써 연구를 수행한다 〈그림 12-1〉. 상관계수는 +1.00에서 −1.00까지의 가치로 표기된다. 예를 들어, 상관 −.78은 높고, −.52는 중간이고, −.18은 낮다는 것을 의미한다. 그러므로 +.52와 −.52는 동등한 강도를 의미한다. 수의 부호는 상관의 방향을 의미한다. 정적인 표시(+)는 하나의 변인이 증가하면 다른 변인도 증가한다는 것을 의미한다. 부적인 표시(−)는 하나의 변인이 증가하면 다른 변인은 감소한다는 것을 의미한다.

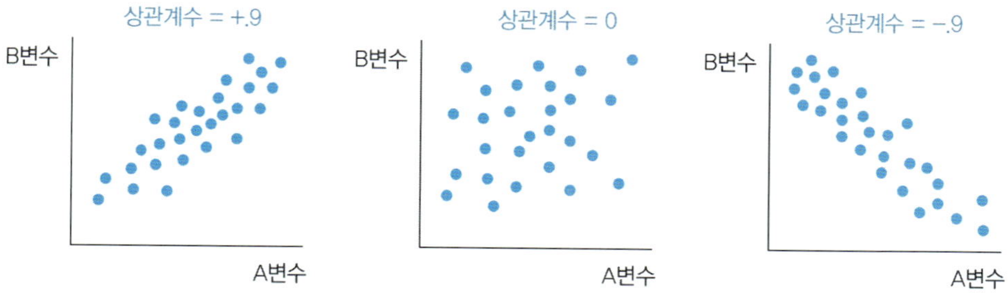

그림 12-1. **상관관계와 산포도**

출처: 신명희 외(2016). 유아발달. 학지사.

3) 점수 표시 방법

평가결과의 보고는 평가를 실시해서 자료를 수집하고 분석한 결과를 통보하는 이뿐만 아니라 일정한 서식에 맞추어 문서로 작성하고 기록, 보관하는 일도 포함된다. 결과보고를 할 때 평가결과를 점수로 표시하는 방법에는 원점수, 평점, 백분위 및 표준점수 등이 있다.

(1) 원점수

원점수(raw score)는 소점이라고 부르기도 하며, 검사도구 또는 척도기준에 따라 직접 얻은 점수를 의미한다. 즉, 원점수(原點數)는 문항당 배점의 합에 의해 채점 결과 얻은 그대로의 점수를 의미한다. 쉽게 말해서 우리가 각종 시험을 치뤘을 때 일반적으로 말하는 점수를 말한다. 원점수는 준거집단과 비교하기 위하여 점수를 변환하거나 재척도화하기 이전의 점수이므로 원점수 자체만으로 얼마나 우수한 성적인지를 정확하게 파악하기는 힘든 점수이다.

(2) 평점

평점은 피교육자의 학력을 평가하여 매기는 점수를 의미한다. 즉, 평점은 원점수를 일정한 기준에 비추어 여러 개의 등급으로 구분하여 수치를 부여하는 점수 표시 방법이다. 평어는 수치 대신에 문자(수, 우, 미, 양, 가 또는 A, B, C, D, F)를 부여하는 점수 표시 방법이다. 우리나라에서는 평점과 평어가 간단하고 정확하며 객관적인 방법으로 인식되어 왔다. 그러나 이는 정보가 지나치게 수량화 또는 단순화되어 설명이 부족하다는 단점 때문에 평가결과의 핵심적인 내용을 요약해서 기술하는 서술적 표현방법을 권장하고 있다.

(3) 백분위수와 백분위

백분위수(Percentile, 百分位數)는 크기가 있는 값들로 이뤄진 자료를 순서대로 나열했을 때 백분율로 나타낸 특정 위치의 값을 이르는 용어이다. 일반적으로 크기가 작은 것부터 나열하여 가장 작은 것을 0, 가장 큰 것을 100으로 한다. 100개의 값을 가진 어떤 자료의 20 백분위수는 그 자료의 값들 중 20번째로 작은 값을 뜻한다. 50 백분위수는 중앙값과 같다. 백분위 수와 유사한 표현으로 백분위(Percentile rank)가 있다. 백분위수는 자료의 특정 위치에 어떤 값이 있는지 나타내기 위해 쓰는 반면, 백분위는 자료의 특정 값이 전체에서 어느 위치에 있는지 나타내고자 할 때 쓴다. 예를 들어, 어느 시험 점수 분포의 80 백분위수가 90점이라면, 90점을 맞은 수험생의 백분위는 80이라고 표현할 수 있다.

(4) 표준점수

표준 점수(標準 點數, Standard score)는 통계학적으로 정규분포를 만들고 개개의 경우가 표준편차상에 어떤 위치를 차지하는지를 보여 주는 차원 없는 수치이다. 표준값,

Z값(Z-value), Z점수(Z score)이라고도 한다.

우리나라의 학력고사 등의 평가에서 개개인의 성적이 전체에서 어떤 위치를 차지하는지를 보여 주기 위해 쓰이기도 한다. 대체로 75에서 25까지 분포한다. 19세기 중엽 벨기에 통계학자 케틀레(Adolphe Quetelet)의 연구 "인간과 능력개발에 관한 연구(A Treatise on Man and the Development of His Faculties, 1835)"로부터 발전되기 시작하였다. 현재에는 표준점수에서 가독성을 높이도록 환산된 값인 편차치(偏差値)인 t값(t score)를 많이 사용한다. 표준점수를 구하는 공식은 〈표 12-9〉, 정규분포에 기초한 스태나인(stanine) 점수[1)]와 그에 해당하는 Z점수와 T점수는 〈그림 12-2〉와 같다.

표 12-9. 표준점수 구하는 공식

표준값 z는 원수치인 x가 평균에서 얼마나 떨어져 있는지를 나타낸다. 음수이면 평균 이하, 양수이면 평균 이상이다.

$$z = \frac{x - \mu}{\sigma}$$

- 여기서 x는 정상화되는 원수치이다.
- σ는 모집단에서의 표준편차이다.
- μ는 모집단에서의 평균이다.

따라서 원점수 x로부터 표준점수 z로의 선형변환(linear transformation)이다. 한편 소수점과 음수와 양수의 정수값을 갖는 표준점수(z)로부터 자연수 및 백분위수로 변환하는 과정을 통해서 t값(t score)을 구할 수 있다.

$$t = 10z + 50$$

t값(t score)은 z값이 소수로서 음수와 양수에 걸쳐 분포하는 것을 재설정해 줌으로써 자연수와 백분위수로 표현해 보여 줄 수 있다는 점에서 데이터의 가독성이 보다 높아진다.

1) 스태나인(stanine) 점수는 9개의 범주를 가진 표준점수로 평균을 5, 표준편차를 2로 표준화한 점수이다. 이 점수는 원점수의 분포를 정상분포로 가정하고 가장 낮은 점수부터 높은 점수로 배열한 후, 일정한 구간마다 점수를 부여하게 된다.

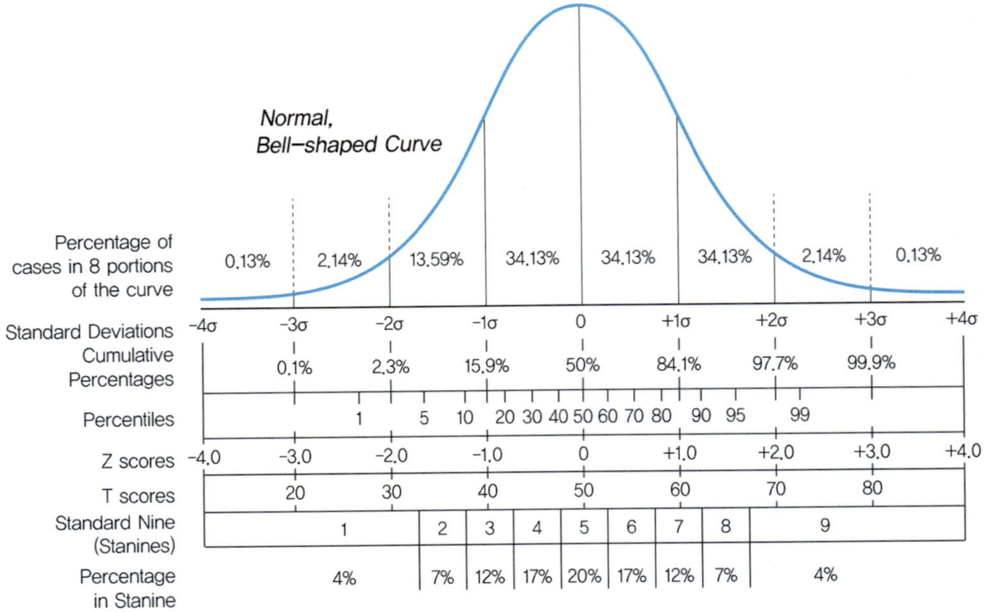

그림 12-2. **스태나인(stanine) 점수와 Z점수 및 T점수**

2. 평가결과의 보고와 활용

1) 평가결과의 보고

평가결과를 보고하는 일반적인 절차는 〈표 12-10〉과 같이 보고목적 확인, 보고대상 선정, 보고내용 확정, 보고형식 결정, 보고방법 선정 및 체크 내용 정리(최종 점검과 정리) 등으로 구분할 수 있다(김진규, 윤길근, 2021; 변창진 외, 1996).

표 12-10. **평가결과 보고의 일반적인 절차**

구분	내용
보고목적 확인	평가결과는 치밀한 계획을 세워 체계적으로 보고되고 활용되어야 한다. 평가결과에 대한 체계적인 보고서를 작성하려면 먼저 평가결과를 보고하는 이유 또는 목적을 일일이 열거하고 확인해야 한다. 평가결과를 보고하는 목적은 보고를 받는 사람에 따라 달라지기 때문에 보고서 작성자는 보고목적을 확인할 때 보고받을 사람들의 직책과 역할을 유념해야 한다.
보고대상 확인	평가결과를 보고할 대상자를 선정하려면 프로그램에 대해 어떤 사람이 어떤 내용을 알고자 하는가를 다시 확인하고 점검해야 한다. 보고대상를 선정하는 방법은 평가목적 또는 평가실시 이유를 열거한 다음, 그 결과를 알아야 하는 사람과 알고자 하는 사람을 확인하여 명단을 작성하면 된다.
보고내용 확인	보고내용에는 평가계획을 작성할 때 설정한 항목에 집행의 실행계획을 작성할 분석결과와 함께 제한점, 결론, 활용계획, 제언란을 추가시키면 된다. 따라서 보고서에는 평가결과를 비롯하여 평가항목, 평가전략, 평가도구, 평가설계 및 평가방법 등이 모두 포함되어야 한다.
보고형식 결정	보고형식에는 다양한 유형이 있으므로 보고목적, 대상, 내용에 따라 보고형식이 달라져야 한다. 보고형식의 종류는 다음과 같다. • 포일 · 주석: 평가계획이나 결과를 차트나 그림으로 중요한 골격만 아주 간단히 요약, 설명하고 주석을 붙인 서면 보고 형식이다. • 회의 · 메모: 보고대상자 전원 또는 비슷한 내용을 보고받을 사람들을 묶어 각각 별도의 보고회를 갖고 필요한 메모를 나누어 주면서 보고하는 형식이다. • 서류 · 대화: 보고받을 사람에게 서면으로 작성한 계획 또는 분석결과를 배부해 주고 보충 설명을 한 다음 질의에 응답하는 형식이다. • 서류 · 토의: 보고받을 대상에게 미리 서면으로 작성한 평가계획 또는 분석결과를 나누어 주고 일정 시간이 경과한 다음 개인적으로 직접 대면하거나 회의장에서 집단적으로 설명과 질의 응답을 통해 보고하고 토의하는 형식이다.
보고방법 선정	평가자는 보고받을 사람에게 보고서를 발송하거나 직접 보고서를 배부한 다음, 설명과 질의 응답을 통해 보고해야 한다. 보고자는 보고서를 작성하고 보고할 때 최소한 분절화 제시, 단계화 제시, 대안의 제시, 체계적 제시 그리고 가능성 제시라는 다섯 가지 원칙을 지켜야 한다.
최종 점검과 정리	보고자는 보고내용과 방법에 대해 보고받을 사람들의 반응을 조사하고 분석해야 한다. 보고결과와 방법에 대한 반응은 보고자가 보고하는 동안 보고받는 사람들이 제기한 질문이나 질문하는 태도를 통해 관찰할 수 있지만 보고를 마친 다음 되도록 많은 사람을 만나 보고내용과 방법에 대한 피드백을 받아 체계적으로 정리해 두는 것이 좋다.

2) 평가결과의 활용

교육과정 혹은 프로그램 평가의 결과는 교육과정 혹은 프로그램의 집행상태를 점검하거나 집행전략을 수정 혹은 보완하기 위하여, 그리고 정책종결에 따른 환류 및 학습을 위해 활용된다. 교육과정 혹은 프로그램 평가의 활용방식은 도구적 활용과 관념적 활용, 설득적 활용으로 구분하여 살펴볼 수 있다. 이러한 프로그램 평가 활용방식을 정리하면 〈그림 12-3〉과 같다.

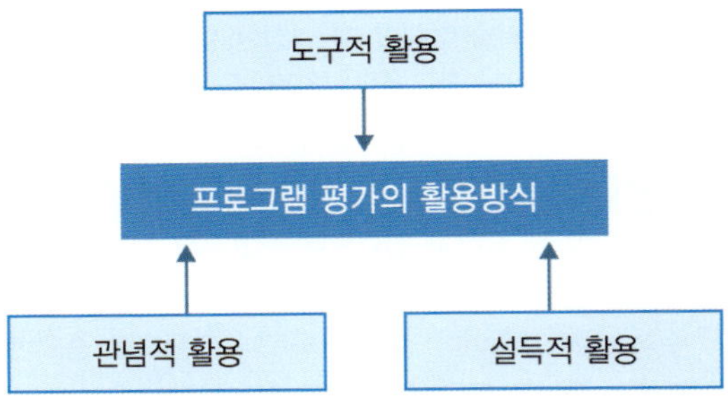

그림 12-3. **프로그램 평가의 활용방식**

첫째, 도구적 활용(instrumental use)은 교육과정 혹은 프로그램 평가의 결과가 프로그램의 결정이나 문제해결을 위해 도구적으로 활용되는 것을 말한다. 교육과정 혹은 프로그램 평가의 결과 프로그램이 효과가 없다고 판단되면, 그 교육과정 혹은 프로그램을 폐기할 수 있다. 둘째, 관념적 활용(conceptual use)은 교육과정 혹은 프로그램 결정이나 집행에 직접 결과를 활용하는 것이 아니라, 어떤 문제에 대한 교육과정 혹은 프로그램 결정자의 사고방식이나 관념에 변화를 일으켜서 간접적으로 영향을 미치게 하는 것을 말한다. 셋째, 설득적 활용(persuasive use)은 평가결과를 특정 정치적 입장을 지지하는 데 활용하는 경우이다.

참고문헌

강승호, 김명숙, 김정환, 남현우, 허숙(2012). **현대교육평가의 이해**. 경기: 교육과학사.

강태중(1995). 학교효과 연구의 조망. **한국교육학회소식지, 31**(2), 1-4.

강현영, 고은성, 이동환, 이화영, 탁병주, 조진우, 김선희(2018). 수학과 과정중심평가 교사 연수 프로그램 개발 연구. **수학교육학연구, 28**(3), 321-343.

강혜경, 김광자, 김승옥, 김이영, 김익균, 김정신, 문성숙, 신세시, 임경옥, 정정옥, 조준오, 조진형, 최경환, 최명희, 최현정, 한혜경(2022). **원장일반직무교육**(심화). 경기: 양성원.

경기도교육청(2020). 2020 유치원평가 매뉴얼.

공영은(2017). 초등 사회과 정의적 능력 평가도구 분석 연구. 경인교육대학교 교육전문대학원 석사학위논문.

곽노의, 김경철, 김유미, 박대근(2008). **영유아발달**. 경기: 양서원.

교육과학기술부(2008). 유치원 평가 매뉴얼.

교육과학기술부(2011). 유치원 평가 매뉴얼.

교육과학기술부, 보건복지부(2013). 3-5세 연령별 누리과정 교사용 지침서.

교육부(2014). 유치원 생활기록부 기재요령.

교육부(2020). 유치원 생활기록부 기재요령.

교육부(2022). 2022학년도 고등학교 학교생활기록부 기재요령.

교육부(2022). 2022학년도 중학교 학교생활기록부 기재요령.

교육부(2022). 2022학년도 초등학교 학교생활기록부 기재요령.

교육부, 한국교육과정평가원(2013). 개정 교육과정에 따른 성취기준 성취수준.

구경호, 남수미(2019). CIPP 모형에 기반한 자유학기 활동 프로그램의 평가척도 개발. **한국청소년활동연구, 5**(2), 31-55.

권단비(2018). 영유아 평가에 대한 보육교사의 경험. 인하대학교 교육대학원 석사학위논문.

권대훈(2008). **교육평가**(개정판). 경기: 학지사.

권성민, 김미진, 김이영, 이은주, 이인원, 최윤정(2022). **유치원 교사를 위한 교직실무**. 경기: 양성원.

권순달(2019). 교육평가 수업사례분석. **교육평가연구, 32**(1), 183-203.

권은희, 성영혜(2012). 누리과정 담당교사의 직무능력 향상을 위한 유아교사 양성체계의 문제점과 개선방안. **벤처창업연구, 7**(4), 187-200.

권인탁(2011). **평생교육경영론**. 서울: 학지사.

권종실(2020). CIPP 평가모형을 통한 부산다행복학교 교육과정 분석 및 ADDIE 기반 교수설계모형개발. 동아대학교 대학원 박사학위논문.

김경애(2001). 보육교사의 역할 수행에 관한 부모와 교사의 인식 비교 연구. 강남대학교 대학원 석사학위논문.

김경자(2000). **수행평가 과제 제작의 원리와 실제**. 서울: 이화여자대학교 출판부.

김경희(2014). 대학평생교육원의 BSC 성과평가모형 개발. 동의대학교 대학원 박사학위논문.

김대현(2017). **교육과정의 이해**. 서울: 학지사.

김대현, 김석우(2005). **교육과정 및 교육평가**. 서울: 학지사.

김덕년(2017). **교육과정-수업-평가-기록의 일체화에 대한 고찰**. 충북: 한국교육개발원.

김범석(2020). 학교생활기록 기반 교육평가 장치의 계보학. 한국교원대학교 대학원 박사학위논문.

김석우(2009). **교육평가의 이해**. 서울: 학지사.

김석우(2020). 성취평가제 기반 과정중심 평가모형 개발. 부산대학교 대학원 박사학위논문.

김선미(2015). 부와 모 간의 양육태도 · 훈육방식 · 유아 문제행동 인식 차이 비교. 중앙대학교 대학원 석사학위논문.

김선희(2016). 수학 교과 과정 중심 평가의 방향. 2016학년도 한국초등수학교육학회 연구발표대회 논문집, 3-7.

김성숙, 김희경, 서민희, 성태제(2015). **교수학습과 하나되는 형성평가**. 서울: 학지사.

김소연(2016). 유아교육컨설팅에 대한 유치원과 어린이집 교사의 인식. 중앙대학교 교육대학원 석사학위논문.

김수나(2012). 성취평가제 도입에 따른 평가도구 개발: 중학교 과학 2'물질의 구성' 단원을 중심으로. 국민대학교 교육대학원 석사학위논문.

김순남, 강이화, 김병찬, 박삼철, 유진은, 이은송, 진명남, 조훈희(2013). **창의인재 육성을 위한 학생평가 정책 연구**. 서울: 한국교육개발원

김승국, 김옥기(1985). **사회 성숙도 검사**. 서울: 중앙적성출판사.

김신영(2012). 교사의 학생평가와 성취평가제. **교육평가연구, 25**(4), 655-677.

김은경(2014). 어린이집교사의 심리적 안녕감이 역할수행능력과 직무만족도에 미치는 영향. 위덕대학교 대학원 석사학위논문.

김은주(2013). 보육교사의 역할수행에 영향을 미치는 요인에 관한 연구. 건국대학교 행정대학원 석사학위논문.

김은희(2016). 어린이집교사의 역할수행에 영향을 미치는 요인분석. 연세대학교 교육대학원 석사학위논문.

김이영, 배헌석, 이우언(2016). **인간이해를 위한 심리학**. 경기: 양성원.

김이영, 송명숙, 한석실, 김태인, 김현정, 이지민(2015). **아동관찰 및 행동연구**. 경기: 정민사.

김이영, 오성숙, 이시진, 이우언, 이은미, 채혜선(2017). **영유아발달**. 경기: 양성원.

김인숙, 임은영, 구남욱, 노은희, 이인화, 이정우, 정연준, 심현표, 박지선, 주보경, 유명한(2017). 성취평가제 내실화를 위한 성취평가결과 자료분석. 한국교육과정평가원 연구보고서, CRE 2017-1.

김재춘, 부재율, 소경희, 채선희(2002). **교육과정과 교육평가**. 서울: 교육과학사.

김진규(1987). **정의적 특성의 분류방법과 종류: 교사를 위한 정의적 특성의 평가방법**. 서울: 중앙교육평가원.

김진규(2009). **교육평가 탐구이야기**. 서울: 동문사.

김진규, 윤길근(2021). **교육평가의 탐구**. 서울: 동문사.

김진화(2001). **평생교육 프로그램개발론**. 서울: 교육과학사.

김찬종, 김진규, 임형(2001). **과학과 수행평가의 이해와 활용**. 서울: 경문사.

김현주(2020). 중학교 교사의 교육과정-수업-평가-기록의 일체화 실행 경험에 대한 이해와 해석. 부산대학교 대학원 박사학위논문.

김혜숙(2014). **교육프로그램 평가의 이론과 실제**. 경기: 교육과학사.

김희진, 박은혜, 이지현(2002). 레지오 에밀리아 접근법에서 시간과 공간의 의미. **한국교육학회, 40**(1), 311-328.

문수백, 변창진(1997). **K-ABC 해석요강**. 서울: 학지사.

문용린(1995). 종합학습능력검사. 대구교육과학연구소.

박경숙, 윤점룡, 박효정(1989). **기초학습기능검사(실시요강)**. 서울: 특수교육.

박도순(1987). 학교 자체 평가의 접근 방법. 초중등학교 자체평가 방안 탐색 세미나 보고서. 한국

교육개발원.

박도순, 권순달, 김명화, 김석우, 김영애, 김옥남, 김종필, 김진규, 김진하, 김형주, 남명호, 남현우,박완성, 백순근, 성태제, 양길석, 어윤경, 이기종, 이나현, 이원석, 이종승, 이현주, 장은아, 조지민, 최대호(2007). **교육평가: 이해와 적용**. 서울: 교육과학사.

박도순, 정택희, 김영복(1985). 교육평가모형의 비교 분석 연구. **한국교육, 12**(2), 123-141.

박선화, 김명화, 주미경(2010). 수학에 대한 정의적 특성 개선 방안 탐색 세미나. 한국교육과정평가원 연구자료, ORM 2010 58.

박선화, 김명화, 주미경(2010). 수학에 대한 정의적 특성 향상 방안 연구. 한국교육과정평가원 연구보고서, RRI 2010 9.

박선희(2009). 공감의 지리교육적 의의와 수업에의 활용. 한국교원대학교 대학원 석사학위논문.

박은선(2009). 보육시설 종사자들의 평가인증지표 인식과 역할수행과의 관계. 목포대학교 교육대학원 석사학위논문.

박은아, 박선화, 손민정, 이채희, 서민희, 김지영(2013). 성취평가제의 고등학교 적용 방안. 한국교육과정평가원 연구보고서, 2013, 76-85.

박정(2017). 수업에서 학생 평가 의미 탐색. **교육평가연구, 30**(3), 397-413.

박주영(2010). Bayley 영유아발달검사(III)를 이용한 고위험군 영아의 발달검사. 인제대학교 대학원 석사학위논문.

박지현, 조지민, 진경애, 김수진, 이재봉, 배주경, 김현정, 박종임, 이상아, 배화순, 이소연, 이동욱(2018). 초 · 중학교 교사별 과정 중심 평가 연수 프로그램 개발 및 강사 연수. 한국교육과정평가원 연구보고서, CRE 2018-4.

배예경(2008). 포트폴리오 평가 수행과정에서 나타난 교사의 경험. 한국교원대학교 대학원 석사학위논문.

배호순(1994). **프로그램 평가론**. 서울: 원미사.

배호순(2002). 프로그램 논리에 입각한 학교교육과정 평가논리 체계의 정립. **교육평가 연구, 15**(2), 43-70.

배호순(2008). **교육프로그램 평가론**. 서울: 원미사.

백순근(1995). 창의성 신장에 적합한 평가방법. **서울교육, 37**(2), 36-39.

백순근(2002). **수행평가: 이론적 측면**. 서울: 교육과학사.

백순근, 소경희, 김광주(1998). 국가 교육 과정에 근거한 평가 기준 및 도구 개발 연구: 총론. 한국교육과정평가원 연구보고서, RRE 98-3-1.

백은미(2018). 국어과 과정중심 평가의 양상과 현장 적용의 개선 방안. 부산대학교 대학원 석사학위논문.

변창진, 최진승, 문수백(2001). **교육평가**. 서울: 학지사.

변창진, 최진승, 문수백, 김진규, 권대훈(1996). **교육평가**. 서울: 학지사.

보건복지부 보육정책과의 보육통계(2021). 보육통계(2021년 12월 말 기준).

보건복지부, 한국보육진흥원(2020). 2020 어린이집 평가 매뉴얼(어린이집용).

보건복지부, 한국보육진흥원(2022). 2022 어린이집 평가 매뉴얼(어린이집용).

부산유아교육진흥원(2011). 제2주기 유치원 평가 매뉴얼. 부산광역시 유아교육진흥원.

부산유아교육진흥원(2014). 2014년 유치원 평가 매뉴얼. 부산광역시 유아교육진흥원.

서미성(2009). 2004~2009학년도 초 · 중등 교원임용시험 교육평가영역의 문항분석. 이화여자대학교 대학원 석사학위논문.

서울특별시유아교육진흥원(2013). 연령별 누리과정 평가도구.

성태제(1998). 교육평가 방법의 변화와 결과타당도. 한국교육평가학회 창립 15주년 기념 학술세미나 논문발표집, 125-147.

성태제(2005). **현대교육평가**(개정판). 서울: 학지사.

성태제(2010). **교육평가의 기초**. 서울: 학지사.

성태제(2011). **준거설정**. 서울: 학지사.

송인섭(1994). **유아성격검사**. 서울: 학지사.

송호연(1999). 공감훈련 프로그램이 초등학교 아동의 공감과 도움행동 향상에 미치는 효과. 한국교원대학교 대학원 석사학위논문.

신명희, 강소연, 김은경, 김정민, 노원경, 서은희, 송수지, 원영실, 임호용(2016). **유아발달**. 서울: 학지사.

신혜진, 안소연, 김유원(2017). 과정중심평가 활용의 정책적 분석: 서울특별시 소재 중학교 교사의 수행평가 활용 사례를 중심으로. **교육과정평가연구, 20**(2), 135-162.

심미영(2005). 보육시설에서의 영 · 유아 평가에 대한 교사의 인식 및 실태. 성신여자대학교 교육대학원 석사학위논문.

심윤희(2013). 포트폴리오 평가가 유아발달에 미치는 교육적 효과. **한국보육학회지, 13**(3), 329-353.

안점님(2017). 보육교사의 직업전문성 인식과 직무만족도 및 역할수행능력 간의 관계. 인천대학교 교육대학원 석사학위논문.

우진희(2016). 교육용 모바일 게임을 활용한 한국어 학습 연구. 경희대학교 대학원 석사학위논문.

유가효, 이소희, 한성심, 장명림, 장미경, 조은영(1997). **보육학개론**. 서울: 동문사.

유대균(2005). 연구학교 평가모형 개발 연구. 강원대학교 대학원 박사학위논문.

유영식(2017). **교육과정-수업-평가를 일체화하는 과정중심평가**. 서울: 테크빌교육.

이강연(2020). 음악교과 교육평가 영역 석사학위 논문 연구동향 분석. 성신여자대학교 교육대학원 석사학위논문.

이경화, 강현영, 고은성, 이동환, 신보미, 이환철, 김선희(2016). 과정 중심 평가의 실행을 위한 방향 탐색. **수학교육학연구, 26**(4), 819-834.

이문옥(2006). 소설교육에서의 정의적 수행평가 방법 연구: 박완서의 「옥상의 민들레꽃」을 중심으로. 성신여자대학교 교육대학원 석사학위논문.

이복희, 유인숙(2020). **평생교육 프로그램개발론**. 경기: 양성원.

이봉주, 변희현, 류현아, 양명희, 최길찬, 민시은(2010). CRESST 형성 평가 프로그램 적용을 통한 효과적인 교육방안 연구. 한국교육과정평가원 연구보고서, RRI 2010-7.

이승희, 최금진, 박은실(2005). **교육기관평가**. 서울: 학지사.

이승희, 최영숙(2004). 공립유치원 특수학급 운영의 현황 및 향후방향에 관한 연구. **한국특수교육문제연구소, 5**(1), 389-414.

이영민, 최영섭, 홍성민(2009). CIPP 평가모형 구성요소에 기초한 중소기업 훈련 컨소시엄 운영기관 담당자의 인식조사. **HRD연구, 11**(2), 91-113.

이원미(2002). 유아교육기관에서의 유아발달평가 현황 및 교사의 인식에 관한 연구. 중앙대학교 교육대학원 석사학위논문.

이인화(2017). 과정 중심 평가의 실천을 위한 방안. 행복한교육, 2017년 02월호.

이인효 외(1998). 국가수준의 초중등학교 평가제도 도입 및 평가모형 개발에 관한 연구. 한국교육개발원 연구보고서, 수탁연구 CR 98-23.

이재분, 김주아, 서예원, 정영옥, 강병직(2013). **국가수준의 영재교육기관 평가 방안 연구**. 서울: 한국교육개발원.

이정환, 박은혜(1996). **교사를 위한 유아관찰 지침서**. 서울: 한국어린이육영회.

이종승(1986). 교육평가모형의 개관. **교육평가연구, 1**(1), 203-224.

이초롱(2019). 수학 익힘책을 활용한 과정 중심 평가가 수학 학업 성취도와 정의적 영역에 미치는 영향. 서울교육대학교 교육전문대학원 석사학위논문.

이형빈(2015). 교육과정-수업-평가 유형과 학생 참여 양상 연구: 혁신학교 사례를 중심으로. 경희대학교 대학원 박사학위논문.

이훈병, 조규성, 전영우(2013). 교원 산림교육 직무연수 교육과정 평가 요소 및 준거 개발. **환경교육, 26**(2), 208-225.

임은영, 임경미, 이상곤, 박지원, 류재인, 나은수, 주정미, 김미경, 김덕희, 김재정, 민문순, 김기중, 나은경(2016). 학습과 성장을 돕는 과정중심평가. 전라남도교육청.

장명림, 김은영, 박수연(2011). 유치원의 질관리 기제로서 장학과 평가의 실태와 인식. **육아정책연구, 5**(1), 1-28.

장한결이(2011). 교실 수업개선의 관점에서 본 교육평가의 재음미. 춘천교육대학교 교육대학원 석사학위논문.

전경원(2000). **유아종합창의성검사 요강.** 서울: 학지사.

전경희(2016). 과정중심 수행평가의 방향과 과제. 한국교육개발원 연구보고서, CP 2016-02-4.

전남련, 백향기, 김인자, 송영선, 이미향, 김경신, 황연옥, 권인양, 장유정(2014). **아동관찰행동연구.** 경기: 양서원.

전향임(2011). 유치원 평가에 참여한 교원의 유치원 평가에 대한 인식. 한국교원대학교 교육대학원 석사학위논문.

전헌선, 윤치연, 공나영, 김성화, 도명애, 박순길, 서석진, 서영란, 송호준, 양경애, 이수진, 이정남, 최성욱(2012). **특수교육학개론.** 경기: 양서원.

전화춘, 김석우(2009). 초등학교 특별보충과정 프로그램 평가척도 개발: CIPP 평가모형의 적용. **초등교육연구, 22**(1), 83-111.

정가애(2013). 미용과 교육평가에서 루브릭이 학업성취도에 미치는 영향. 성결대학교 교육대학원 석사학위논문.

정기주(2012). 직장어린이집 교사의 영유아 발달평가에 대한 인식 및 실태. 신라대학교 교육대학원 석사학위논문.

정대영, 김영익, 박은미(2012). **특수아동지도.** 경기: 양서원.

정수현, 황준성(2002). 국가 수준의 학교 평가제도의 법적 근거 및 정당성 고찰. **교육법학연구, 14**(2), 171-195.

정종진(1999). **교육평가의 이해.** 서울: 양서원.

정진국(2000). CIPP 평가모형에 의한 대학평가인정제의 발전방향 탐색. 대구가톨릭대학교 대학원 박사학위논문.

정현정(2017). 유치원 교사의 유치원 평가에 대한 인식과 자율성이 전문성에 미치는 영향. 부산대학교 교육대학원 석사학위논문.

조은별(1996). 교육에서 평가의 성격. 서울교육대학교 교육전문대학원 석사학위논문.

채선희(1997). 교육평가의 내재적 가치와 그 실현방안. **한국교육학회, 35**(4), 155-177.

최미이(2005). 영아 발달평가에 대한 보육교사의 인식과 실시 현황 조사. 덕성여자대학교 교육대학원 석사학위논문.

최숙기(2016). 국어교사의 성취평가제에 대한 인식 양상 분석. **교육과정평가연구, 19**(2), 171-198.

한국과학창의재단(2017). 수학과 과정중심평가 연수자료집(초등학교).

한국교육과정평가원(1999). 초·중등학교 교과별 수행평가의 실제.

한국교육과정평가원(2012). 문답식으로 알아보는 성취평가제. 홍보자료 PIM 2012-8.

한국교육과정평가원(2012). 성취평가제 운영매뉴얼.

한국교육과정평가원(2017). 과정을 중시하는 수행평가 어떻게 할까요?: 초등(연구자료 ORM 2017-19-1).

한국교육평가학회(2004). **교육평가용어사전**. 서울: 학지사.

한선희(2014). 어린이집 영아반과 유아반 교사의 보육신념 역할수행인식 및 직무만족도. 성신여자대학교 교육대학원 석사학위논문.

한송이(2014). 보육교사의 평가인증 사후관리 인식이 역할수행에 미치는 영향. 숙명여자대학교 원격대학원 석사학위논문.

황정규 외(1997). 초중고등학교 학교평가 절차 및 기준 개발. 서울대학교 사범대학 교육연구소.

황정규(2004). **학교학습과 교육평가**. 서울: 교육과학사.

황해익, 송연숙, 최혜진, 정혜영, 손원경(2009). **유아 포트폴리오 평가**. 서울: 창지사.

황해익, 최혜진, 정혜영, 권유선(2014). **아동관찰 및 행동연구**. 경기: 공동체.

Achenbach, T. M. (1991). *Manual for the child behavior checklist*/4-18 and 1991 profile. Burlington, Vt: Unversity of Vermont.

Achenbach, T. M., & Edelbrock, C. (1983). *Manual for the child behavior checklist and revised child behavior profiles*. Burlington: University of Vermont.

Alkin, M. C. (1969). Evaluation theory development. Evaluation comment, 2(1), 2-7. Reprinted In B. R. Worthen & J. R. Sanders(Eds.)(1973), *Educational evaluation: Theory and practice*. Worthington, Ohio: Charles A. Jones.

Allport, G. W. (1961). *Pattern and growth in personality.* New York; Holt, Rinehart, and Winston.

Anderson, L. W. (1994). 정의적 특성의 사정: 정의적 척도의 개발절차와 선발방법. [Assessing Affective Characteristics in the Schools] (변창진 역) 서울: 교육과학사(원저출판: 1981).

Baker, F. B. (1985). *The Basic of Item response Theory.* Portsmouth, N. H,: Heinemann.

Bellak, L. (1986). *The Thematic Apperception Test, The Children's Apperception Test and The Senior Apperception Technique in Clinical Use.* New York: Grune & Stratton.

Bloom, B. S. (1976). *Human characteristics and school learning.* New York: McGraw-Hill.

Bloom, B. S., Hastings, J. T., & Madaus, G. F. (1971). *Handbook of formative and summative evaluation of student learning.* New York: McGraw-Hill.

Buck, J. (1948). The H-T-P technique, a qualitative and quantitative method. *Journal of clinical Psychology, 4,* 317-396.

Burns, R., & Kaufman, S. (1970). *Kinetic Family Drawings(K-F-D): An introduction to understanding children through kinetic drawings.* New York: Brunner/Mazel.

Coleman, J. S., Campball, E. Q., Hobsom, C. J., & Mcpartland, J. M. (1966). *School Organizational Effect.* Washington DC: U.S. Government Printing Office.

Donaldson, S. I. (2003). Theory-driven program evaluation in the new millennium. In S. I. Donaldson & M. Scriven(Eds.), *Evaluation social programs and problem: Visions for the new millennium.* Hillsdale, NJ: Erlbaum.

Duboise, P. H. (1970). *A history of psychological testing.* Boston: Allyn and Bacon.

Ebel, R. L. (1965). *Measuring Educational Achievement.* Englewood Cliffs, NJ: Prentice Hall.

Fitzpatrick, J. L., & Fetterman, D. (2000). The evaluation of the Stanford Teacher Education Program(STEP): A dialogue with David Fetterman. *American Journal of Evaluation, 20,* 240-259.

Gallahue, D. L., & Ozmun, J. C. (2002). *Understanding Motor Development.* New York: McGraw-Hill.

Gullo, D. F. (2005). Alternative means of assessing children's leaning in early childhool classrooms. B. Spodek & O. Saracho(Eds.), *Handbook of research on the education of young children*(PP. 443-455). NJ: lawence Erlbaum Associates.

Hammond, R. (1969). Context evaluation of instruction in local school districts. *Educational*

Technology, 9(1), 13-18.

Harrow, A. J. (1972). *A taxonomy of the psychomotor domain: A guide for developing behavior objectives.* New York: David Mckay.

King, M. J. (1991). *A Portfolio Approach to Assessment in a Developmentally Appropriate Kindergarten Practicum.* Nova Scotia: Nova University.

Klausmeier, H. J., & Goodwin, W. (1971). *Learning and human abilities: Educational psychology*(4th ed). New York: Harper & Row.

Klausmeier, H. J., Goodwin, W. (1975). *Learning and human abilities: Educational psychology.* New York: Harper & Row,

Krathwohl, D. R., Bloom, B. S., & Masia, B. B. (1964). *Taxonomy of educational objectives: The classification of educational goals. Handbook II: Affective domain.* New York: David McKay.

Lincoln, Y. S., & Guba, E. G. (1989). *Fourth generation evaluation.* New Delhi: Sage Publication.

McMillan, J. H. (2007). *Classroom assessment: Principles and practice fo effetive instruction*(4th ed.). Boston: Pearson Education, Inc.

Messick, S. J. (1978). Potential uses of noncognitive measurement in education. Research Bulletin No. 78-9. Princeton, H. J.: Educational Testing Service, November, 1-26.

Murray, H. A. & Morgan, C. D. (1935). A method for investigating fantasies: the thematic apperception test. *Arch. Neurol. Psychiat, 34*, 289-306.

Nevo, D. (1995). *School-based evaluation: A dialogue for school improvement.* New York: Pergamon.

Nitko, A. J. (1980). Distinguishing the many varieties of criterion-referenced test. *Review of Educational Research, 50*(3), 461-485.

Office of Technology Assessment(1992). *Testing in American schools: Asking the right questions.* Washington, DC: Congress of the United States.

Popham, M. (1975). *Educational evaluation.* Englewood Cliffs. New York: Prentice-Hall.

Provus, M. (1969). *Discrepancy evaluation. For educational program improvement and assessment.* Berkeley, CA: McCutchan Publishing Co.

Rossi, P. H., Freeman, H. E., & Lipsey, M. W. (1989). *Evaluation: A systematic approach*(6th ed.). Thousand Oaks, CA: Sage.

Scheerens, J., & Bosker, R. J. (1997). *The Foundations of Educational Effectiveness.* Great Britain: Pergamon.

Scriven, M. S. (1967). *The methodology of evaluation. In R. E. Stake(ed.). Curriculum Evaluation*(pp. 39-83). Chicago: Rand McNally.

Shaffer, D. R. (1993). *Developmental psychology: Childhood and adolescence*(3rd ed.). CA: Brooks/Cole.

Stainback, S. & Stainback, W. (1997). **질적연구의 이해와 실천.** [Understanding & conducting qualitative research] (김병하 역). 서울: 특수교육(원저출판: 1990).

Stufflebeam, D. L., & Shinkfield, A. J. (2007). *Evaluation theory, models & applications.* San Francisco, CA: Jossey-Bass.

Teddlie, C. R., Reynold. D., & Sammons, P. (2000). *The international handbook of school effectiveness research.* London: Falmer Press.

Tyler, R. W. (1949). *Basic principles of curriculum and instruction.* Chicago: University of Chicago Press.

Tyler, R. W. (1973). Assessing education achievement in the affective domain. *Measurement in Education, 4*(3), 1-8.

Worthen, B. R., & Sanders, J. R. (1973). *Educational evaluation: Theory and practice.* Belmont, CA: Wadsworth.

교육기본법(법률 제18456호 일부개정 2021. 09. 24.).

영유아보육법(법률 제18899호 일부개정 2022. 06. 10.).

유아교육법(법률 제18298호(국가교육위원회 설치 및 운영에 관한 법률) 일부개정 2021. 07. 20.).

초 · 중등교육법(법률 제18461호 일부개정 2021. 09. 24.).

네이버 지식백과(https://terms.naver.com).

위키백과-세계 최초의 인공위성(https://ko.wikipedia.org/wiki).

한국교육과정평가원(2022) 홈페이지(https://www.kice.re.kr).

찾아보기

ㅊ

ㅌ

ㅍ

ㅎ

기타

저자 소개

■ 김이영

계명대학교 대학원 심리학박사(임상 및 상담심리 전공)
현, 수성대학교 유아교육과 교수
〈저서〉 영유아발달, 정신건강론, 인간이해를 위한 심리학 외

■ 김미진

상명대학교 대학원 교육학박사
현, 강동대학교 유아교육과 교수
〈저서〉 아동생활지도, 학교폭력 예방 및 학생의 이해 외

■ 문은주

경북대학교 대학원 교육학박사(상담심리 전공)
현, 수성대학교 유아교육과 교수
〈저서〉 학교폭력 예방 및 학생의 이해 외

교육평가

1판 1쇄 인쇄 — 2023년 8월 1일
1판 1쇄 발행 — 2023년 8월 4일

저 자 - 김이영 김미진 문은주
발 행 인 - 강철원
발 행 처 - 양성원
주 소 - 경기도 파주시 검산로 173번길 29-12
전 화 - 031-946-3861(代)
팩 스 - 031-946-3864
이 메 일 - tnwpub@naver.com
홈페이지 - tnwpub.co.kr
출판등록 - 2015년 8월 31일 제 2015-000211 호

ISBN 979-11-6126-510-0

정가 21,000원